STUDIA HUMANITATIS
Collana di studi della Pontificia Academia Latinitatis
1

Gli *studia humanitatis* costituiscono per gli antichi il nutrimento del cittadino capace di conciliare *otium* e *negotium*, vivendo e operando in armonia con se stesso e con gli altri (cfr. Cicerone, *Arch.* 3, *Mur.* 61).

Secoli dopo gli umanisti designarono con la medesima espressione le discipline indispensabili al perfezionamento della natura umana nella sua interezza. La cultura non si limita infatti alla sola logica dell'intelletto; per questo il *sapiens* deve conoscere la grammatica, la retorica e la storia, la filosofia e la poesia.

Pur nella diversità di ambiti e metodologie, è questo ideale di unità che la collana *Studia humanitatis* intende perseguire pubblicando ricerche di filologi, storici ed esegeti della Pontificia Academia Latinitatis, uniti da un comune impegno per la verità, nel servizio alla cultura.

Iuxta veterum scriptorum sententiam, studia humanitatis, quae vocantur, ita ingenuum civem alunt, ut ipse, his scite adhibitis, *otium* atque *negotium* inter se apte valeat conciliare, cum re vera necesse sit eum probis moribus vivere, non modo sibi, sed etiam suis concivibus, quibuscum eandem hominum consortionem participet. Qua de re lege, sis, quid Cicero scripserit in *Arch.* 3 et *Mur.* 61.

Post longum saeculorum decursum, humanarum litterarum restitutores, qui vocantur, iisdem fere verbis eas vero disciplinas significarunt, quae potissimum oportet exerceantur ad hominis naturam excolendam eiusque ingenium penitus formandum. Etenim, studiorum cultus non modo pertinet ad vires logicas roborandas et mentis et animi, sed eo tendit praesertim, ut vir sapiens cum grammatica, tum rhetorica linguae suae discat uti eleganter, deinde, historiam, philosophiam, poesim apprime calleat.

Quamquam, igitur, inter diversos scientiarum ambitus earumque investigationis methodos, hoc quidem sibi proponit haec librorum series quae *Studia humanitatis* habet nomen, et hoc ipsum enixe persequitur, opera virorum doctorum edendo, qui litteris Latinis, philologiae, historiae, philosophiae, nec non antiquis interpretandis textibus suas vires sedulo impendant quosque, cum sint socii eiusdem ordinarii, Pontificia Academia Latinitatis pro munere sustinet, dum, christianae religionis lumine suffulti, vel exquirendae rerum veritati, quam studia tantum ex tenebris ad lucem proferunt, vel classicorum scriptorum culturae propagandae ipsi strenuam dant operam.

For the ancient people, the *studia humanitatis* facilitate the intellectual nourishment of the citizen capable of reconciling *otium* and *negotium*, living and working in harmony with oneself and others (cf. Cicero, *Arch.* 3, *Mur.* 61).

Centuries later, humanists have used the same expression (*otium* and *negotium*) to depict the essential disciplines for the enhancement of human nature in its entirety. Infact, culture is not limited to the mere exercise of the intellect; for this reason, the sapiens must have an holistic understanding of grammar, rhetoric and history, philosophy and poetry.

The series *Studia humanitatis* aspire to pursue towards an ideal unity, despite of the variety of scopes and methodologies. This is fulfilled through the research publications of philologists, historians and exegetes of the Pontificia Academia Latinitatis who hold a common commitment to the truth and who are at the service of the culture.

Giovanni Pietro Arrivabene

Gonzagide

Poema epico in quattro libri (sec. XV)

edizione critica con traduzione, introduzione e note
a cura di Orazio Antonio Bologna

presentazione di Manlio Sodi

viella

Prima edizione: aprile 2017
ISBN 978-88-6728-825-0

La collana *Studia Humanitatis* accompagna le pubblicazioni della rivista «Latinitas»,
periodico della Pontificia Academia Latinitatis
Via della Conciliazione, 5 – 00120 Città del Vaticano – segreteria@latinitas.va

viella
libreria editrice
via delle Alpi, 32
I-00198 ROMA
tel. 06 84 17 758
fax 06 85 35 39 60
www.viella.it

Indice

MANLIO SODI
Presentazione VII

Prefazione 1

Introduzione 3

1. Gli inizi e le aspirazioni di Giovanni Pietro Arrivabene (p. 3); 2. Brevi considerazioni su alcune lettere del Filelfo (p. 14); 3. Al servizio dei Gonzaga (p. 20); 4. Curiale e amanuense (p. 23); 5. La corte dei Gonzaga tra Umanesimo e Rinascimento (p. 26); 6. La poesia di Giovanni Pietro Arrivabene (p. 31); 7. Il poema epico *Gonzagide* (p. 40); 8. Arrivabene emulo del maestro (p. 44); 9. Protasi e invocazione (p. 48); 10. Encomio a Ludovico III (p. 55); 11. Tra Omero e Apollonio Rodio (p. 59); 12. Le radici del latino umanistico (p. 63); 13. Come gli umanisti hanno accolto gli apporti linguistici del Cristianesimo e del Medioevo (p. 70); 14. Gli umanisti recuperano e interpretano in maniera nuova il passato, anche più recente (p. 76); 15. Trascrizione e traduzione (p. 82).

IOANNIS PETRI ARRIVABENI
Gonzagis 85

GIOVANNI PIETRO ARRIVABENE
Gonzagide 85

Indice dei nomi e dei luoghi 207

Ad Anna,
da poco sbocciata alla vita

Abbreviazioni

AG	Archivio Gonzaga
Ap.	Apollonio Rodio
Arriv.	Arrivabene
Pient. I	epistola premessa al carme *In laudem Pii Pontificis*
Pient. II	carme *In laudem Pii Pontificis*
Gonz.	*Gonzagis*, Gonzagide
ASMn	Archivio Storico Mantovano
ASV	Archivio Storico Vaticano
Avgvst.	Augustinus
Psalm.	*Enarrationes in Psalmos*
Avs.	Ausonius
Ep.	*Epustulae*
Cat.	Catullus
Cic.	Cicerone
Opti.	*De optimo genere oratorum*
EI	Enciclopedia Italiana
Hdt.	Herodotus
Hor.	Orazio
Carm.	*Carmina*
Serm.	*Sermones*
Ars	*Ars poetica*
Hyg.	Hyginus
Fab.	*Fabulae*
Il.	*Iliade*
Lvcr.	Lucretius
Od.	*Odissea*
Ov.	Ouidius
Met.	*Metamorphoses*
Tr.	*Tristia*
Qvint.	Quintilianus
Reg. Vat.	Registro Vaticano
Rev. Èt. Lat.	Revue des Études Latines
Stat.	Statius
Th.	*Thebais*
Tert.	Tertullianus
Adu. Prax.	*Adversus Praxeam*
V. Max.	Valerius Maximus
Verg.	Vergilius
Aen.	*Aeneis*
Ecl.	*Eclogae*
Georg.	*Georgicon*

Manlio Sodi

Presentazione

Ut ager quamvis fertilis
sine cultura fructuosus esse non potest,
sic sine doctrina animus
(Cicerone, *Tusculanae disputationes* 2,5,13)

Salutare l'inizio di una nuova collana costituisce motivo per rallegrarsi circa i progetti che in ambito culturale non devono venire mai meno se vogliamo che la cultura continui ad essere la linfa vitale della persona perché – come scriveva Epitteto (sec. I-II d.C.) nelle *Dissertazioni* – «solo l'uomo colto è libero» e capace di comprendere il proprio valore storico, i propri diritti e doveri.

In un tempo in cui il "virtuale" sembra aver scalzato profondamente il "reale cartaceo" può apparire rischioso proiettarsi in un'avventura editoriale come l'inizio di una serie di pubblicazioni che intendono mostrare l'attualità e la forza della storia, in vista di quell'umanesimo che ha bisogno di essere declinato in ogni tempo.

In questa linea si pone la vitalità della Pontificia Academia Latinitatis. Memore del lungo percorso che l'ha animata finora, riprende con vigore prospettive classiche e nuove per offrire motivi di riflessione e di confronto. E tutto questo accanto alla pubblicazione della rivista «Latinitas» che nel 2013 – a distanza di sessant'anni dalla sua fondazione – ha ripreso le pubblicazioni con la *series nova*.

1. Studia humanitatis

Non sorprenda la scelta del titolo della collana di studi; l'espressione ciceroniana vuol costituire la traccia di un percorso in prospettiva storica, di quella storia particolarmente legata alla cultura latina. Per gli antichi, infatti, gli *studia humanitatis* costituivano il nutrimento della persona, con l'obiettivo di aiutare a vivere sempre più in armonia con se stessa, con gli altri, con la natura.

Sulla linea di quell'esperienza che l'antichità ha trasmesso, sul calare del Medioevo gli umanisti recuperarono la stessa espressione per individuare tutte quelle discipline che in qualche modo potessero contribuire alla realizzazione sempre più piena della persona.

In un tempo come il presente in cui il retaggio dell'umanesimo, sia classico che medievale, è tornato quanto mai di attualità, l'Accademia di *Latinitas* si sente in dovere di promuovere un percorso che sia il riflesso di un impegno per la persona e, in definitiva, per un servizio pieno alla cultura.

2. *Nella varietà delle pubblicazioni*

Ricerche di filologia, di storia, di esegesi... saranno la linea portante e tipica della collana. La riscoperta e la valorizzazione della cultura classica non finisce mai di offrirci pagine di sempre viva attualità. Ma la cultura con tutto il suo *depositum* non si è fermata alla classicità. Le "pagine" che sono emerse durante i secoli tra la fine dell'epoca antica e l'inizio del Rinascimento – ponendo come termine ideale e reale di separazione il tempo delle grandi scoperte geografiche, e le acquisizioni culturali che segnarono l'inizio della prima rivoluzione globale – racchiudono tesori spesso sconosciuti o forse tenuti in scarsa considerazione talora a motivo di quanto emerso al tempo dei "lumi" circa l'"oscurità" del Medioevo. Più si ripercorrono le pagine racchiuse nelle pieghe della storia, più ci si rende conto di quanto lavoro ci sia ancora da fare per conseguire un orizzonte più ampio e quindi più oggettivo di quanto non sia stato fatto in tempi recenti.

La Pontificia Academia Latinitatis si dedica ovviamente alla cultura latina, ai suoi documenti, alle ricerche di tipo interdisciplinare che permettano di dialogare con la storia globalmente considerata. In questa linea la cultura latina non è appannaggio esclusivo della così detta classicità. Fino ai tempi moderni, infatti, la lingua latina è servita – e in alcuni contesti serve ancora – per affidare alla storia concetti e ricerche di qualunque genere. È da questo dato di fatto che quanto verrà accolto nella presente collana spazia in un tempo che ormai può abbracciare quasi tre millenni. Questo solo pensiero costituisce la leva determinante per accogliere con simpatia qualunque pubblicazione di *Studia humanitatis*.

3. Gonzagide*: il primo volume*

Come il lettore potrà constatare attraversando l'ampia introduzione, ci troviamo di fronte ad un lavoro mai considerato dai manuali di letteratura o comunque dalle grandi prospettive letterarie che hanno glissato abbastanza attorno al periodo dell'età di mezzo. Da qui l'attenzione ad un'opera riscoperta quasi per caso.

Tutto ha origine nella città di Pienza (Siena), patrimonio dell'UNESCO, nata «da un pensier d'amore e da un sogno di bellezza» (così la definì il poeta Giovanni Pascoli all'inizio del XX secolo). Il «pensier d'amore» e il «sogno di bellezza» è stato quello del grande pontefice umanista il papa Pio II Piccolomini (1405-1464) che volle una "città ideale". Ed è stato nel patrimonio librario del palazzo

Piccolomini che la scoperta quasi casuale di un componimento di Giovanni Pietro Arrivabene ha dato il via sia alla prima pubblicazione che alla presente.

Il tempo dell'Umanesimo vede composizioni encomiastiche elaborate da poeti più o meno imbevuti di classicità. E Arrivabene, nato nel 1439 in quella Mantova che aveva dato i natali al poeta Virgilio (sec. I a.C.), si cimenta nell'elogio di Pio II. La pubblicazione dell'opera con la trascrizione e la traduzione, sempre a cura del prof. Bologna (collana *Sapientia ineffabilis* 2, IF Press, Roma 2014) ha un titolo eloquente: *Pontifici sit musa dicata Pio*. Il lettore può dilettarsi nel leggere la finezza di una vena poetica che avrà poi ulteriori sviluppi nell'opera con cui si apre la presente collana.

Giovanni Pietro Arrivabene, prima di diventare vescovo della diocesi di Urbino (1491-1504), avrà modo di vivere alla corte dei Gonzaga. Da qui il poema *Gonzagide* che intende offrire quasi un'epopea del marchesato di Mantova reso illustre da una figura come Ludovico III Gonzaga (1412-1478). In quattro libri, infatti, l'Autore scandisce gli eventi principali – uno in particolare – che ruotano attorno al mecenate sotto la cui signoria Mantova divenne una delle capitali dell'Umanesimo e del Rinascimento italiano. Ma l'interesse del lettore, imbevuto di classicità, sarà ampiamente ricompensato dai contenuti e dallo stile. L'Arrivabene non è una gran voce nella letteratura rinascimentale; pur nel suo piccolo, costituisce un'importante testimonianza di quel vasto movimento di cultura propria del tempo.

Se i contenuti cercano di recuperare l'intreccio tra le azioni del Principe con quelle degli dei pagani, lo stile emerge con chiarezza ricordando soprattutto quello di Apollonio Rodio, poeta e grammatico alessandrino, discepolo di Callimaco, e bibliotecario della Biblioteca di Alessandria fra il 260 e il 230 a.C.; l'unica sua opera a noi pervenuta sono le *Argonautiche*, d'impronta storico-mitologica in quattro libri, sulla quale l'Arrivabene ha modulato vari momenti della sua composizione.

4. *La presente edizione*

Come indicato nel sottotitolo, l'opera è una trascrizione, collazione e traduzione dal latino, con introduzione, note e apparato critico del prof. Bologna. L'amplissima *Introduzione* giustifica la storia dell'opera, i suoi contenuti e in modo particolare lo stile con cui l'Autore ha saputo esprimere le sue intuizioni e l'afflato poetico di cui era animato.

Nei 15 paragrafi dell'ampio studio, il lettore ha la possibilità di immergersi non solo nella storia della composizione ma anche e soprattutto nella ricchezza che la letteratura e particolarmente la poesia latina ha saputo esprimere e affidare alla storia.

Rileggere la *Gonzagide* sembra quasi di percorrere alcuni poeti dell'antichità classica, come ben documenta il prof. Bologna. Ne scaturisce una pagina di attualità letteraria che può costituire un termine di riferimento e di confronto per chi si dedica a questi studi. Ma la pubblicazione arricchisce la stessa storia della letteratura latina che vede proprio nel tempo dell'Umanesimo una ricchezza e una efflorescenza troppo spesso obnubilata da pregiudizi.

5. *Per augurare "buona lettura"*

Un libro di poesia richiede attenzione e disponibilità culturale. Ambedue le prospettive sono la chiave per conoscere la tradizione. Tale conoscenza è il segreto per sviluppare ogni aspetto della cultura, dal momento che questa costituisce l'*habitat* e l'*humus* in cui la personalità di ciascuno si realizza per portare il proprio contributo alla storia e alla vita di ogni giorno.

Questa conoscenza, inoltre, è un invito a guardare la tradizione come una sfida che continuamente interpella chiunque voglia apprezzare il passato non come elemento fine a se stesso ma come pagina che può dare un apporto talora decisivo per una più attenta interpretazione delle problematiche che il quotidiano presenta.

Questa conoscenza, infine, è una modalità oggettiva per cogliere l'oggi con maggior solidità, e saper contribuire, di conseguenza, a dare impulso alla tradizione stessa incrementandola secondo l'antico detto: *crescit eundo!*

La presente pubblicazione intende costituire, pertanto, un contributo prezioso per comprendere meglio quella pagina di letteratura umanistica che caratterizza il sec. XV e che permane anche per l'oggi un interessante punto di riferimento perché è il periodo in cui la cultura continua ad essere affidata ad un'espressione latina, secondo uno stile per alcuni aspetti ridondante, ma per altri ancorato al bisogno di rapportarsi a quella classicità che cerca di permeare le menti più sensibili, sempre nell'intento di mantenere vivo un ideale: «E come il campo, benché fertile – secondo l'espressione di Cicerone posta in esergo – non può dar frutti senza che sia coltivato, così l'uomo senza lo studio».

Prefazione

Dopo i classici gli Umanisti hanno lasciato ai posteri una solida eredità, che prepara l'uomo a vivere in modo degno il presente e pone le basi per un futuro migliore, fondato sulla realtà delle umane possibilità.

Spinto e confortato da questa profonda e sincera convinzione, ho realizzato l'edizione della *Gonzagide*, breve poema epico, che Giovanni Pietro Arrivabene scrisse e offrì al duca di Mantova Ludovico III Gonzaga verso la fine deli anni Settanta del secolo XV. Ho inteso divulgare un'opera del tutto sconosciuta anche agli esperti e richiamare la riflessione dello specialista, e non, su un aspetto particolare dell'Umanesimo e del Rinascimento, perché anche i giovani si incuriosiscano dell'immediato passato, per lo più definito antico; prendano diretto contatto con i loro scritti, ne comprendano il pensiero, li interroghino e li confrontino con i modelli culturali del nostro tempo con critica intelligente, sana e costruttiva.

Ho preferito corredare il testo latino con la traduzione italiana, anche se sono consapevole che questa non può considerarsi sostitutiva o equivalente all'opera originale, in latino. Sono altresì certo che la capacità di leggere in piena autonomia e comprendere, oggi soprattutto, il testo latino è, purtroppo, appannaggio di pochi. Umberto Eco soleva dire che la traduzione «è quasi la stessa cosa». Io, invece, sostengo che è un'altra cosa, e diversa, del tutto indipendente, anche se ha indubbi legami con l'originale latino, dal quale, necessariamente, prende le mosse e, di conseguenza, dipende la sua esistenza. Non si dimentichi che la traduzione è mediata e filtrata dalla complessa personalità dell'interprete. Ciò non significa che io non sia convinto che una traduzione ben condotta non sia opera necessaria di mediazione, che permette al fruitore di altra lingua e, in questo caso, di altra epoca, di ascoltare la voce di un poeta, che, diversamente, non avrebbe mai potuto conoscere.

Tenendo davanti agli occhi i giovani, sono convinto che anche per loro, ai quali, per un insensato modo di intendere la lingua e la cultura latina, è stato tolto l'approccio diretto al testo in latino, è un diritto l'accesso alla cultura umanistica e rinascimentale: è, oggi più che nel passato, parte integrante delle loro radici culturali più autentiche e genuine.

Nel rendere in lingua italiana il poema dell'Arrivabene, ho pensato soprattutto a loro, anche se quest'opera di mediazione oggi non solo è sconosciuta, ma addirittura ritenuta di scarso pregio. Del resto non mi sfugge che la traduzione ha un indice abbastanza elevato di deperibilità per il diverso codice linguistico e culturale adottato da ogni generazione: questo, infatti, pur nato dalla stretta fusione della cultura e del gusto proprio del tempo, muta insieme con l'uomo e le sue tendenze. Ciò, che ieri era bello e buono, oggi non è più tale. È nel corso naturale delle umane vicende: e l'opera di traduzione entra in questa logica, e ne segue le vicissitudini.

So bene che molte traduzioni per efficacia e originalità sono, a loro volta, divenute opere classiche: lungi dal sostituirsi agli originali, la generazione che le ha prodotte si è appropriata del testo antico mediante un proprio codice linguistico e culturale tale da renderle uniche ed esemplari, al pari degli originali. E hanno avuto, sovente, non poca gloria e pregi.

Come traduttore so bene che sotto un termine o un'espressione del testo latino c'è più di quanto abbia potuto rendere in italiano, un *quid* inesprimibile, sia per quanto riguarda l'aspetto emozionale insito nell'opera d'arte antica, sia perché mediante la lingua italiana proietto il testo in una realtà e in una dimensione, che non rispondono a pieno con quello del lettore odierno, cui sfuggono numerose sfumature del patrio idioma.

Per meglio intendere il poema dell'Arrivabene ho cercato di corredare il testo italiano delle necessarie note, le quali, senza appesantire il testo, aiutano il lettore a recuperare quanto è necessario conoscere, per meglio intendere quanto legge.

Per offrire, infine, al lettore una chiave di lettura illuminante, ho tracciato nell'Introduzione le linee e le conoscenze, che ho ritenuto le più idonee per una corretta fruizione del testo e dell'ambiente nel quale, e per il quale, la *Gonzagide* è stata concepita e prodotta.

Introduzione

Sotto il nome di Giovanni Pietro Arrivabene,[1] come poeta, sono giunte fino a noi due opere: la prima consiste in un lungo carme in esametri, introdotto da una breve elegia, in onore di Pio II; la seconda, *Gonzagis*,[2] *Gonzagide*, in esametri di carattere eroico, alla maniera virgiliana, è un poema epico in quattro libri, custodito nella prestigiosa Landesbibliothek di Gotha, in Germania, che «contiene tra l'altro una raccolta grande e pregevole di manoscritti».[3] Su quest'opera, fino a oggi, tranne pochi e laconici cenni nei secoli passati, non si è scritto niente: dell'autore manca ancora una ricerca e una pubblicazione sistematica di tutti gli scritti, tanto in prosa quanto, e soprattutto, in versi.

1. *Gli inizi e le aspirazioni di Giovanni Pietro Arrivabene*

Il primo lavoro poetico di un certo rilievo, scritto da Giovanni Pietro Arrivabene e giunto ai nostri giorni, è il carme composto in onore di Pio II.[4] Appena uscito dalla scuola del Filelfo, cui per tutta la vita rimase legato da stretti vincoli di riconoscenza e di profonda amicizia, dovette cercarsi un mecenate, che gli permettesse di proseguire, con la tranquillità economica e la sicurezza d'un alloggio, gli studi letterari, cui era incline. Nel 1458 era stato eletto papa Enea Silvio Piccolomini, l'umanista più famo-

1. Per i cenni biografici e le sue incombenze a servizio di cardinali e pontefici si possono consultare i seguenti studi J. Burckard, *Liber notarum ab anno MCCCCLXXXIII usque ad annum MDVI*, a cura di E. Celani, in *Rerum Italicarum scriptores*², XXXII/1, Città di Castello 1906, I, p. 26; per gli eventi, che segnarono la vita del poeta in questo particolare periodo, si veda D.S. Chambers, *Giovanni Pietro Arrivabene (1439-1504): humanistic secretary and bishop*, in «Aevum», 58 (1984), pp. 398-438.

2. Quest'opera dell'Arrivabene da tutti gli scrittori del Settecento e Ottocento è citata sempre, e solo, al gen. *Gonzagidos*. Il titolo *Gonzagis*, ricalca da vicino il capolavoro virgiliano, *Aeneis*, sul quale l'Arrivabene, alla scuola del Filelfo, aveva esercitato un lungo e proficuo tirocinio poetico, come si evince dalla lettura del lungo carme scritto in onore di Pio II in giovanissima età e, soprattutto, dalla *Gonzagide*, nella quale gli echi del'antico conterraneo sono ancor più evidenti.

3. E. Migliorini, H. Mohle, F. Schneider, E. Loevinson, in *EI*, s. v.

4. Per il carme v. G.P. Arrivabene, *Pontifici sit musa dicata Pio* [La mia poesia sia dedicata al pontefice Pio], Presentazione di M. Sodi, a cura di O.A. Bologna, Roma 2014.

so del tempo, e aveva assunto il nome di Pio II. L'evento accese la speranza in molti nobili ingegni, che vedevano in quel colto, insperatamente salito sul trono di Pietro, la propria fortuna e un prospero avvenire per le lettere. La Curia romana, infatti, al pari delle altre corti principesche italiane ed europee, già da tempo raccoglieva nel suo grembo molti e illustri personaggi, che si distinguevano nelle lettere sia latine che greche. L'accorto pontefice, però, sapeva ben distinguere il vero colto dal ciarlatano, il vero poeta da colui che cercava di arrabattare versi per le svariate occasioni, l'autentico scrittore dallo sciatto prosatore e scribacchino. Il dotto e avveduto umanista non si lasciava ingannare dalle apparenze, e mirava alla sostanza.

Enea Silvio Piccolomini era legato da sincera e profonda amicizia al Filelfo,[5] che stimava molto e certamente avrebbe accolto nella sua corte, se avesse avanzato la richiesta. Ma non risulta che ciò sia avvenuto, anche se in un'epistola il colto umanista si ripromette di cambiar vita.

Quando si seppe che Enea Silvio Piccolomini era stato eletto papa, anche il giovane Giovanni Pietro Arrivabene dovette nutrire la segreta speranza d'essere assunto nella corte pontificia; e certamente il suo maestro alimentava le mire e le aspirazioni del giovane allievo, che seguiva con cura e affetto, con attenzione e stima, come si evince dalle numerose lettere indirizzate al giovane. Certamente il famoso umanista propose il promettente allievo a Pio II; ma questi, con ogni probabilità, non ne volle sapere: Arrivabene, infatti, entra nella Curia romana solo nel 1484, al tempo del papa Sisto IV, quando finisce il rapporto con il cardinale Francesco Gonzaga, al servizio del quale era entrato nel 1460, certamente in seguito alla presentazione del Filelfo.

Il giovane aspirante, allora, non si sa se di propria iniziativa o dietro un possibile, e probabile, suggerimento del maestro, scrive un carme in lode di Pio II, quando il pontefice si trovava a Mantova, per presiedere alla Dieta, durante la quale si dovevano porre le basi per una nuova crociata contro i musulmani, i quali, attraverso i Balcani, avanzavano non senza difficoltà verso l'Europa centrale.[6]

Il carme, trascritto su finissima pergamena e illustrato con due superbe miniature, giunse nelle mani del papa qualche mese dopo la fine della Dieta, conclusasi il 19 gennaio 1460; ma questi, dopo averlo letto e riposto nella sua biblioteca privata di Pienza, non ricambiò nei modi dovuti l'omaggio del giovane poeta, che continuò il servizio presso il giovanissimo cardinale Francesco Gonzaga.

Vale la pena, però, volgere lo sguardo a questo primo, e maturo, frutto poetico, che, purtroppo, è rimasto chiuso per lunghissimo tempo negli scaffali della biblioteca, fino a quando non è stato pubblicato dallo scrivente.[7] Il giovane poeta, consapevole delle proprie forze nonché delle proprie possibilità, nell'epistola, scritta in distici elegiaci, così si rivolge al colto umanista:

5. Tra il Filelfo e il pontefice c'è stato un intenso scambio epistolare. Si possono, oggi, leggere quelle raccolte in F. Philelfi, *Epistolarum Familiarium Libri XXXVII*, Venezia 1502, ai ff. 55, 102, 103, 112, 117, 113, 115, 123, 156, 157. Mancano, nel volume, le lettere scritte in risposta da Pio II.

6. A. Ducellier, F. Micheau, *L'Islam nel Medioevo*, Bologna 2004, pp. 125-174.

7. Cfr. nota 4.

Non mihi Phoebus adest, non cognita turba sororum,
  Nec capiti florent laurea serta meo.
Miles in arte nouus leuibus nunc induor armis,
  Nec thorax etiam pectus inerme tegit.
Mens cupit Aoniis immergere fontibus ora
  Optatisque frui non tamen illa potest.
Denegat accessus et inexorabilis obstat
  Ianitor, hincque meum durius arcet iter.[8]

L'Arrivabene, consapevole della sua inferiorità davanti a un personaggio così colto e delle difficoltà, che il cultore delle Muse incontra, con lo scaltro uso della reticenza, desidera che il destinatario ponga l'attenzione necessaria su quanto gli è giunto nelle mani, perché non ha davanti un novellino, un *tiro*, uno scolaretto, come, con ostentata sicurezza, si professa: tanto l'epistola quanto il carme richiedono mente vigile, impegno e acribia. Nonostante la giovane età e la poca esperienza, la metrica è perfetta, squisita la disposizione delle parole, impeccabili i riferimenti dotti e mitologici. Questi elementi, appresi durante gli anni della formazione, costituivano il bagaglio necessario ed essenziale d'una solida e organica cultura umanistica.

Nell'elegia il poeta con garbo e delicatezza chiede al pontefice d'essere assunto nella sua *familia*. La richiesta non è specifica: bisogna ricavarla dal contesto, intessuto con estrema abilità, soprattutto retorica, perché un *inexorabilis obstat ianitor*, il quale *hinc*, cioè dalla *Pontificis familia*, *durius arcet iter*. Chi sia lo spietato *ianitor*, che impedisce al giovane poeta di entrare, non è difficile immaginare, considerato che il carme è rivolto a un uomo dotato di finissima cultura e, soprattutto, di grande discernimento. Il tanto deprecato *ianitor* è lo stesso Pio II, il quale non si lasciava abbindolare da chi non aveva il dono della poesia, nonostante riuscisse a comporre, grazie all'esercizio e alla dimestichezza con i classici, versi impeccabili, solenni ed eleganti. Per superare questo ostacolo, Arrivabene, non a caso, in apertura dell'elegia, riferisce l'ardua impresa di Perseo, il quale non avrebbe potuto portare a termine l'impari lotta, ardua e rischiosa, senza l'aiuto di Marte e di Minerva, la Cecropia. L'uno gli fornisce la spada, l'altra l'egida, perché il giovane possa compiere con successo quanto si prefigge:

Perseus in rigidas consumeret arma sorores,
  Aeternumque sibi Marte pararet opus,
Aegida Caecropiam fratremque poposcerat alas;
  Pugnat et auxilio fortius ille deum.
Trunca nec anguiferae rapuisset colla Medusae,
  Ni superum socia bella tulisset ope.[9]

8. Arriv., *Pient.* I,13-20 [Io non avverto la presenza di Febo, non conosco la turba delle Muse, né cingo la testa con corona d'alloro. Come soldato arruolato di fresco, indosso ora armi leggere, e non difendo ancora con la corazza il petto inerme. Il mio animo desidera immergere le labbra nelle sorgenti eonie e, sebbene le brami, non riesce a goderne. Mi nega poi l'accesso e inesorabile si oppone il custode, con troppa durezza tiene lontano da qui il mio cammino]. Le traduzioni dal latino e dal greco, ove non altrimenti indicato, sono dello scrivente.

9. *Ibidem*, 1-6 [Perseo, per poter adoperare le armi contro le inflessibili sorelle e compiere, con l'aiuto di Marte, un'impresa immortale, aveva chiesto l'egida ad Atena e al fratello le ali; con

Il poeta, per destare e favorire una buona impressione nell'illustre destinatario e aprire una breccia in quel cuore difficilmente espugnabile, non esita a proporre l'episodio, tanto insolito quanto arduo, di Perseo, tratto dalla lettura delle *Metamorfosi*,[10] e a sfoggiare una solida cultura fondata sulla conoscenza diretta dei classici. Solo la lettura più attenta, quale quella d'un dottissimo umanista, mostra che Arrivabene conosce molto bene anche altri autori, che hanno trattato il mito di Perseo. Nel menzionare un personaggio così importante oltre Virgilio,[11] Orazio[12] e Catullo,[13] il giovane poeta aveva davanti agli occhi anche Stazio,[14] Igino[15] e Ausonio,[16] che tanta fortuna avevano avuto soprattutto nelle scuole medioevali. Su questi Arrivabene si era formato e fondava la sua cultura.

Stupisce che un giovane, poco più che ventenne, sia così abile da adoperare con disinvoltura, in maniera tanto spigliata e in modo così personale autori diversi per concezione e stile. Anche se fondamentalmente gli autori principali rimangono Virgilio, Catullo, Lucano, Stazio e, soprattutto, Ovidio, egli non disdegna di mostrare quanto Tibullo e Properzio abbiano influito sulla sua formazione.

Durante gli anni di tirocinio presso il Filelfo, l'Arrivabene dovette, con tutta probabilità, come emerge dalla lettura della sua poesia, esercitarsi a lungo, e con profitto, nella composizione metrica, sull'esempio soprattutto dei maggiori poeti dell'ultimo periodo della Repubblica, dell'età augustea e postaugustea. Ma il poeta, anche se non di genio, come molti ai suoi tempi, non trascurò né i poeti latini del medioevo né quelli, che, in tempi più recenti, avevano scritto in italia-

l'aiuto degli dei combatte con maggior vigore. Non avrebbe reciso il collo della Medusa cinta di serpi, se avesse mosso guerra senza l'aiuto degli dei].

10. Ov., *Met.*, IV,610 ss. «neque enim Iovis esse putabat / Persea, quem pluuio Danae conceperat auro» [non riteneva, infatti che figlio di Giove fosse Perseo, che Danae aveva concepito, fecondata da una pioggia d'oro]; 288 ss. «Mercurio puerum diua Cythereide natum / Naides Idaeis enutriuere sub antris» [Mercurio aveva avuto un figlio dalla dea Citera e le Naiadi lo avevano nutrito nelle caverne dell'Ida] e 799 «Auersa est et castos aegide uultus / nata Iouis texit» [la figlia di Giove si voltò indignata e coprì i suoi occhi casti con l'egida] nonché V,46 «bellica Pallas adest, et protegit aegide fratrem» [giunge la dea della guerra, Pallade, e protegge il fratello con l'egida].

11. Verg. *Aen.*, VIII,138 «uobis Mercurius pater est quem candida Maia» [voi avete come padre Mercurio, nata dalla candida Maia]; Ov. *Met.* IV,743 «Sternit et imponit Phorcynidos ora Medusae» [prepara uno strato e vi pone sopra la testa delle Medusa, figlia di Forco]; Verg., *Ecl.* 4,1 «Sicelides Musae, paulo maiora canamus» [Muse di Sicilia, cantiamo argomenti un po' più nobili].

12. Hor., *Carm.* I,15,11-12 «Iam galeam Pallas et aegida / currusque et rabiem parat» [Pallade ormai prepara l'elmo e l'egida, il cocchio e l'ira]; IV,12,6 «Infelix auis et Cecropiae domus» [infelice uccello anche per la casa di Cecrope].

13. Cat., 64,79 «Cecropiam solitam esse dapem dare Minotauro» [Cecropia era solita dare in pasto al Minotauro la sua prole]. Si allude al noto mito, secondo il quale, in seguito all'uccisione di Androgeo, gli Ateniesi erano costretti ogni anno a inviare a Creta sette ragazzi e altrettante ragazze, perché fossero date in pasto al Minotauro, mostro mezzo uomo e mezzo toro, che fu ucciso da Teseo.

14. Stat. *Th.* 1,565 «Castaliis dum fontibus ore trisulco» [mentre stendeva nella fonte Castalia la lingua trisulca].

15. Hygin. *Fab.* 63 e 151.

16. Avs., *Ep.* 27,6 «Iam nunc per auras Persei talaribus / petasoque ditis Arcados uectus uola» [Trasportato nell'aria dai talari di Perseo e dal petaso del ricco dio dell'Arcadia, vola].

no. Tra questi ultimi un posto di primissimo piano spetta a Dante e Petrarca, che riecheggia in molti luoghi della sua poesia. Dai poeti dell'età augustea e da quelli ellenistici acquisirà forme, concetti e immagini, che impreziosiranno la sua produzione, soprattutto epica.

Nel rivolgersi al colto umanista e accorto mecenate, il poeta non esita a paragonarsi al giovane Perseo, e a ribadire, un po' più avanti, d'essere nella poesia, in quell'arte sublime che avvince l'anima, un *miles nouus* e di essere cinto di *leuibus armis*. Arrivabene quanto più in basso pone se stesso tanto più in alto innalza Pio II, il destinatario dell'epistola, il quale viene assimilato addirittura a Marte, a Minerva e a Mercurio. Queste tre divinità del mondo pagano non sono scelte a caso, né senza un calcolo preciso: il pontefice, infatti, se lo assumesse nella sua *familia*, sarebbe per lui Marte, perché lo difenderebbe dagli attacchi della povertà e delle varie difficoltà, che la vita gli riservava; Minerva, perché, a contatto con un uomo così colto, non poteva che arricchire le sue conoscenze; Mercurio, per gli eventuali incarichi e, in modo particolare, i benefici economici, che poteva ricevere dal capo supremo della Chiesa. Prima di Pio II, molti pontefici avevano largheggiato e insignito di benefici ecclesiastici non pochi umanisti, molti dei quali, però, nel corso della vita non si erano rivelati degni di così grande fiducia e stima. Perciò Pio II fu estremamente accorto e oculato nel distribuire le prebende ecclesiastiche. Per tal motivo non a caso il Filelfo, come si vedrà, in una lettera ad Agapito Romano, insisterà che il giovane, che gli presenta, è «probatis moribus adulescentem, et eundem doctum, et disertum».[17]

Ma, pur *doctus*, *probatis moribus et disertus*, non segue alla lettera i precetti fondamentali della *breuitas*, del *labor limae*. Eppure aveva letto Catullo, il quale, nel dedicare il suo *libellus* all'amico Cornelio Nepote, dice:

> ... namque tu solebas
> meas esse aliquid putare nugas
> iam tum, cum ausus es unus Italorum
> omne aeuum tribus explicare chartis,
> doctis, Iuppiter, et laboriosis.[18]

Arrivabene disattende più volte a questi precetti basilari, ribaditi in più occasioni anche, e soprattutto, da Orazio, che pure conosceva molto bene,[19] perché nell'insegnamento umanistico, insieme con Virgilio, costituiva una tappa molto importante. È pur vero che l'epica, a differenza degli altri generi letterari, esercitava sui giovani discenti un fascino del tutto particolare, soprattutto per soddisfare le ambizioni della nobiltà, alla quale le lungaggini, soprattutto quando intessevano gli elogi della famiglia, erano molto gradite. I grandi maestri, e tra questi il Filelfo, personaggio e precettore molto noto e stimato, certamente ricordava e, non senza motivo, commentava i seguenti brani oraziani:

17. Cfr. più avanti nota 28.

18. CAT., I, 3-7 [Tu infatti ritenevi che i miei scherzucci avessero qualche pregio, quando tu, solo in Italia, ti accingevi a scrivere in tre libri la storia universale. Che cultura, per Giove, che fatica!].

19. L'Arrivabene curerà di Orazio un'edizione nel 1490, come si dirà più avanti, a pag. 22.

si bene me noui, non Viscum pluris amicum,
non Varium facies: nam quis me scribere pluris
aut citius possit uersus? quis membra mouere
mollius? inuideat quod et Hermogenes, ego canto.[20]

Nel lungo carme composto in lode di Pio II il giovane poeta non tiene nel dovuto conto il citato brano oraziano, per cui Enea Silvio Piccolomini, davanti a tanta baldanza propria della giovinezza, dovette provare lo stesso disappunto e disgusto di Orazio, il quale non esitò a biasimare Lucilio per la facilità e la fretta, con la quale scriveva i versi, per darli in pasto ai lettori, senza limarli. Eppure il grande poeta satirico era *facetus*, *enunctae naris*; ma, secondo il giudizio del grande critico romano, era *durus componere uersus*.[21] Come il cavaliere di Sessa Aurunca,

...in hora saepe ducentos,
ut magnum, uersus dictabat stans pede in uno[22]

anche Arrivabene, probabilmente, aveva il difetto di scrivere molti versi, e in fretta, senza la necessaria riflessione e, soprattutto, senza il richiesto e imposto *labor limae*, tanto caro e curato dai più grandi umanisti e, in modo esagerato, dal Filelfo e da Enea Silvio Piccolomini. Il quale conosceva e applicava a se stesso quanto Orazio nell'*Ars poetica* suggeriva.

Leggendo con attenzione il lungo carme, sembra che l'Arrivabene abbia trascurato, in molte occasioni, più d'un precetto di Orazio. Sebbene i versi scorrano con facilità e limpidezza, in più luoghi si avverte la fretta, il desiderio di giungere alla fine e, soprattutto, di stupire, impressionare il lettore: non sembra, infatti, che tenga in qualche conto il seguente monito del Venosino:

nec uirtute foret clarisue potentius armis
quam lingua Latium, si non offenderet unum
quemque poetarum limae labor et mora. Vos, o
Pompilius sanguis, carmen reprehendite, quod non
multa dies et multa litura coercuit atque
praesectum deciens non castigauit ad unguem.[23]

Per l'eccessiva fretta di consegnare il carme all'illustre e potente personaggio, prima che fosse troppo tardi, il giovane poeta non fu in grado, o non ritenne necessario, dover rivedere più volte lo scritto, togliere qualche asperità, abbre-

20. Hor., *Serm.*, I,9, 22-25 [se mi conosco bene, non riterrai più in nessun conto né Visco né Vario, tuoi amici: chi, infatti è più capace di scrivere più versi e più alla svelta di me? Chi sa muovere nella danza il corpo più mollemente di me? Io canto meglio di Ermogene].

21. Hor., *Serm.*, I,4,7-10 [era arguto e di naso fino, ma duro nel comporre i versi].

22. *Ibidem*, 9-10 [... sovente nello spazio di un'ora lì per lì, su due piedi, dettava duecento versi, come se fosse una grande impresa].

23. Hor., *Ars*, 289-294 [se la lunga fatica della lima non fosse molesta a tutti i nostri poeti, il Lazio non sarebbe più potente per il valore delle armi che per le lettere. Voi, che discendete da Numa Pompilio, abbiate il coraggio di biasimare quell'opera, che lungo tempo e molte correzioni non abbiano ridotto ed emendato e ripetutamente a filo d'unghia, fino alla perfezione].

viare qualche lungaggine, limare qualche periodo troppo farraginoso. Anche se le singole parti del carme, a una prima lettura, sembrano giustapposte in maniera armoniosa, si avverte il passaggio; e il mutamento di scena spesso disorienta il lettore più attento. La fretta, lamentata da Orazio e aspramente biasimata da Catullo, non ha certo aiutato il giovane aspirante. Il quale, se avesse seguito il consiglio dei due poeti romani,[24] avrebbe potuto dare alla luce e recapitare nelle mani del pontefice un carme apprezzabile, degno d'essere collocato accanto ai nomi più prestigiosi dell'Umanesimo e del Rinascimento e italiano. Quasi certamente l'Arrivabene ereditò la fretta del comporre dal Filelfo, il quale, nonostante ricevesse stima incondizionata da tutti i più illustri umanisti del tempo, tra i quali va annoverato lo stesso Enea Silvio Piccolomini, nel giro di poco tempo aveva composto, più o meno interi, ben undici libri di un lungo e farraginoso poema epico, intitolato *Sphortias*, mentre era a Milano a servizio degli Sforza. L'opera, sebbene annunciata e promessa, non fu mai portata a termine e non ebbe la diffusione sperata, anche se ci è giunta in molti manoscritti.[25]

Arrivabene sia nel carme *In laudem Pii Pontificis* che nella *Gonzagis* si rivela esperto ed elegante verseggiatore, ma non sempre poeta. La poesia, infatti, non consiste solo, e unicamente, nel saper costruire un esametro o un distico secondo le regole della metrica; ma presuppone ben altro, che al nostro, non di rado, manca. È quanto, a prima vista, comprese Pio II, il quale davanti a così numerosi versi rimase indifferente e lasciò l'autore al servizio del giovane cardinale Francesco Gonzaga. Nonostante il mancato apprezzamento del papa, il lunghissimo carme, di ben 881 versi, rivela qualche pregio, che merita d'essere messo in risalto, in considerazione soprattutto del tempo, nel quale si trovò a vivere l'autore, il quale con questa lunga e articolata composizione vuole rendersi interprete delle ansie e delle sollecitudini, che tormentavano il nuovo pontefice, soprattutto dopo la presa di Costantinopoli, avvenuta nel maggio del 1453 a opera delle truppe musulmane.

Il giovane Arrivabene, senza dubbio incoraggiato dal maestro, va oltre nella preghiera a Pio II: nell'elegia di presentazione, infatti, mentre intesse la breve ed elegante epistola, si rivolge direttamente al papa e, non senza un tono apertamente adulatorio e servile, così si esprime:

24. Come grecista Giovanni Pietro Arrivabene certamente conosceva, e molto bene, anche ciò che Callimaco, già prima di Catullo e Orazio, aveva insegnato, e imposto, a quanti volevano scrivere poesia. Non vi è dubbio che anche il Filelfo, uno dei massimi cultori e scrittori in lingua greca, non abbia insistito, e a ragione, sui precetti che Callimaco aveva posto alla base della sua poesia; non abbia accennato alla polemica sia con Apollonio Rodio che con i Telchini e all'influsso che l'erudito alessandrino aveva avuto nel I sec. a. C. soprattutto sui *poetae noui*. Il Filelfo, però, non sempre si attenne scrupolosamente ai precetti dell'alessandrino mentre compone il suo poema epico, dal quale sperava gloria e, sopratutto, riconoscenza.

25. M. Zaggia, *Codici Milanesi del Quattrocento*, in *Nuove ricerche sui codici in scrittura latina dell'Ambrosiana*, Atti del Convegno (Milano, 6-7 ottobre 2005), a cura di M. Ferrari, M. Navoni, Milano 2007, pp. 360 ss.; J. De Keyser, *I codici filelfiani nella biblioteca trivulziana*, in «Libri e Documenti», XXXIX (2013), pp. 91-109.

Nec licet excelso sedeas in uertice mundi,
Horruerint oculos murmura nostra tuos.
Nil morum fortuna tuo uariauit in usu,
Sed ueteri remanet gratia prisca modo.
Quod tantum prodesse potes quantum ante uouebas,
Addidit hoc faustae prospera diua rotae.[26]

Questa breve pericope, forse la più sincera di tutta l'elegia, commuove per la spontaneità e l'ammirazione per un uomo che, grazie alle sue doti umane e culturali, era riuscito a raggiungere il vertice del potere ecclesiastico. Dall'importante personaggio anche lui, uomo di cultura, ricordando i tempi passati, nei quali molti dotti erano stati insigniti di cospicui benefici ecclesiastici per poter continuare gli studi, spera che giunga l'aiuto tanto desiderato. Perciò nella chiusa dell'elegia, non senza vanto e umiltà, sottomissione e orgoglio, fiducia e speranza, può promettere:

Vota mouent superos, Deus exorabilis ipse est
Nec sinet in tantis irrita uota malis.
Suscipe nunc igitur placido mea carmina uultu;
Vilia nec templis excute dona tuis.
Si dabitur sacrumque nemus fontemque subire,
Pontifici mea sit musa dicata Pio.[27]

Il pontefice, investito del più grande potere religioso e in possesso di ingenti ricchezze, può rendere felice il suo cuore desideroso della pace e della serenità necessarie, per coltivare il dono delle Muse: ottenuta per tutta la vita la protezione di un uomo così importante e il necessario per non condurre una vita di stenti e di privazioni, canterà solo la munificenza d'un Pastore così buono e illuminato.

Ma la risposta, attesa e sollecitata con versi che sanno di speranza e, soprattutto, di profonda amarezza, quasi presagio dell'atteso rifiuto, non venne a consolare il suo cuore, ad alleviarne le pene, ad aprirgli gli orizzonti che sperava, a diminuire le privazioni, che una vita di studio offre a quanti non sono forniti di mezzi necessari.

Il Filelfo era certamente al corrente del lavoro, che il discepolo aveva preparato; e, con ogni probabilità, lo aveva anche letto e qua e là emendato. Esaminato il lavoro con più serenità e acribia, non dubito che vi abbia messo pesantemente mano, riscrivendo interi versi o episodi. Il poema è troppo maturo e, oserei dire, perfetto, per un ventenne, anche se dotato di indubbie capacità e di raffinata cultura.

26. Arriv., *Pient.*, I,33-38 [Sebbene tu sieda sul soglio più alto del mondo, non inorridiscano i tuoi occhi al mio chiacchiericcio. La fortuna non ha mutato il tuo comportamento abituale, ma l'antica benevolenza perdura nei modi vetusti. Ora puoi essere davvero di aiuto, come prima ti auguravi: la dea propizia ha aggiunto questo dono alla fausta ruota].

27. *Ibidem*, 45-50 [Le preghiere muovono i celesti, e Dio si lascia vincere e, in così gravi mali, non permetterà che le preghiere cadano nel nulla. Or dunque accogli il mio carme con volto sereno; dalla suntuosa tua dimora non rifiutare doni di poco conto. Se mi sarà concesso di entrare nel sacro bosco e avvicinarmi alla fonte, la mia poesia sarà dedicata al pontefice Pio].

In una lettera, inviata ad Agapito Romano, con il quale era legato da lunga e profonda amicizia, il Filelfo assume un atteggiamento del tutto diverso, molto distaccato: finge di ignorare il contenuto del carme. Difatti, dopo aver caldamente patrocinato la causa del discepolo, il quale, tra gli altri coetanei, allevati alla stessa scuola, si distingueva senza dubbio per cultura e vivacità intellettuale, scrive:

> ... Ioannem Petrum Eutychium, probatis moribus adulescentem, et eundem doctum, et disertum mirifice diligo quem etiam aeque diligi a te uolo ... Nam audio eum carmen composuisse, nescio quod, in laudem Pii pontificis maximi. Fouendum est istius modi aetati, quae tamquam Lydus equus hortatus in campo, alacrior cursu nitiatur ad laudem.[28]

L'intento di questa missiva, spedita il 12 dicembre del 1459, quando il papa era già da circa sei mesi a Mantova per la Dieta,[29] è chiaro ed evidente: il Filelfo mediante l'intercessione di Agapito, celebrato giurista e fidato consigliere di Pio II, vuole che il suo brillante allievo venga presentato a Pio II e assunto nella *familia* del pontefice. La raccomandazione è, a un tempo, calda e prudente, sentita e distaccata. Per avvalorare il suo impegno scrive d'aver sentito dire che il giovane Arrivabene aveva scritto un carme *in laudem Pii pontificis*, del quale, però, cautamente, ammette di non conoscere il contenuto. Dice solo che all'*adulecens* vuole molto bene.

Non sfugge all'accorto lettore l'arguta reticenza *audio eum carmen composuisse*, con la quale afferma di non aver letto il carme, ma di averne avuto solo notizia, da altri. Ma, considerato il rapporto con il giovane allievo, sembra assurdo che questi non abbia né comunicato il progetto al suo maestro né posto alla sua attenzione il componimento. Se ciò fosse avvento, sarebbe stata una grave mancanza di educazione, di fiducia e di stima; sarebbe venuto meno al vincolo di sincera amicizia, che li legava e alla quale gli umanisti tenevano molto e conferivano particolare importanza.

Non è certo se, con la studiata reticenza, il Filelfo, che nei riguardi del discepolo usa sempre espressioni piene di affetto e di stima, voglia declinare dalla sua responsabilità una composizione poco armoniosa nelle sue parti oppure se intenda destare curiosità nel personaggio, cui si rivolge. Secondo quanto dice, l'Arrivabene avrebbe preso la decisione di scrivere senza chiedergli consigli o suggerimenti: avrebbe agito di testa propria nel comporre un carme, degno non solo d'essere letto, ma d'essere posto addirittura nelle mani del pontefice, il quale, verso la fine della Dieta, avrebbe potuto incontrare a Mantova il giovane poeta, il quale, già

28. PHILELFI, *Epistolarum* cit., f. 109r [... io voglio bene a Giovanni Pietro Eutichio, giovane di buoni costumi, e anche colto, per la sua facondia e vorrei che allo stesso modo gliene volessi anche tu ... corre voce, infatti, che ha scritto un carme, non so di che genere, in onore del sommo pontefice Pio II. Bisogna dargli fiducia, ancor che giovane. Questi, come un cavallo della Lidia, spronato sul campo di battaglia, con maggior foga si slancia verso la lode].

29. R. BRUNELLI, *I Gonzaga e la Chiesa. Passaggi di una relazione plurisecolare*, in *I Gonzaga e i Papi. Roma e le corti padane fra Umanesimo e Rinascimento (1418-1620)*, a cura di R. Salvarani, Città del Vaticano 2013, pp. 29 ss.

da qualche mese era al servizio dei Gonzaga. Bisogna aggiungere che la lettera è calda e sentita, e non è dettata né da circostanze fortuite né da interessi privati: il Filelfo mirava davvero a dare all'allievo una sistemazione degna del suo ingegno e non risparmia per un fine così nobile tutto il peso della sua autorità e influenza. Ma, con il prudente, e significativo, inciso, *nescio quod*, non si sbilancia troppo, per non mettere a repentaglio agli occhi del grande umanista la sua reputazione di dotto e, soprattutto, di poeta.

Del facondo allievo, però, riconosce le doti, proprie di un colto umanista: è un giovane di probi costumi, onesto, e fornito di buona cultura. Il carme, nel suo insieme, non smentisce l'affermazione del maestro, il quale non insiste troppo sulla sua bontà dal punto di vista sia stilistico che contenutistico. Ma, nel caldeggiare presso l'illustre personaggio della corte pontificia un giovanotto, che, poco più che ventenne, non controlla molto la fantasia e il modo di poetare, aggiunge un'osservazione dettata solo da intenso e sentito affetto per il promettente poeta. È consapevole che un ingegno così precoce non debba essere trascurato, perciò non esita a sottolineare con un inciso, tanto acuto quanto realistico: «fouendum est istius modi aetati, quae tamquam Lydus equus hortatus in campo, alacrior cursu nitiatur ad laudem».[30]

La pressione sui sentimenti dell'amico e consigliere di Pio II quanto è pacata tanto è decisa: *fouendum est*, bisogna che un giovane di talento sia favorito in tutto, perché possa espletare quanto gli ha messo in serbo la natura, come va favorito un focoso cavallo della Lidia,[31] perché nella guerra consegua brillanti risultati. Il paragone non viene riferito a caso, né per dimostrare la sua cultura, ma perché Agapito comprenda quanto quel giovane gli stia a cuore. L'acuta e arguta pericope, *mutatis mutandis*, si trova accennata anche nell'epistola poetica, premessa al carme, che, certamente, il Filelfo conosceva:

Nil morum fortuna tuo uariauit in usu,
  Sed ueteri remanet gratia prisca modo.
Quod tantum prodesse potes quantum ante uouebas,
  Addidit hoc faustae prospera diua rotae.
Quid tamen hoc uarios culmen tribuisse rotatus
  Indico: uirtutis sunt tua facta tuae.
Te penes imperium terrae est, tibi ianua caeli
  Paruit, et facili cardine ualua patet.[32]

30. Philelfi, *Epistolarum* cit., f. 109r [Bisogna dargli fiducia, ancor che giovane. Questi, come un cavallo della Lidia, spronato sul campo di battaglia, con maggior foga si slancia verso la lode].

31. Il Filelfo adopera la medesima espressione anche nella lettera a un tal *Raphaeli Fuscerario* scritta da Siena il 13 settembre del 1438, nella quale dice: «hortaris tu quidem (ut aiunt) equum Lydium in campum» [proprio tu mi sproni nel campo (come si dice) come un cavallo della Lidia]. Philelfi, *Epistolarum* cit., f. XXVIIv.

32. Arriv., *Pient.* I, 35-42 [La fortuna non ha mutato il tuo comportamento abituale, ma l'antica benevolenza perdura nei modi vetusti. Ora puoi essere davvero di aiuto, come prima ti auguravi: la dea propizia ha aggiunto questo dono alla fausta ruota. Perché rivelare che questo così alto fastigio ha impresso diversi movimenti? Le tue gesta sono frutto del tuo valore. Tu hai potere su tutta la terra, a te obbedisce la porta del cielo, e si apre senza opporre resistenza].

L'Arrivabene, però, va oltre: chiede apertamente d'essere assunto nella corte pontificia: non esita, infatti, a profondere lodi a quell'uomo davvero fortunato, al quale già su questa terra è stato concesso tutto, e in modo sovrabbondante: oltre alla ricchezza proveniente dall'agiata e nobile famiglia senese, ai numerosi benefici ecclesiastici, ai lauti compensi avuti da importanti personaggi politici, ora accentrava nelle sue mani tutti beni e le ricchezze della Chiesa universale. L'immenso e incalcolabile *Patrimonium Petri* era ora a sua disposizione e poteva beneficare chiunque volesse e gli fosse gradito. Ma a Pio II, che siede sul soglio di Pietro, manca solo la gloria militare. Anche questa arriderà a un uomo così fortunato, perché sarà proprio lui, in seguito all'augurato successo della Dieta, a condurre una crociata contro i musulmani, i quali, attraverso i Balcani, proprio in quel torno di tempo, si aprivano la via verso il cuore dell'Europa:

> Hinc tibi barbaricos dabitur compescere motus;
> Quodque cupis superi porriget aula ducis.[33]

Ma neppure questo voto contribuì ad aprire nel cuore del pontefice una breccia, per concedere al poeta la tanto agognata serenità economica e, in modo particolare, il prestigio, che gli sarebbe venuto da un ambiente così elevato ed esclusivo. Eppure l'attenzione del breve e accorto componimento in distici è incentrato tutto e tende irresistibilmente verso i seguenti versi:

> Te penes imperium terrae est, tibi ianua caeli
> paruit, et facili cardine ualua patet.[34]

A Pio II, che, in seguito all'elezione al soglio pontificio, è diventato il personaggio più potente della terra, basta un semplice cenno, perché renda la vita più felice all'umile servitore, gli conceda un beneficio ecclesiastico, anche di poco conto, perché con quei proventi possa condurre una serena esistenza. Il Signore, che legge nel cuore degli uomini, dal suo soglio celeste gliene renderà merito: «quodque cupis superi porriget aula ducis».[35]

Pio II, però, seguendo il suo innato buon senso, soprattutto per quanto concerneva la concessione dei benefici ecclesiastici, non si lasciò abbindolare da tanto sfavillio, e mise da parte il pur meritevole aspirante. Tutto quanto è espresso nell'elegante elegia, nell'animo del giovane poeta rimase solo un pio desiderio, appagato solo molti anni più tardi.

Quanto aveva solennemente promesso nell'ultimo pentametro dell'elegia *Pontifici mea sit musa dicata Pio*, rimase solo un voto, un desiderio, che dimenticò presto, perché, al seguito del giovane cardinale Gonzaga, vistasi sfumare la possibilità di entrare nel seguito di Pio II, sarà invogliato, o costretto, a scrivere un poema epico sulle imprese, che il padre del cardinale aveva compiuto e

33. *Ibidem*, 43-44 [Per tale ruolo a te sarà affidato il compito di fermare gli assalti dei barbari, la corte del condottiero celeste ti concederà tutto ciò che desideri].

34. *Ibidem*, 41-42 [Tu hai il potere su tutta la terra, a te obbedisce la porta del cielo, e si apre senza opporre resistenza].

35. *Ibidem*, 44 [La corte del condottiero celeste ti concederà tutto ciò che desideri].

suggellato con la pace di Lodi, nel 1454. L'Arrivabene, davanti a un invito così pressante da parte della nobile e potente famiglia mantovana, non può rifiutare; e compone più per dovere e riconoscenza che per ispirazione un elegante, ma poco ispirato, poema epico: la *Gonzagide*. Anche qui il motivo encomiastico ha il sopravvento e oscura anche quei brani, nei quali la Musa talvolta aleggia con serena e pacata tranquillità.

2. *Brevi considerazioni su alcune lettere del Filelfo*

A questo punto è tempo di sottoporre a una lettura attenta e ponderata sia l'epistola poetica, collocata all'inizio del manoscritto, sia il lungo e articolato carme scritto in *laudem Pii pontificis maximi*. A distanza di qualche tempo, dedicato tanto alla riflessione quanto, e soprattutto, a un'analisi più obiettiva e serena del carme, devo necessariamente limitare l'entusiasmo, ovvio quando si ha davanti agli occhi un inedito. Ma rimane ancora, sebbene limitata, una sconfinata ammirazione, naturale, sincera e spontanea, nei riguardi di un giovane brillante e culturalmente valido.

È innanzitutto doveroso riflettere con maggiore serenità e obiettività sul ruolo e sull'influenza, che il Filelfo, vuoi per ammirazione vuoi per offrire un valido aiuto a un discepolo meritevole, ha esercitato sulle due composizioni in modo sia diretto che indiretto.

Sulla genesi e, in modo particolare, sull'elaborazione del carme non si trovano notizie scritte in nessun autore né coevo né successivo; e gli archivi fino a oggi non hanno restituito nessuna notizia, utile per una discussione più equa e obiettiva. Qui, riprendendo quanto ho accennato nelle pagine precedenti, analizzerò brevemente le informazioni, che, piuttosto laconiche, il Filelfo trasmette all'amico Agapito Romano. Per comprendere ciò non è sufficiente trovare i riscontri nelle opere del maestro, ma nell'attenta lettura di quanto questi nella lettera all'apprezzato giurista al seguito di Pio II, scrive con estrema accortezza e abilità. Per tal motivo, riporto per intero il testo della lettera, della quale già ho riferito diversi brani:

> Franciscus Philelfus Agapeto Romano, iureconsulto et apostolico referendario, sal. Secretarius Mutinensis episcopi cum proximis diebus istinc Mediolanum reuertisset et me, nomine tuo, saluere plurimum iussit addiditque id, quod mihi notissimum erat, quanta me quaque mirabili prosequeris beniuolentia. Vtrumque certe pergratum fuit; sed illud multo et gratius et iucundius, quod omnes norint nos mutua caritate coniunctos esse. Itaque babeo tibi gratias, quod das operam ut per te intelligant omnes amicitiam nostram non esse uulgarem. Idque ut sedulo facias, etiam atque etiam rogo te. Et quodam uel graecorum uetere prouerbio, quae amicorum sunt communia esse debent, Ioannem Petrum Eutychium probatis moribus adolescentem et eundem doctum ac disertum, mirifice diligo. Quem et aeque diligi abs te uolo. Scio enim quam te uehementer obseruat. Quare quibuscumque in rebus poteris cura, is intelligat se tibi, mea etiam gratia, esse carissimum. Nam audio eum carmen composuisse,

nescio quod, in laudem Pii pontificis maximi. Fauendum est istiusmodi aetati, quae tamquam Lydus equus hortatus in campo, alacriore cursu nitatur ad laudem. Tu me sanctissimo domino nostro amice commenda. Clarissimum iureconsultum et apostolicum secretarium Gregorium Lollium, ut meis uerbis plurima salute impartias ab eodemque contendas, ut quae se dixit ad me propediem scripturum, ne diutius remoretur. Vale. Ex Mediolano pridie Idus Decembres MCCCCLIX.[36]

Come si può vedere, e notare, nella lettera c'è una garbata richiesta di raccomandazione presso il papa Pio II, chiamato, secondo il linguaggio curiale ed ecclesiastico, *sanctissimus dominus noster*. La presentazione del giovanetto Giovanni Pietro, che il Filelfo, dopo avergli mutato in greco il cognome, chiama affettuosamente *Eutychius*, è più che evidente: il maestro mostra di apprezzare molto le doti morali, culturali e intellettuali del discepolo, che, non senza orgoglio, definisce, innanzitutto, *probatis moribus adolescentem*, giovanetto di buoni costumi, perché, quando viene inviata la lettera, Arrivabene ha da poco superato i vent'anni. L'età era più che adatta per ricevere un beneficio ecclesiastico e, insieme con questo, un ordine minore.[37] Ma subito dopo aggiunge che Giovanni Pietro Eutichio è *doctus* e *disertus*, degno, quindi, d'essere amico non solo del dotto e illustre giureconsulto e referendario apostolico, ma addirittura del papa, il santissimo signore nostro.

Dopo aver descritto e presentato il giovanetto nel migliore dei modi, il mittente prega l'amico Agapito di accogliere nella cerchia delle sue amicizie anche il giovanetto, il quale, grazie ai suoi uffici e alla sua mediazione, nutre già profonda

36. Philelfi cit., *Epistolarum*, f. 194r [Francesco Filelfo saluta Agapito, giureconsulto a Roma e referendario apostolico. Giorni addietro da Modena è tornato a Milano il segretario del vescovo, mi ha portato, da parte tua, i più cari saluti e ha aggiunto, particolare che conosco benissimo, di quanto e quale ammirevole affetto mi circondi. E questo a entrambi è molto gradito; ma molto più gradito e piacevole è che tutti sanno che noi siamo legati da profondo affetto. Ti ringrazio anche perché il tuo comportamento permette a tutti di comprendere che la nostra amicizia non è di bassa lega. Ti prego caldamente, perché continui ad alimentare la nostra amicizia con la tua solita premura. Un antico proverbio greco dice che gli amici devono avere tutto in comune. Ebbene io nutro grandissimo affetto per Giovanni Pietro Eutichio, un giovanetto di buoni costumi, colto e abile nel parlare. Vorrei che anche questi fosse accolto nel tuo affetto. So, infatti, che verso di te è molto ossequiente. Perciò in qualsiasi modo potrai favorirlo, egli si rende perfettamente conto che se è diventato tuo carissimo amico ciò è avvenuto grazie ai miei buoni uffici. Anche perché ho sentito dire che quegli ha composto un carme in lode del pontefice Pio; ma non so quale argomento tratti. Bisogna guardare, come dici tu, con occhio favorevole questa età, la quale, come un cavallo della Lidia, spronato sul campo di battaglia, si lancia verso la gloria con precipitosa corsa. Tu ricordami e raccomandami solo presso il santissimo signore nostro. Desidero che, a nome mio, porti i miei saluti a Gregorio Lollio, famoso giureconsulto e segretario apostolico; cerchi di ottenere da lui, perché, come mi ha detto, non indugi a scrivermi. Stammi bene. Milano 12 dicembre 1459].

37. Nella Chiesa latina fino al Concilio Vaticano II erano detti ordini minori i diversi ministeri, che non esigevano l'ordinazione sacramentale, ma conferivano lo *status* di chierico a chi ne veniva insignito. Al tempo dell'Arrivabene erano appannaggio di persone colte o funzionari pontifici, perché potessero vivere dei proventi derivanti da un beneficio ecclesiastico. Gli ordini minori, in ordine cronologico erano: ostiario, lettore, esorcista e accolito. Per coloro che si avviavano al sacerdozio erano di propedeutica agli ordini maggiori, che consistevano nel suddiaconato, diaconato e culminavano nel sacerdozio.

stima verso così illustre e altolocato personaggio. Il Filelfo, però, non si limita solo a questo: perché possa essere presentato al papa in modo degno, aggiunge di aver avuto notizie che il giovanissimo allievo ha scritto un carme in lode di Pio II. Nella sua prudenza e cautela, però, non si sbilancia né sul contenuto del carme né sul suo aspetto stilistico e formale. È evidente che il celebre umanista non vuole mettere in discussione la sua reputazione agli occhi né del potente e influente giureconsulto né di Pio II, che ben conosceva e del quale apprezzava la profonda e raffinata cultura. Perciò, in certo qual senso, declina sul giovane allievo le sue riserve e le innumerevoli manchevolezze riscontrate nel carme, che, in rapporto alla lunghezza, risulta scritto troppo in fretta, con improvvisi cambiamenti di toni e di stile. C'è anche da osservare che Enea Silvio Piccolomini conosceva bene lo stile del Filelfo, e l'avrà certamente riscontrato tanto nell'epistola poetica quanto nel carme.

Enea Silvio Piccolomini, eletto papa il 19 agosto 1458, assume il nome di Pio II; e pochi mesi dopo, il 27 maggio dell'anno successivo, è alla corte di Mantova, ospite dei Gonzaga, dai quali viene accolto con grandissimi onori. A questa importante circostanza va legata l'ultima sezione del carme, che si può definire odoporica.[38] In questa sezione, composta certamente mentre Pio II dimorava a Mantova e aggiunta a quanto già aveva scritto subito dopo l'elezione del pontefice, il poeta narra, con commozione e ammirazione, il lungo e faticoso viaggio affrontato dall'anziano pontefice, per raggiungere Mantova. La città, patria dell'Arrivabene, dietro suggerimenti degli Sforza di Milano e dei Gonzaga soprattutto era stata scelta come sede della Dieta, per la sua vicinanza alle grandi e potenti nazioni dell'Europa settentrionale e soprattutto alla Germania: «haud procul hinc dites Germania possidet agros».[39]

In questa occasione il giovanissimo Arrivabene compone i 195 versi dell'ultima sezione, che aggiunge alle precedenti, probabilmente composte alla fine del lungo tirocinio alla scuola del Filelfo, subito dopo l'elezione di Enea Silvio Piccolomini. Queste, però, prima di essere unite insieme, sono state certamente sottoposte a un attento lavoro, perché fossero raccordate in maniera più o meno uniforme. Dopo l'ultima sezione compone l'epistola poetica, della quale già ho parlato.

Tutte le sezioni, considerate singolarmente, costituiscono eleganti quadretti ispirati alla poetica ellenistica; ma, unite a formare un sol carme, mostrano le indubbie debolezze di un disegno troppo ampio e ambizioso. Nel giustapporre le diverse parti, a seconda delle necessità, il Filelfo si è visto, quasi certamente, costretto a intervenire, in maniera più o meno pesante, in più luoghi per raccordarle e renderle più o meno omogenee. Lo iato, comunque, rimane ora più, ora meno manifesto.

L'Arrivabene, proprio per la deferenza, la *beniuolentia*, che nutriva verso un così grande e importante maestro, prima che il carme fosse trascritto su pergame-

38. Nel comporre quest'ultima sezione del carme, Arrivabene tiene certamente presente Orazio, il quale, nella satira IX del primo libro, descrive il suo viaggio da Roma a Brindisi. Utile, anche se datato, è lo studio di L. Illuminati, *La satura odoporica latina*, Milano-Genova-Roma-Napoli 1938.

39. Arriv., *Pient.* II,678 [non lontana da questa si estendono le ricche contrade della Germania].

na, per essere consegnato a Pio II, quasi certamente lo sottopose alla lettura e ai necessari emendamenti d'una persona di gran lunga più esperta di lui. Non a caso, infatti, il Filelfo, nella lettera riportata, scrive:

> ... et me, nomine tuo, saluere plurimum iussit addiditque id, quod mihi notissimum erat, quanta me quaque mirabili prosequeris beniuolentia.[40]

Il Filelfo aveva già parlato ad Arrivabene della profonda e sincera amicizia, che lo legava al dotto curiale romano, il quale nel leggere il carme riusciva bene a individuare ciò che era del vecchio amico e quanto aveva scritto il giovane discente.

Dove precisamente il Filelfo sia intervenuto, è difficile dire, perché non sono state conservate le singole parti della redazione originale, quando l'Arrivabene come discepolo cominciava a muovere i primi passi nella composizione poetica.

A conferma della supposizione che il carme, lungo grosso modo quanto un libro dell'*Eneide*, sia costituito dalla giustapposizione di diverse sezioni, composte in precedenza, e in tempi diversi, è sufficiente una semplice riflessione: Virgilio, che era molto più avanti negli anni e in fatto di poesia di gran lunga più esperto tanto del Filelfo quanto dell'Arrivabene, per comporre un libro del suo poema ha impiegato, più o meno, dai dieci ai dodici mesi. Per convenienza si tace, a questo punto, il tempo impiegato da Virgilio per l'allestimento delle *Georgiche*, la composizione delle quali tenne impegnato il poeta dal 36 al 29 a. C., senza interruzione e non senza profondi e radicali ripensamenti. Il giovanissimo Arrivabene, invece, vuol mostrare di aver scritto un carme così lungo nel giro di pochissimo tempo senza ripensamenti o tentennamenti, dall'indizione della Dieta fino a quando il papa giunge a Mantova. Il sentore di ciò si percepisce sia nella citata lettera del Filelfo sia dall'accoglienza, molto gelida, che gli riservò Pio II.

Se il giovanissimo poeta mantovano fosse stato davvero così abile, avrebbe scritto anche altri carmi e il suo nome sarebbe giunto ai nostri giorni sotto una luce diversa e con ben altre connotazioni. Con queste asserzioni, ovviamente, non si vuole negare che Arrivabene fosse un giovane brillante, colto ed eloquente, sì da attirarsi, e giustamente, le attenzioni del maestro, il quale nei riguardi del discepolo adopera sempre espressioni molto affettuose. In una lettera del 21 gennaio del 1459, quando Arrivabene aveva appena vent'anni, così si esprime:

> Franciscus Philelfus Ioanni Petro Arriuabeno sal.
> Tuum istud cognomentum Arriuabenum adeo mihi uisum est non dicam ineptum sed absurdum, ut te pro Arriuabeno Mantuano ac uulgari semper antehac Eutychium a graecis sumptum appellare maluerim. Sed iam longa consuetudine manifestius nomen factum nolim posthac Eutychium te sed more tuo ac patrio Arriuabenum cognominare. Abs te igitur peto, Arriuabene carissime, ut quae proximis diebus ad Reuerendissimum illustrissimumque, patrem Cardinalem Mantuanum Franciscum Gonzagam, scripseram ea tu quam diligentissime et quam celerrime iri effectum cures. Si quis istic esset nostri principis nomine hac omni cura te leuarem. Nunc autem

40. PHILELFI, *Epistolarum* cit. [Mi ha portato, da parte tua, i più cari saluti e ha aggiunto, particolare che conosco benissimo, di quanto e quale ammirevole affetto mi circondi].

ea sunt tempora ut negotium omne nostrum in tua diligentia positum sit, hoc est, ut id tu opera tua diligentiaque conficias. Et ne obdormiscere patiaris, te plurimum rogo. Vale. Ex Mediolano XII Kalendas Februarias MCCCCLVIIII.[41]

Quali siano gli impegni che il giovane Arrivabene deve portare a termine con cura, impegno e diligenza presso il cardinale Francesco Gonzaga, non si evince dalla missiva, ma si possono immaginare. Certo è che il maestro nutre grande fiducia nel giovanissimo allievo, che vedeva proiettato verso incarichi molto importanti, e remunerativi. Considerata la sconfinata fiducia nella serietà di Arrivabene e la soddisfazione per averlo collocato a servizio d'una famiglia molto influente dell'Italia settentrionale, e non solo, non è fuori luogo supporre che abbia visto e sia intervenuto qua e là nella stesura del lungo carme in lode di Pio II, del quale Francesco Filelfo, come si evince dall'epistolario,[42] era un vecchio amico.

Perciò la reticenza, che si legge nella lettera riportata, «nam audio eum carmen composuisse, nescio quod, in laudem Pii pontificis maximi»,[43] permette di trarre conclusioni, che non vanno troppo lontano dal vero, anche perché il cardinale e giureconsulto pontificio Agapito, cui il Filelfo scrive numerose lettere, conosceva bene sia l'animo che gli intenti del mittente, in quanto la loro amicizia, nata da lungo tempo, era molto salda. In questo contesto, che gli umanisti tenevano in grandissimo pregio, il Filelfo non esita a chiedere all'amico romano di sistemare alla meglio il giovane discepolo, del quale pone in debita luce le indiscutibili doti morali, intellettuali e culturali. Ma avanza qualche riserva sul carme, limitandosi a un eloquente *audio* e a un enigmatico e sfuggente *nescio quod*, che l'Agapito dovette ben percepire in tutta l'estensione semantica, se Arrivabene rimase ancora, e a lungo, al servizio del cardinale Francesco Gonzaga. Del resto il Filelfo sa bene che il poeta ha bisogno di tempo e, soprattutto, di cultura; è convinto che non tutti i colti sono poeti e che il giovanissimo allievo, nonostante sia colto ed eccellente versificatore, non è poeta.

Il giudizio dei contemporanei e dei posteri gli hanno dato pienamente ragione, perché tanto il carme quanto il poema epico, del quale si parlerà più avanti, sono rimasti ignorati e sconosciuti alla gran parte dei colti e degli studiosi successivi.

41. PHILELFI, *Epistolarum* cit., f. 205v [Francesco Filelfo saluta Giovanni Pietro Arrivabene. Il tuo cognome Arrivabene mi sembra, non oserei dire inadatto, ma così assurdo che d'ora in poi invece del comune mantovano *Arrivabene* preferirei chiamarti *Eutichio*, derivato dal greco. Ma, siccome il tuo cognome è diventato, per l'ormai lunga familiarità, più caro, d'ora in poi non vorrei chiamarti Eutichio, ma Arrivabene secondo il modo di dire della tua città natale. Ti chiedo, quindi, Arrivabene carissimo, che tu porti a compimento quanto con grandissima diligenza e celerità scrissi al reverendissimo e illustrissimo cardinale Francesco Gonzaga. Se ci fosse costì un segretario del principe, ti solleverei da questo incarico. Ora si presenta l'occasione che ogni mio impegno è nelle tue mani, vale a dire che tu lo porti a termine con il tuo impegno e la tua diligenza. Ti prego caldamente di non adagiarti. Stammi bene. Milano 21 gennaio 1459].

42. Per averne un'idea si veda *ibidem*, ff. 2, 5, 103, 107,108, 110, 112, 113, 116, 123, 115, 156, 177.

43. *Ibidem* [Anche perché ho sentito dire che quegli ha composto un carme in lode del pontefice Pio].

Occorre, però, riflettere ancora se il sintagma *nescio quod*, nella sua posizione parentetica, sia da riferirsi ad *audio* oppure a una lettura personale del carme; in questo caso assumerebbe il valore di "non so che dirti sul suo valore o sulla sua realtà". Ma, considerati i rapporti di familiarità e di stima, che correvano tra di due, l'Arrivabene non poteva celare al maestro, che si adoperava in tutti i modi, perché entrasse nella *familia* di Pio II, quanto aveva intenzione di realizzare o quanto aveva già realizzato. Se il discepolo avesse tenuto nascosto al suo maestro il carme, sarebbe venuto meno ai rapporti di amicizia e di stima, che si erano instaurati; e avrebbe tradito la fiducia che il Filelfo riponeva in lui. Dalla lettura di diverse lettere, infatti, si viene a sapere che il Filelfo gli affida incarichi molto importanti presso la corte dei Gonzaga, come si evince dalla lettera del 22 gennaio del 1459:

> Franciscus Philelfus Ioanni Francisco Gonzaga protonotario sal.
> Meum quoddam negotium Ioannes Petrus Eutychius meo nomine tibi referet, cui ut adsis ac faueas te etiam atque etiam rogo. Hoc mihi gratius hoc tempore facere nihil potes. Itaque hac in re uelim mihi liquido ostendas, quantum apud te ualeam. Non enim ignoras quam te uehementer obseruo. Vale. Et me illustribus parentibus tuis commenda plurimum. Ex Mediolano. XI Kalendas Ianuarias MCCCCLIX.[44]

Con questi presupposti non poteva l'Arrivabene nascondere al suo protettore quanto andava meditando e componendo: sarebbe stata una gravissima mancanza di riguardo per tutte le sue sollecitudini, che la missiva testé riferita pone in evidenza. Il tenore della breve lettera è più che evidente: vuole che il cardinale Giovanni Francesco Gonzaga nutra verso Arrivabene tutti quei sentimenti che riserva verso il vecchio amico e accolga nel suo seguito il giovane, che gli riferirà a voce alcune notizie.

Francesco Gonzaga, quando riceve la lettera del Filelfo era ancora protonotaro apostolico e, in quest'ufficio, aveva bisogno del valido aiuto, che gli può offrire il giovane Arrivabene. Insignito della porpora cardinalizia a diciassette anni su pressione del cugino, il principe elettore Alberto III di Brandeburgo, e soprattutto del padre Ludovico III, alla fine del soggiorno mantovano di Pio II, il giovanissimo cardinale era stato già nominato protonotario apostolico nel febbraio del 1454, all'età di dieci anni, perché sin dalla più tenera età dal padre era stato avviato alla carriera ecclesiastica. Tra i membri della sua numerosa *familia* c'erano alcuni personaggi, che rivestivano ruoli di grande rilievo. Fra questi c'era Bartolomeo Sacchi, noto con il soprannome di Platina, e dal 1459 anche Giovanni Pietro Arrivabene, il quale, quando Francesco Gonzaga diviene cardinale, assume l'incarico di protonotaro.[45]

44. *Ibidem*, f. 109 [Francesco Filelfo saluta il protonotaro Giovanni Francesco Gonzaga. A mio nome ti esporrà quanto mi preoccupa Giovanni Pietro Eutichio. Ti prego caldamente di essergli vicino e di favorirlo. In questa circostanza non puoi rendermi niente che mi sia più gradito di questo. Perciò vorrei che in questa occasione mi dicessi apertamente quanto tu mi voglia bene. Sai bene, infatti, quanto te ne voglio io. Stammi bene. Ricordami caldamente ai tuoi illustri genitori. Milano 22 gennaio 1459].

45. D.S. Chambers, *A Renaissance cardinal and his wordly goods: the inventory of F. G. (1444-1483)*, London 1992; B. Sacchi, *Historia urbis Mantuae...*, in L.A. Muratori, *Rerum Itali-*

Perché l'Arrivabene potesse ricoprire questo prestigioso incarico, come si evince dalla lettera, decisivo fu l'intervento del Filelfo, cui stava certamente a cuore l'inserimento del suo allievo all'interno della grande e nobile famiglia mantovana. La buona e decorosa sistemazione del giovane era certamente il *quoddam negotium*, che tormentava il Filelfo, il quale non scrive più di tanto, perché riferirà il resto il latore, a viva voce: l'estensore della missiva sa bene che gli impegni e le richieste più importanti, tra gentiluomini, si trattano a voce e non si mettono mai per iscritto. Quanto riferirà il giovane Arrivabene è alluso nel seguente passo, particolarmente importante: «cui ut adsis ac faueas te etiam atque etiam rogo».[46] Il ruolo che Giovanni Pietro rivestirà all'interno della *familia* del giovanissimo cardinale è chiaramente espresso con *adsis* e *faueas*: oltre l'aiuto economico è implicitamente accennato anche il ruolo che l'allievo dovrà rivestire, perché il cardinale sa bene quanto rispetto egli nutre nei suoi riguardi, «non enim ignoras quam te uehementer obseruo», e quanto ancora gliene deve il nobile porporato. Per entrare nella *familia* di Francesco Gonzaga e rivestire l'incarico di protonotario basta solo la presentazione per iscritto; per essere accolto in quella di Pio II, invece, oltre alle referenze, «probatis moribus adolescentem et eundem doctum ac disertum», è necessario che il postulante presenti il discepolo insieme con un prodotto della sua bravura, un «carmen … in laudem Pii pontificis maximi». E su questo punto, come si è già detto, il Filelfo, con eloquente reticenza, esprime non poche e giuste riserve.

3. *Al servizio dei Gonzaga*

La poesia di Giovanni Pietro Arrivabene, all'epoca apprezzata tanto per la facilità quanto per la freschezza e la fluidità del verso, con il passar del tempo, è stata del tutto dimenticata, perché si sono privilegiati ingegni di ben altra levatura e di maggior fama e notorietà presso il grande pubblico. Già ai suoi tempi ebbe scarsa risonanza, come è attestato dall'esiguo numero dei manoscritti: uno per il poema epico, *Gonzagis*, e uno per il carme in lode di Pio II.[47]

A Giovanni Pietro Arrivabene sono state riservate solo poche e scarne annotazioni sui suoi incarichi come vescovo, segretario e copista; ma è del tutto ignorato sia come scrittore che come poeta. Eppure ai suoi tempi era tenuto in grande stima ed era considerato un esponente di spicco della cultura e della poesia umanistica, come testimonia un epigramma, in greco, scritto in suo onore da Angelo Ambrogini, detto Poliziano. Questi, in seguito a qualche beneficio ricevuto, sia per gratitudine,

carum Scriptores, Mediolani 1731, XX, pp. 617, 630, 632, 860, 862; G. Frasso, *Un poeta improvvisatore nella "familia" del cardinale F. G.: Francesco Cieco da Firenze*, in «Italia medioevale e umanistica», XX (1977), pp. 35-40; D.S. Chambers, *Francesco "cardinalino" (c. 1477-1511): the son of cardinal F. G.*, in «Atti e memorie della Accademia Virgiliana di Mantova», XLVIII (1980), pp. 5-55; Id., *Giovanni Pietro Arrivabene (1439-1504).*

46. Philelfi, *Epistolarum* cit. [Ti prego caldamente di essergli vicino e di favorirlo].

47. Il pregevole carme, trasmesso in un non meno pregevole manoscritto, è conservato a Pienza nella biblioteca del palazzo Piccolomini. Cfr. nota 4.

sia perché ammirava la cultura e la poesia dell'Arrivabene, cerca di sdebitarsi alla maniera umanistica: in suo onore compone un affettuoso e toccante epigramma, in dorico, la lingua parlata nel Peloponneso e, in modo particolare, a Sparta:

Ζαμπέτρῳ 'Αρριβαβένῳ
Δοριστί

MCDLXXX

χείλεα νηπιάχου βάψαι ποτῶ φαντὶ Πλάτωνος
ξουθὰς Μοψοπί πλησαμήνας μέλιτι·
στεσιχόρου δ'ἥεισεν ἐπὶ στομάτεσσιν ἀηδών·
δείγματα μειλιχίης ἀμφοτέρου χάριτος.
ἀλλὰ σοὶ οὔτινά γ'ὄριον ἐφιζᾶν οὔτι μελίσσας
πείθομαι, ἀλλ'αὐτάς, Ζάμπερε, Πιερίδας.
ἦκ'ἂν δὴ λωτοῖο καὶ αὐτός γεύσατ' Ὀδισσεὺς
εἰ ὅ γε τοῖος ἔην οἷος ὁ σεῖο λόγος.[48]

Lo stesso epigramma, reso in latino dallo stesso Poliziano, non si discosta dall'originale in greco, che, considerato come prima stesura, risulta molto più immediato ed efficace:

Zampero Arrivabeno
Dorice

Labra infantis tinxisse olim aiunt Platonis
rutilas apes mopsopio implentes melle;
Stesichori uero cecinit in pectoribus luscinia.
Signa suauis utriusque gratiae.
Sed tibi neque ullam auem insidere neque apes,
credo, sed ipsas, Zampere, Pieridas.
Nempe lotum et ipse gustasset Vlyxes,
si tali quidem fuisset qualis tua oratio.[49]

Il Poliziano in questo epigramma, sentito e delicato, si rivolge al dotto mantovano Giovanni Pietro Arrivabene, insigne poeta latino[50] e apprezzato conosci-

48. *Prose volgari inedite e Poesie latine e greche edite e inedite*, di ANGELO AMBROGINI POLIZIANO, raccolte e illustrate da ISIDORO DEL LUNGO, Firenze 1867, pp. 195 ss, in nota si legge: «XXV Dolcezza della sua eloquenza. – Giampietro Arrivabene da Mantova, discepolo del Filelfo, fu segretario dei Gonzaga; dal cui servigio passò alla corte apostolica, e poi al vescovato di Urbino nel 1491. Si hanno di lui alcune lettere diplomatiche e un poema (*Gonzagidos*) de' fatti di Ludovico III marchese di Mantova. Visse dal 1440 al 1504. (Mazzucchelli, *Scritt. D'It.* I, 1135; Ughelli, *Italia Sacra*, II, 795). Fu amico e benefattore del Poliziano; che scrive congratulando affettuosamente al vescovo novello; *Epist.*, VIII, 14». Trad. dell'ep.: 'Si narra che un giorno le bionde api abbiano cosparso le labbra del piccolo Platone e l'abbiano riempito del miele di Mopsopia; e che un usignuolo sia venuto a cantare sulla bocca di Stesicoro: indizio della melliflua grazia d'entrambi. Ma credo che su te non si sono posate né le api né gli uccelli, o Gianpietro, ma le Pieridi in persona: certo anche Ulisse avrebbe assaggiato il loto, se fosse stato simile al tuo eloquio'.

49. Per quanto concerne il testo latino, cfr. la trad. dal greco nella nota precedente.

50. Donde il Poliziano deducesse ciò, non è dato sapere, perché, oltre le due opere citate, non sono noti altri carmi scritti dall'Arrivabene.

tore del greco. L'Arrivabene aveva ricevuto una vasta e solida cultura umanistica: era stato prima allievo e, successivamente, corrispondente e amico di Francesco Filelfo. Assunto dalla famiglia Gonzaga, all'inizio, fu per breve tempo segretario di Barbara di Hohenzollern, figlia di Giovanni margravio di Brandeburgo, e nipote dell'elettore palatino Federico; successivamente assunse la prestigiosa carica di cancelliere al servizio del marchese Ludovico Gonzaga; e, alla fine, per ben ventidue anni, dal 1461 al 1483, fu segretario del cardinale Francesco Gonzaga, che l'Arrivabene accompagnò a Bologna, Ferrara, Firenze e Roma.

Durante il periodo, nel quale soggiornò a Roma, scrisse molti dispacci e lettere di notevole importanza storica.[51] In una di queste, molto interessante, in volgare rinascimentale, informa sul comportamento poco edificante di alcuni prelati e dignitari al seguito di Pio II, che si recava a Viterbo per la festa del *Corpus Christi*, che fu magnifica e piena di intensa devozione.

> ... i cardinali e lo stesso papa avevano bisogno di un'atmosfera più libera e distesa, di qualche momento di ozio. Il viaggio da Roma a Viterbo è descritto in una lettera dell'8 maggio 1462 alla marchesa di Mantova da Giovanni Pietro Arrivabene, che era stato accolto nella comitiva come accompagnatore del cardinale Francesco Gonzaga. ... La prima sera, sistemato l'alloggio per tutti al castello Orsini di Campagnano, quando il papa era già andato a coricarsi, la scena si movimentò alquanto. ... le attività ludiche dei cardinali – la caccia e il gioco delle carte, *beffe* e *piasevolezze* condite con cibi e vini pregiati, il carnevale, la musica e la stessa danza – sono largamente attestate durante il pontificato di Pio II ... e non sono da rimandare ai tempi di Alessandro VI (si noti che il giovane Rodrigo faceva parte del gruppo dei cardinali che saltavano festosamente a Campagnano nel 1462).[52]

Finito il servizio presso il cardinale Francesco Gonzaga, fu inviato in Ispagna come nunzio apostolico; e, tra le altre attività, curò anche un'edizione di Orazio, stampata a Venezia nel 1490. L'anno successivo, nel 1491, fu consacrato vescovo e inviato a Urbino, dove morì nel 1504. Questi sono, almeno per ora, i dati più salienti della sua intensa e, forse, movimentata vita.

Uomo dell'Umanesimo e apprezzato erudito, Arrivabene divise la sua vita tra gli impegni curiali, il ministero pastorale e la poesia latina, anche se oggi, almeno per quanto sono riuscito a trovare e leggere, si conoscono solo le due composizioni, cui ho accennato in precedenza. Il poema eroico, *Gonzagide*, dedicato a Ludovico III Gonzaga, ora viene presentato per la prima volta in edizione critica,[53] affiancata dalla traduzione in italiano. Il poema, in quattro libri, tratta della guerra combattuta da Mantova contro Venezia per il possesso di Goito e di altri castelli.

51. L. von Pastor, *Storia dei Papi II, ad indicem*, Roma 1944.

52. A. Modigliani, *I carteggi dei Gonzaga per la storia di Roma nel Quattrocento: primi risultati e prospettive*, in *I Gonzaga e i Papi* cit., pp. 354-355. Quivi è riportato uno stralcio della lettera dell'Arrivabene con opportune delucidazioni e indispensabili indicazioni bibliografiche (il corsivo è nel testo).

53. Il breve poema epico è stato pubblicato l'unica volta in *Vitae summorum eruditione et dignitate uirorum ex rarissimis monumentis litterato orbi restitutae*, cura Iohannis Gerhardi Meuschenii, Coburgi 1738, III, pp. 1-75. Questa edizione, rara e introvabile, è viziata da numerosi errori, omissioni e inesattezze.

La città fu a lungo, e aspramente, contesa tra le varie potenze dell'Italia settentrionale: per la sua cruciale ubicazione lungo il Mincio e la via Postumia, occupò sempre grande importanza in epoca medievale, sotto il dominio imperiale, incarnato dalla potente famiglia Canossa, e successivamente come libero comune. Nel sec. XV per il dominio su Goito si impegnarono in lunghi e sanguinosi conflitti i Visconti, signori di Milano, la Repubblica di Venezia e i Gonzaga, signori di Mantova, finché, dopo la battaglia del 14 giugno 1453 e la successiva pace di Lodi, stipulata il 9 aprile 1454, la cittadina divenne possedimento stabile del Marchesato di Mantova, retta da Ludovico III, il quale, con una saggia amministrazione, le conferì un notevole impulso, in modo particolare con il rilancio dell'economia locale. Favorì la realizzazione del cosiddetto Naviglio di Goito, la costruzione di un ponte in mattoni sul Mincio e si interessò al restauro delle fortificazioni. Per legare a Mantova la città da poco assoggettata, vi eresse una sontuosa residenza, alla cui decorazione lavorò anche il Mantegna nel 1463-64. Qui Ludovico III, nel 1478, si spense di peste.

Quando si concluse la guerra, il 14 giugno del 1453, l'Arrivabene era appena tredicenne; e, quasi certamente, i dolorosi eventi dovettero lasciare nel suo animo non poche impressioni con gli immancabili lutti, le privazioni e le sofferenze, che, qua e là, si trovano riflesse nel poema, cui lavorò con impegno e dedizione per un certo lasso di tempo, nel lungo periodo, durante il quale fu al servizio dei Gonzaga.

Favorito dall'agio e dalle circostanze, e spronato dagli amici, nel lungo periodo trascorso al servizio di Francesco Gonzaga, senz'ombra di dubbio, in considerazione anche del fatto che, come ho appena accennato, ha curato un'edizione di Orazio, anche Giovanni Pietro Arrivabene, alla maniera degli altri umanisti, dovette certamente scrivere carmi in metri lirici, sia oraziani che catulliani. Di queste composizioni, però, tranne il laconico accenno del Poliziano, il quale, quando scrive l'epigramma in onore dell'amico, non si riferisce, certo, alle sole composizioni in esametri, non si trovano né tracce né testimonianze presso gli autori coevi:

ἀλλὰ σοὶ οὔτινά γ'ὄριον ἐφιζᾶν οὔτι μελίσσας
  πείθομαι, ἀλλ'αὐτάς, Ζάμπερε, Πιερίδας.[54]

Se queste composizioni si sono salvate, come penso, vanno cercate in archivi o in fondi di biblioteche non ancora del tutto esplorati, se si tiene presente che il carme in onore di Pio II, pubblicato la prima volta nel 2014, giaceva a Pienza, quasi dimenticato, nella biblioteca del Palazzo Piccolomini.

4. *Curiale e amanuense*

Giovanni Pietro Arrivabene venne alla luce a Mantova nel 1439 da famiglia non nobile, ma certamente benestante, se poté frequentare la scuola di Francesco

54. *Prose volgari inedite e Poesie latine e greche edite e inedite* cit. [Ma credo che su te non si sono posate né le api né gli uccelli, o Gianpietro, ma le Pieridi in persona].

Filelfo, il maestro più celebre e famoso del tempo. Ancora giovanissimo, e non senza l'affettuoso interessamento del maestro, come si è già visto, percorse una lunga e brillante carriera curiale: in un primo momento, intorno ai vent'anni, entrò nella *familia* del cardinale Francesco Gonzaga, a fianco del quale rimase come protonotaro per ben 22 anni, a cominciare dalla seconda metà del 1459 o, con maggior esattezza, dagli inizi dell'anno successivo, secondo quanto si rileva dalle lettere del Filelfo. Alla fine di quest'anno, secondo la testimonianza del Filelfo,[55] il giovane poeta, proveniente da Milano, dove, con ogni probabilità, aveva composto l'ultima sezione del carme *in laudem Pii Pontificis*, giunge a Mantova. Partendo dal capoluogo lombardo, il giovane Arrivabene porta con sé la lettera del maestro, alcuni ragguagli da riferire a voce al cardinale Francesco Gonzaga e il carme per Pio II, il quale già si trovava nella piccola ma prestigiosa città, dove si era recato per la Dieta.

Nell'orditura e nella stesura del lungo carme qua e là emerge qualche incertezza metrica e non poche ridondanze tipiche dell'esuberanza giovanile e dell'immancabile consapevolezza nelle proprie capacità. Il poeta, però, mostra una profonda ed eccellente cultura letteraria, storica, biblica e teologica, sì che sembra impossibile che un ventenne abbia potuto scrivere un carme del genere, nel quale usa tutti gli artifizi d'una consumata esperienza, che la scuola e il lungo studio non gli avevano ancora di certo fornito.

Oltre al latino e al greco conosce e sfrutta con estrema disinvoltura la storia, l'astronomia, la Sacra Scrittura, la teologia e la filosofia; segue con viva e crescente trepidazione, a servizio del nobile prelato, gli eventi storici a lui contemporanei, soprattutto l'avanzata dei Turchi nei Balcani, dopo la caduta di Costantinopoli.

Al periodo, nel quale presta servizio presso il cardinale Francesco Gonzaga, risale la composizione del poema epico *Gonzagide*, con il quale intende celebrare sia Ludovico III che la famiglia, presso la quale, come si apprende dalle testimonianze di pochi intellettuali, che hanno parlato di lui nei secoli passati, aveva trovato la tranquillità necessaria per coltivare gli studi.

Cessato, nel 1482, il rapporto con i Gonzaga, fu chiamato nella curia pontificia con l'incarico di segretario del papa; e, mentre era al servizio del pontefice, strinse solida e duratura amicizia con il cardinale Giovanni Arcimboldi, che nell'ambiente curiale vaticano era divenuto un illustre e influente personaggio. Nato a Parma nel 1426 da nobile famiglia, nel 1458, a Pavia conseguì la laurea in *utroque iure*. Divenuto senatore di Milano e, in seguito, ambasciatore del duca Francesco Sforza prima e di Galeazzo Maria poi presso il papa, sposò Briseide Pietrasanta, dalla quale ebbe un figlio. Rimasto vedovo, abbracciò la vita ecclesiastica e dal papa Paolo II fu nominato protonotaro apostolico. Fu dapprima vescovo di Novara e, successivamente, arcivescovo di Milano. Per lo zelo e la dedizione, con le quali assolse ai suoi impegni curiali, nel 1473 fu promosso cardinale

55. Cfr. la lettera riportata alle pp. 14-15.

e ricevette il titolo dei Santi Nereo e Achilleo. Venuto a Roma, l'Arcimboldi fu nominato prefetto della Segnatura Apostolica di Grazia e Giustizia; ebbe anche l'incarico di camerlengo del Sacro Collegio cardinalizio nel maggio del 1476, in assenza del cardinale Giacomo Ammannati Piccolomini.[56]

Tra l'Arcimboldi e l'Arrivabene nacque subito una profonda e duratura amicizia, anche se si pensa che quest'ultimo fosse un *familiaris* del potente cardinale. Ma nell'agosto del 1484, in seguito alla morte di Sisto IV, che aveva assunto l'Arrivabene e lo aveva posto a capo della segreteria apostolica, il cardinale Giovanni Arcimboldi, titolare di Santa Prassede, chiese all'Arrivabene di accompagnarlo al conclave, per l'elezione del nuovo pontefice. Arrivabene non esitò ad accettare e a seguirlo.[57] Tra i due dotti umanisti si rinsaldò ancor di più la già sentita e provata amicizia.

Quest'incontro inaspettato avrebbe potuto segnare l'inizio di un'intensa collaborazione tra il poeta e l'Arcimboldi. Ma nel settembre successivo il nuovo papa, Innocenzo VIII, che certamente conosceva e apprezzava le doti e la cultura dell'Arrivabene, decise di chiamarlo nella *familia* pontificia come abbreviatore apostolico.[58]

Anche in seguito a questo episodio, che vede ascendere a un rango prestigioso lo scrittore mantovano, i rapporti con l'Arcimboldi dovettero comunque restare più che buoni, perché il cardinale di Santa Prassede, nel settembre del 1484, incarica l'Arrivabene, già segretario apostolico da ben due anni, di recapitare una sua lettera a Francesco II Gonzaga, marchese di Mantova.[59]

Per significare i buoni rapporti esistenti tra i due personaggi, basta ricordare che, nel settembre 1488, il cardinale Arcimboldi designerà nel suo testamento insieme con Ascanio Sforza e Giovanni Battista Savelli proprio Giovanni Pietro Arrivabene come esecutore testamentario. Sconfinata, quindi, doveva essere la stima che il dotto abbreviatore godeva presso gli alti prelati della Curia romana.

Dopo questo breve cenno è doveroso esaminare con maggiore attenzione un altro aspetto dell'attività espletata, e con successo, dall'Arrivabene,[60] il quale non

56. N. Raponi, *Arcimboldi Giovanni*, in *Dizionario Biografico degli Italiani*, III, Roma 1961; E. Cazzani, *Vescovi e Arcivescovi di Milano*, Milano 2012.

57. Si può utilmente consultare ASMn, cart. 847 [Roma]: Giovanni Pietro Arriabene a Francesco II Gonzaga, 25 agosto 1484, Roma; cfr. ancora Burckard, *Liber notarum ab anno MCCCCLXXXIII* cit., p. 26; per gli eventi, che segnarono la vita del poeta in questo particolare periodo, si veda Chambers, *Giovanni Pietro Arrivabene* cit., pp. 422-423.

58. ASV, *Reg. Vat. 964*, cc. 3r-4r: copia di bolla del papa Innocenzo VIII a G.P. Arrivbene, 12 sett. 12, Roma «apud Sanctum Petrum».

59. Cfr. ASMn, AG, cart. 847 [Roma]: Giovanni Arcimboldi a Francesco II Gonzaga, 27 sett. 1484, Roma.

60. S. Bettinelli, *Opere edite e inedite in prosa e in versi*, Venezia MDCCC, pp. 120 ss.: «Giovanni Pietro Arrivabene raccolse codici, e ne rimangono ancora in quell'illustre famiglia, tra i quali ho veduto quello scritto di man propria dall'autore con questo titolo: *Marii Filelfi artium et utriusque juris doctoris, equitis aurati, de communis vitae continentia ad Sixtum Robur Pontificem Maximum*. Così egli chiama Sisto IV di casa della Rovere. Fu scritto nel 1473, come ivi è notato dall'autore, ed è in dialogo latino, ove parla cogli altri il cardinal Francesco Gonzaga, Legato della Marca, e presso a Macerata si rappresentan raccolti i personaggi. Gio. Pietro fu discepolo di Francesco Filelfo, che a lui scrisse molte sue lettere, chiamandolo *Eutichio*, grecamente Arrivabene, e

si limita a essere solo segretario del personaggio di turno. Mentre a Roma, intorno al 1470, era a servizio del cardinale Francesco Gonzaga, trascrisse per sé il ms. Vaticano Ottoboniano Lat. 743. Questo codice è una miscellanea e, secondo gli esperti, è considerato «una copia gemella»[61] dell'esemplare posseduto dal Bottigella. Nello stesso luogo, a riguardo del ms. Ottoboniano, si legge:

> ... oltre alle palmari congruenze testuali, esso infatti presenta al f. 24r una Natività con formula iconografica del tutto analoga, cioè con il semplice Bambino poggiante su una sorta di cuscino azzurro e orifiamma, senza paesaggio sullo sfondo ma sormontato da una stella irradiante in oro, con la scritta *IHESUS CHRISTUS ... NASCITUR* in lettere capitali dorate trascritte sotto la miniatura; lo stile, però, è fondamentalmente veneto-romano, dunque ancora omogeneo alla tradizione trapiantata a Roma dall'àmbito sanvitesco. È probabile, da ultimo, che Giovanni Stefano Bottigella[62] e Giovanni Pietro Arrivabene abbiano operato parallelamente, forse entro il comune *entourage* del cardinale Francesco Gonzaga.[63]

Non era raro che i colti umanisti si trascrivessero di propria mano i libri, verso i quali mostravano maggiori interessi, considerate anche, e soprattutto, le difficoltà di trovare un buon amanuense. Per maggiori dettagli e aspetti più approfonditi sulla vita di Giovanni Pietro Arrivabene, si può consultare quanto si trova nello studio di Chambers.[64]

5. *La corte dei Gonzaga tra Umanesimo e Rinascimento*

I Gonzaga, una delle famiglie principesche più note sia in Italia che in Europa, governarono Mantova dapprima come signori e poi come marchesi e duchi

altre sotto il nome italiano. Fu segretario del cardinal Francesco Gonzaga, e passò nella città e corte di Roma dal 1464 al 1476. la vita con varie interruzioni. Fu amato dal cardinal Jacopo Piccolomini, tra le lettere del quale ve ne ha quattordici indirizzate all'Arrivabene, e diciotto di questo al cardinale. Fu anche segretario apostolico. Il suo poema *Gonzagidos* pubblicato dal Munscenio dimostra, che fosse presente a molte imprese del marchese Ludovico, in cui lode il compose, essendo probabilmente al suo servigio in gioventù; il resto della vita lo passò in affari di chiesa come nunzio in Ispagna, poi vescovo di Urbino e morì del 1504» (il corsivo è nel testo).

61. M. Zaggia, P.L. Mulas, M. Ceriana, *Giovanni Bottigella cortigiano, uomo di lettere e committente d'arte*, Firenze 1997, p. 187.

62. Giovanni Stefano Bottigella, nacque da nobile famiglia pavese intorno al 1410. Divenuto «doctor artium et iuris canonici» ebbe l'incarico di protonotario apostolico, secondo due documenti, datati il primo 8 giugno 1447 e l'altro 19 ag. 1449. Da Pio II fu nominato rettore dello Studio di Roma con breve del 3 settembre 1458, al posto del cardinale Nicolò Capranica, inviato vescovo a Fermo. Insieme con questa carica il pontefice gli affidava, in assenza del camerlengo, anche le funzioni di vicecancelliere, che detenne fino al 1466. Nel 1464 accompagnava il giovane cardinale Francesco Gonzaga mentre si preparava all'impresa, che avrebbe dovuto schierare i principi cristiani contro gli infedeli. Nel lungo e faticoso viaggio da Roma, il Bottigella stette vicino al pontefice, che morì ad Ancona il 15 agosto 1464.

63. Zaggia, Mulas, Ceriana, *Giovanni Bottigella cortigiano* cit., p. 187.

64. Chambers, *Giovanni Pietro Arrivabene* cit.

dal 1328 fino al 1707. Durante tutto il Rinascimento, e anche in seguito, sotto la spinta di personaggi davvero singolari per cultura e lungimiranza, la corte mantovana fu una delle più illuminate e mantenne per lungo tempo un ruolo molto importante nel contesto politico italiano ed europeo. Con le loro ambascerie, grazie anche a una sagace e accorta politica matrimoniale, stabilirono intensi rapporti con l'Impero, la Spagna, la Francia, i sovrani d'Europa e le più nobili e potenti famiglie del tempo.[65]

Nell'aristocratica e prestigiosa famiglia mantovana si annovera un santo, quattordici cardinali e tredici vescovi. Il loro vanto più grande, però, fu d'aver incrementato, per lunghissimo tempo, le arti e le lettere, che raggiunsero livelli molto elevati. La grande e apprezzata collezione d'arte, dai Gonzaga raccolta nella "Celeste Galleria", raccoglieva le opere dei più grandi artisti del Rinascimento e del Barocco. Questa importante raccolta, nel breve periodo compreso tra il 1625 e il 1628, fu da Vincenzo II Gonzaga in gran parte venduta a Carlo I, re d'Inghilterra, il quale, con la mediazione di un celebre mercante d'arte, il fiammingo Daniel Nijs, riuscì a raccogliere a Londra gran parte della collezione dei Gonzaga.[66] I duchi di Mantova in quel periodo versavano in situazioni economiche molto critiche.[67]

Mantova divenne un centro culturale e artistico di prim'ordine, quando il ducato passò nelle mani di Ludovico III, che detenne il potere dal 1444 al 1478. Il suo mecenatismo fu esemplare: tra tutti gli artisti, che frequentarono la sua corte, Mantegna è certamente il più significativo. Ludovico fu un governante saggio e fermo nel frenare le spinte centrifughe dei vari rami cadetti della famiglia; diede avvio a una saggia politica matrimoniale: sposò Barbara d'Asburgo degli Hohenzollern, che erano uniti da legami di parentela con la Casa d'Asburgo. I Gonzaga, però, videro crescere il loro prestigio, quando, qualche anno dopo la

65. R. Braglia, *I Gonzaga. Il mito, la storia*, Mantova 2002; A. Murgia, *I Gonzaga*, Milano 1972. Per avere un'idea della raffinatezza e della floridezza culturale della corte mantovana, nonché delle difficoltà nelle quali versava, si riporta non senza amarezza e rimpianto ciò che M. Felisatti, *Isabella d'Este. La primadonna del Rinascimento*, Milano 1982, scrive nelle pp. 273-274: «I suoi [di Isabella d'Este] preziosi tesori, le sue statue, tutto quanto con furore e intelligenza la "apetitosa" aveva raccolto durante la intera sua vita venne venduto fra il 1627 e il 1628 dallo sciagurato indebitatissimo duca Vincenzo II Gonzaga al re d'Inghilterra Carlo I, che riuscì, precedendo il granduca di Toscana e il re di Francia, ad assicurarsi per una somma modesta opere straordinarie, come, fra l'altro, i Trionfi di Cesare del Mantegna, la Madonna di Canossa d Raffaello, i Dodici Cesari di Tiziano, una Madonna di Andrea del Sarto, il Cupido di Michelangelo e quello di Prassitele, nonché diverse opere di Giulio Romano e del Correggio [...] Altre opere dello Studiolo e della Grotta si trovano al Louvre: in primo luogo la sua immagine più bella, il disegno a sanguigna di Leonardo, [...]; sempre al Louvre sono la Madonna della vittoria del Mantegna, il ritratto di Baldassarre Castiglione del Raffaello, i dipinti allegorici del suo Studiolo, i due del Mantegna, quello del Perugino, i due di Lorenzo Costa, nonché gli ultimi due del Correggio. Il ritratto di Federico col cane, opera di Tiziano, si trova al Prado di Madrid, a Vienna è il ritratto giovanile di Isabella fattole da Tiziano, la copia antica del Rubens si trova in una collezione privata a Parigi». È da ritenere che in questa occasione insieme con altri libri della celebre biblioteca fu venduto anche quello che contiene la *Gonzagis*.

66. S. Lapenta, *Le collezioni Gonzaga. La quadreria nell'elenco dei beni del 1626-1627*, Cinisello Balsamo 2006.

67. *La Celeste Galleria*, a cura di R. Morselli, Milano 2002.

morte di Ludovico III, il ducato passò nelle mani di Francesco II, che dominò dal 1484 al 1515, e della moglie Isabella d'Este, forse la donna più importante del Rinascimento.[68] Fornita d'una raffinata cultura e d'un carattere forte e deciso, con saggezza e determinazione, governò lo Stato, ormai fiorente, dopo la morte del marito.[69]

A questo punto è opportuno riferire pochi, ma significativi, cenni su Ludovico III, il quale, con la sua accorta politica, rese Mantova un centro politico e culturale tra i più insigni d'Italia e d'Europa. Ludovico III Gonzaga, marchese di Mantova, nacque da Gianfrancesco, marchese di Mantova, e Bonamente Aliprandi il 5 giugno 1412 e, dal 1423 insieme con i fratelli e le sorelle, ebbe un'accurata educazione nella Ca' Zoiosa, alle dirette dipendenze di Vittorino da Feltre. La permanenza presso il dotto umanista ed educatore fu un'esperienza di grandissimo livello: lì il Gonzaga, insieme con altri coetanei venuti da ogni parte d'Italia e d'Europa, apprese il latino, il greco, la dialettica, la retorica, la filosofia la matematica e la musica. A queste discipline il maestro univa lo sviluppo armonioso del corpo all'equilibrio etico, basato sulla frugalità e sui retti sentimenti cristiani, mai estranei alla corte di Mantova. Vittorino fondava la sua esperienza educativa unicamente sul merito, senza tener assolutamente conto del rango. Perciò i figli del marchese, a contatto con condiscepoli di varia provenienza, condussero una vita molto sobria. Corroborato da questi insegnamenti, Ludovico ebbe non solo una solida ed equilibrata educazione, unita a capacità intellettuali di prim'ordine, ma anche un amore particolare per le lettere. Al termine della permanenza alla scuola di Vittorino, praticò a lungo, e con profitto, l'esercizio delle armi: le guerre tra i vari Stati e le scaramucce all'interno degli stessi erano all'ordine del giorno. Per cui a Ludovico non mancò occasione per militare, a capo dei suoi armati, ora con l'uno ora con l'altro, e di acquisire sul campo la pratica necessaria per il controllo e la difesa dello Stato.[70]

Ludovico nel 1433 sposa Barbara di Hohenzollern, figlia di Giovanni margravio di Brandeburgo e nipote dell'elettore palatino Federico.[71]

Tra i suoi successi militari va senza dubbio ascritta la battaglia di Villabona, presso Goito, dove, il 14 giugno 1453, sconfisse le truppe di suo fratello Carlo.

68. Per maggiori ragguagli sull'importante personaggio, che influenzò non solo la corte dei Gonzaga, ma anche molte corti italiane e straniere, anche se un po' datato, si può ancora utilmente consultare M. Felisatti, *Isabella d'Este*, cit.

69. *I Gonzaga a Mantova*, a cura di G. Amidei, E. Marani, Milano 1975; G. Bongiovanni, *I Gonzaga: profili e scorci d'una grande casata*, Milano 1930; G. Malacarne, *I Gonzaga di Mantova, una stirpe per una capitale europea. Gonzaga Marchesi*, Modena 2005. Su questa famiglia si possono leggere utili notizie in *I Gonzaga e i Papi* cit..

70. I. Lazzarini, *Ludovico III Gonzaga, marchese di Mantova*, in *Dizionario Biografico degli Italiani*, LXVI, Roma 2006. La studiosa offre uno sguardo d'insieme molto ampio e ben articolato sulle vicende sia del marchese che del marchesato. C. Mozzarelli, *Lo Stato gonzaghesco. Mantova dal 1382 al 1707*, in *Storia d'Italia*, Torino 1979, XVII, pp. 379-392.

71. E. Ward Swain, *Strategia matrimoniale in casa Gonzaga: il caso di Barbara e L.*, in «Civiltà mantovana», n.s., XIV (1986), pp. 1-13.

Ma le armate veneziane, guidate da Niccolò Piccinino, non gli permisero di conquistare Asola.

Per i Gonzaga il momento di massimo splendore fu il Concilio, comunemente noto come Dieta, di Mantova, che si svolse dal primo giugno 1459 al 19 gennaio 1460 per volere del papa Pio II, con l'intento indire una crociata contro gli Ottomani, i quali, dopo la conquista di Costantinopoli, dilagavano verso l'Europa attraverso l'Illiria e la Pannonia.[72] La designazione di Mantova come sede della grande e inaspettata Dieta pontificia fu un successo senza pari per l'equilibrata e prudente politica di Ludovico, il quale, nonostante fosse legato al ducato di Milano, uno dei massimi protagonisti della politica italiana del tempo, riuscì a trarre vantaggi dall'Impero, dal papato e dai principati europei.[73] Pio II, con numeroso seguito, fu accolto con magnificenza, sfarzo e giubilo a Mantova il 29 maggio 1459. La Dieta, se per gli scopi di Pio II si rivelò un vero fallimento, per Ludovico III fu un grande e insperato successo: per ben sette mesi Mantova divenne un'importante capitale europea, dove si erano radunati i rappresentanti delle maggiori potenze europee[74] e non a torto si è detto e scritto che «... il Vaticano passò dalle rive del Tevere a quelle del Mincio e Mantova fu al centro dell'Europa!».[75]

Ludovico III seppe ben sfruttare una situazione a lui così favorevole, e ne trasse enormi vantaggi: innanzi tutto nei confronti del papa acquistò un posto di grande rilievo; strinse relazioni con importanti e influenti personaggi della curia romana; rinsaldò l'amicizia con i protagonisti più influenti della politica europea; prese corpo l'idea di innalzare al cardinalato il secondogenito Francesco. Perché il progetto di Ludovico giungesse felicemente in porto, ebbe un ruolo di primo piano la moglie Barbara, la quale, con la mediazione di Niccolò da Cusa, con l'intercessione dello Sforza e le pressioni di Alberto di Brandeburgo e dell'imperatore, riuscì a ottenere la porpora cardinalizia per il figlio Francesco. Il quale, il 18 dic. 1461, nonostante qualche difficoltà e non poco imbarazzo per la giovanissima età, fu nominato cardinale diacono di Santa Maria Nuova. Francesco, quando ricevette il galero cardinalizio, aveva appena 17 anni; e la sua elezione, sia in ambiente curiale che altrove, destò non pochi sospetti e malumori.

Accanto al novello cardinale, certamente su segnalazione del Filelfo, fu posto Giovanni Pietro Arrivabene, che così entrò in maniera definitiva e stabile nella corte di Mantova, e vi rimase fino al 1482. Il segretario, allora ventunenne, con

72. Per maggiori dettagli si veda Bologna, *Giovanni Pietro Arrivabene* cit., pp. 19-27.

73. P. Carpeggiani, *La città sotto il segno del principe: Mantova e Urbino nella seconda metà del '400*, in *Federico da Montefeltro. Le arti*, a cura di G. Cerboni Baiardi, G. Chittolini, P. Floriani, Roma 1986, pp. 31-46; I. Lazzarini, *Tra continuità e innovazione: trasformazioni e persistenze istituzionali a Mantova nel Quattrocento*, in «Società e storia», LXII (1993), pp. 744-764.

74. R. Brunelli, *I Gonzaga e la Chiesa. Passaggi di una relazione secolare*, in *I Gonazaga e i Papi* cit., pp. 29-42, in part. pp. 33 ss.; B. Baldi, *La dieta di Mantova nel contesto del pontificato di Pio II Piccolomini*, in *I Gonzaga e i Papi* cit., pp. 125-137; G. Cossandi, *La dieta di Mantova nei registri vaticani*, in *I Gonzaga e i Papi* cit., pp. 139-157.

75. Brunelli, *Gonzaga e la Chiesa* cit., p. 33.

il favore e i buoni uffici del Filelfo, era già una grande personalità sotto l'aspetto sia culturale che poetico: aveva già composto un lungo carme in onore di Pio II, dal quale sperava ancora aiuti e favori.

L'innalzamento al cardinalato d'un rampollo della sua famiglia fu per Ludovico un evento molto importante: con il nuovo prestigio e l'indiscussa autorità, che ne conseguì, nonché il controllo sugli affari ecclesiastici nella vasta zona di Mantova, accrebbe notevolmente il potere di quel minuscolo stato, nel quale, per l'illuminato mecenatismo del marchese, si concentrarono i più insigni letterati e artisti. A questo si aggiunge che il controllo esercitato dai Gonzaga sulla Chiesa mantovana fu tale, che in città i vescovi furono scelti, e per lungo tempo, solo all'interno della nobile e prestigiosa famiglia.[76]

A Mantova, mentre era al servizio del cardinale Francesco Gonzaga, Giovanni Pietro Arrivabene, giovanissimo, si cimentò, e per certi aspetti, felicemente con la poesia. Questi, dopo il lungo carme composto in onore di Pio II, cantò le gesta di Ludovico III, marchese e, soprattutto, mecenate in un elegante poema latino *Gonzagis*. In questo lungo componimento, il poeta concentra l'attenzione solo sul fatto, forse più importante, almeno sotto l'aspetto militare, compiuto dal marchese. Tra i tanti e illustri personaggi, che frequentavano abitualmente la corte dei Gonzaga, tra tutti quelli, che si sono interessati di quel marchesato, un posto del tutto particolare è riservato a Giovanni Pietro Arrivabene.

La corte di Mantova è stata sempre ammirata e magnificata da tutti gli storici e gli studiosi, che hanno trattato quel periodo glorioso della cultura italiana ed europea. Il Roscoe, alla fine del Settecento, abbagliato da tanto sfarzo e soprattutto da tanta cultura, scrive:

> Tra gli uomini di merito, che soggiornarono costantemente in questa città, o che la visitarono frequentemente, si osservano principalmente *Giovan Piero Arrivabene*, e *Battista Spagnuolo*. Il primo fu discepolo di Francesco Filelfo, che gli indirizzò molte lettere, e che ne tradusse il nome italiano d'*Arrivabene* nel Greco di *Eutichio*. Basta per celebrare la sua memoria dire, che per le composizioni latine fu segretario intimo di *Francesco Gonzaga*. Egli era un uomo di costumi irreprensibili, dotato di grandissima eloquenza, e stimabile per molta dottrina. La sua opera principale è un poema latino intitolato *Gonzagidos*, diviso in quattro canti, che l'autore compose in onore di *Lodovico*, Marchese di Mantova, morto nel 1478, e non nel 1484; come dice il *Mazzucchelli*. Appare da questo poema, i di cui versi passano per essere gentili, che non si spererebbe d'ordinario di trovare quelli d'un giovinotto, che l'autore era stato presente alla maggior parte dei combattimenti, che egli descrive, e che era stato testimonio della maggior parte dei fatti da lui riferiti.[77]

Il Bettinelli, in una nota della sua opera, mentre ricorda alcuni nunzi pontifici, scrive:

> Moltissimi furono i nunzj pontifizj chiari in dottrina. Distinguerò. per ossequio alla patria, Gio. Pietro Arrivabene mantovano, che fu nunzio in Ispagna e Vescovo d'Urbino. Fece un poema col titolo *Gonzagidos* in lode di Ludovico III di Mantova, e ha

76. G. Pezza-Rossa, *Storia cronologica dei vescovi mantovani*, Mantova 1847, pp. 45 ss.
77. G. Roscoe, *Vita e Pontificato di Leone X*, Milano 1816, I, pp. 137 ss.

le sue lettere tra quelle di Jacopo Ammannati, come a lui ne scrisse il Poliziano, e fa di lui menzione Pio II. Morì nel 1504.[78]

Anche Girolamo Tiraboschi non può trascurare l'opera latina del giovane poeta mantovano:

Né dee tacersi un altro Poeta Mantovano, cioè Giampietro Arrivabene, scolaro di Francesco Filelfo, di cui abbiamo un Poema intitolato *Gonzagidos*, che tratta singolarmente delle lodi del Marchese Lodovico Gonzaga. Esso fu pubblicato dal Meuschenio,[79] e intorno all'autore si possono vedere esatte notizie presso il C. Mazzucchelli (2),[80] e nel primo de' due eruditi ed eleganti discorsi del Ch. Ab. Bettinelli sulla Letteratura Mantovana.[81]

Dell'Arrivabene non si sono interessati solo gli autori citati: in una monumentale opera biografica dell'Ottocento, nella quale sono riportati in ordine alfabetico i maggiori scrittori e poeti italiani, si legge:

Arrivabene (Giovanni Pietro), di Mantova. Fu discepolo del celebre Filelfo, e divenne abilissimo nella lingua greca. Ebbe stanza a Roma come segretario apostolico, e, divenuto vescovo d'Urbino, morì in quella città, nel 1504, d'anni 63. Compose un poema latino, intitolato: *Gonzagidos*, ad onore di Luigi III di Gonzaga, celebre generale del duca di Mantova, morto nel 1484. Questo poema stampato venne per la prima volta dal Menschenio, nel 1738. Vi sono alcune *Lettere Latine* d'Arrivabene, stampate a Milano, nel 1506, con quelle del cardinale Giacomo Ammannati de' Piccolomini, cardinale di Pavia (V. Mazzucchelli, *Scritt. Ital.*, vol. I. p. 11.).[82]

Dai pochi e brevi cenni l'ammirazione per l'Arrivabene non era sconfinata: almeno veniva citato per il poema, che aveva scritto in onore e in lode del marchese Ludovico III. Dei carmi in versi lirici e di altri componimenti poetici non si trova nessun cenno. Oggi, al contrario di quanto avveniva nel passato, il poeta viene menzionato, e non per la poesia, solo da quanti si occupano della famiglia Gonzaga.

6. *La poesia di Giovanni Pietro Arrivabene*

Dopo un'accuratissima formazione intellettuale era del tutto naturale che anche Giovanni Pietro Arrivabene si dedicasse alla poesia, come, del resto, era normale in quel periodo, durante il quale nelle maggiori corti italiane fervevano e venivano protetti ingegni straordinari. Come molti suoi coetanei, anche Arrivabene aveva

78. S. Bettinelli, *Del risorgimento d'Italia negli studi, nelle arti e nei costumi dopo il mille*, Milano 1819 (il corsivo è nel testo).

79. Il poema *Gonzagidos* è stato per la prima volta pubblicato da Menschenius al principio del III volume della collezione intitolata *Vitae summorum dignitate, et eruditione virorum*, Coburg 1735. L'editore dice (forse con troppa bontà) nella sua prefazione, che quel poema è scritto «elegantiori modo, quam a sua adhuc inculta aetate vix aliquis exspectare poterat». *Mazzuchelli T. II.* 1138, *ib. VI* 2230. (Il corsivo, sia nel testo che in nota, è dall'autore).

80. G. Mazzucchelli, *Gli scrittori d'Italia*, I/2, Brescia 1753, p. 1138.

81. G. Tiraboschi, *Storia della letteratura italiana*, IV/1, Napoli 1870, p. 230.

82. *Biografia universale antica e moderna*, Venezia 1823, III, p. 296.

una naturale inclinazione alla poesia: il verso, infatti, scorre limpido e armonioso, con la dolcezza del ritmo cattura e avvince anche il lettore più attento e il critico più incallito. La sua formazione non si discosta da quella ricevuta e coltivata dai maggiori esponenti tanto dell'Umanesimo quanto del Rinascimento.

Quando l'Arrivabene abbia cominciato a cimentarsi con la poesia, non è dato sapere: si sa solo che a 20 o, al massimo, 21 anno scrive un dotto e sentito carme in onore di Pio II. La presenza sul trono di Pietro di un papa umanista aveva dato adito a molte speranze, soprattutto per i giovani di talento. E l'Arrivabene era uno di questi; e, sebbene mietesse non pochi successi e ricevesse onori degni del suo rango, soprattutto sotto l'aspetto economico, la poesia non gli dava quanto in effetti desiderava. È probabile che gli intenditori si siano accorti che nei versi, pur eleganti e armoniosi, manca sovente l'afflato sia lirico che poetico.

Lo scintillio dei colori e le belle e ardite immagini del carme dedicato al pontefice lasciano presagire frutti ben più dolci e maturi di quelli che si possono cogliere e gustare oggi, nei due scritti. Ma non è stato così, perché la sua vita ebbe altri risvolti. Come tutti i veri e grandi poeti del tempo, sebbene giovanissimo, insieme con la precocità, rivela anche una scaltra e consumata esperienza: adopera, infatti, con estrema disinvoltura tanto il distico elegiaco quanto l'esametro in due lunghe e articolate composizioni monostiche.[83] E a queste, come ho appena detto, manca la vera dote, che solo il poeta riesce a infondere.

Entrambe le composizione, tanto il carme in onore di Pio II quanto il poema *Gonzagide*, sono giunte a noi, come si è detto, in un solo manoscritto.

Il codice pientino, che ho potuto più volte vedere e controllare di persona, è arricchito da due splendide miniaure nel f. 1r e 3r; ha la legatura in bazzana del sec. XVIII ed è decorato con ampi girari bianchi, con lo stemma papale di Pio II. Non ho potuto, invece, vedere né controllare direttamente il codice che contiene il poema epico *Gonzagis*. Ho dovuto accontentarmi d'una riproduzione fotografica in bianco e nero. Miniature, con delicati e armoniosi girari, si trovano intorno alla lettera incipitaria, all'inizio di ogni libro e, in modo particolare e più ampio, nel primo. Tutto il codice è scritto in minuscola rinascimentale, molto curata, con pochissimi errori e rare abbreviazioni. Per cui la lettura e la trascrizione non è risultata né particolarmente difficile né impegnativa. L'amanuense, che ha trascritto il poema, era fornito d'una buona cultura e ha potuto evitare quei *lapsus calami*, tanto fastidiosi quanto interessanti. Da quanto ho potuto desumere dall'esame paleografico, il codice deve essere stato vergato nel primo ventennio del Cinquecento, quando Mantova, grazie alla prestigiosa presenza di Isabella d'Este, era al centro di un'intensa attività artistica e culturale. L'intelligente e colta sovrana, denominata "apetitosa" per la brama con la quale raccoglieva e collezionava opere d'arte d'ogni genere ed età, non esitava a spendere gran parte delle esigue risorse del marchesato anche per ampliare e incrementare la biblioteca, fondata da Luigi I e già ricca di numerose opere a stampa e, soprattutto,

83. In distici fino a oggi si conosce solo una breve elegia di 50 versi, che, come epistola poetica, precede il lungo carme in esametri scritto in lode di Pio II. Cfr. Bologna, *Giovanni Pietro Arrivabene* cit.

di manoscritti. Anche questa nobile istituzione, per una dissennata politica economica, un paio di secoli più tardi fu miseramente smembrata e venduta. Proprio in quel periodo di intenso fervore, alimentato da Isabella fu trascritto su pergamena anche la *Gonzagide*, che, per lo specifico argomento inerente alle glorie della casata, all'interno della prestigiosa biblioteca dovette occupare un posto di rilievo. La collocazione cronologica si desume da alcune peculiarità, che emergono qua e là nel codice e balzano evidenti agli occhi del lettore. Il codice viene scritto in un ambito geografico e culturale, fortemente influenzato dalla personalità di Gian Giorgio Trissino[84] per quanto riguarda la differenziazione della *u* e della *v*. È risaputo che i Latini sia per la vocale *u* che per la fricativa *v* usavano un solo grafema, la *V* per la scrittura maiuscola e *u* per la minuscola. Nel *codex Gothanus*, a differenza del *codex Pientinus*, nel quale l'amanuense segue il *ductus* tradizionale, spesso i due grafemi coesistono, anche se si nota la prevalenza di u al posto della v. Già in epigrafe è scritto *Iohannis Petri Arriuabeni Gonzagidos liber primvs* là dove ci si aspetterebbe *primus*. Si citano, a titolo di esemplificazione, alcune parole tratte dal primo libro: mentre al v. 5 si ha *maculauit*, il v. 9 reca da una parte *vera* dall'altra *aeuo*; il v. 10 reca *videre*, il v. 18 *vicos* e il v. 19 *venetum*, il v. 21 ha *mouens* e il successivo *uirum*. Nel codex Gothanus il segno *v* è usato spesso anche davanti a consonanti o, come si è visto, in posizione interconsaonantica, là dove ci si aspetterebbe la *u*. Sempre dal I libro, per non riferire un lungo elenco, si citano solo pochi esempi: *vsque* invece di *usque* al v. 26; *vsus* per *usus* al v. 162; *vncta* a posto di *uncta* al v. 163. Tali difformità e incertezze si notano anche negli altri libri in maniera più o meno uniforme e vistosa. Alfonso Traina, a proposito, scrive: «I segni *v* e *U* entrarono nell'uso solo con gli umanisti, segnatamente a opera di Pierre de La Ramée (Petrus Ramus, 1515-1572), da cui presero il nome di "lettere ramiste"».[85]

«L'altra lettera ramista», continua il Traina, «è *j*, di cui i Latini ignoravano il segno, pur conoscendone il valore fonetico di *i* semivocale».[86] Nel *codex Gothanus* la *j* si trova, e non sempre, solo nel gen. sing. dei nomi terminanti in *-ii* e nel dat. pl. per quelli con desinenza *-iis*, come si evince dai pochi esempi, che si riportano solo dal primo libro: al v. 61 si trova *gladij*, al v. 190 *gladijs*, al v. 224 *Stygij* in luogo di *gladii*, di *gladiis* e di *Stygiis*, come ci si aspetterebbe.

84. Tra gli amanuensi dell'area mantovana, tra gli ultimi decenni del sec. XV e i primi del successivo, riguardo ai fonemi *u* e *v*, dovette esserci qualche incertezza, perché l'umanista Gian Giorgio Trissino (Vicenza 1478 - Roma 1550) nel 1524 in maniera definitiva «sostituì nell'italiano il segno u con v (quando aveva valore di fricativa) e fu un'ottima scelta; fu invece un'idea tristissima di altri quella di estendere tale uso al latino, in cui esso è illegittimo». Così G. Bonfante, P. Ferrero, *Grammatica latina*, Milano 1987, p. 15 (il grassetto è nel testo).

85. A. Traina, G. Bernardi Perini, *Propedeutica al latino universitario*, Bologna 1982, p. 27. La palma di questi grafemi, introdotti nelle lingue nazionali nella prima metà del Cinquecento dovrebbe essere del Trissino, che li ha pubblicati molto tempo prima di Pierre de La Ramée. Per maggiori ragguagli, e rendersene conto, si può leggere l'opera di G.G. Trissino, *Ɛpistola del Trissino de le lettere nuωvamente aggiunte ne la lingua Italiana*, Roma 1524. Quando venne pubblicata l'opera, l'umanista francese aveva appena nove anni. Nell'epistola ci sono numerosi altri segni, che qui non sono stati presi in considerazione.

86. Traina, Bernardi Perini, *Propedeutica* cit., p. 27, in nota.

Il poema è diviso in quattro libri e narra le imprese di Ludovico III Gonzaga, il quale intraprende una guerra contro Venezia per il controllo di Goito, che, come si è già detto, cadde di nuovo sotto il dominio dei Gonzaga intorno alla metà di giugno, nel 1453.

A differenza del carme in onore di Pio II,[87] la *Gonzagide* non reca né dedica né intestazione alcuna, ma solo: «Iohannis Petri Arriuabeni Gonzagidos liber primus feliciter incipit», che si ripete, con il solo cambiamento del numero, all'inizio di ogni libro.

Il poeta, non più giovanissimo, nel comporre il poema, non esita a sfoggiare una solida e organica cultura umanistica, nella quale, oltre alla storia romana e greca, la mitologia e l'astronomia hanno una parte predominante. È del tutto assente la religione, la filosofia e la teologia. Qua e là, il poeta richiama episodi di storia romana e, soprattutto, greca.[88] Come tutti gli umanisti, l'Arrivabene calca le orme degli autori più celebrati della letteratura sia latina che greca: se, infatti, l'*incipit* è di chiara impronta virgiliana, la disposizione della materia segue da vicino, ma con spirito del tutto diverso, l'impianto sperimentato in età ellenistica da Apollonio Rodio nella composizione del poema epico Ἀργοναυτικά: del resto, come nell'esemplare ellenistico, i libri dell'Arrivabene, anche se di estensione minore, sono quattro. Le reminiscenze omeriche, però, soprattutto dell'*Iliade*, balzano subito in primo piano: il poeta, infatti, almeno a un primo impatto, cerca di mettere sullo stesso piano i due massimi esponenti della poesia epica dell'antichità, Omero e Virgilio, che erano gli *auctores* per eccellenza, sui quali gli umanisti esercitavano la loro acribia.

A questo punto bisogna osservare che l'Arrivabene, profondamente imbevuto della poesia virgiliana, nel concepire il piano del poema epico si è indubbiamente ispirato per il numero tanto dei libri quanto dei versi anche ai *Georgicon libri* del suo antico, e ben più famoso, conterraneo. Questa riflessione è suffragata anche, e soprattutto, dal riscontro, che balza evidente dal confronto con l'estensione delle due opere: i 2198 esametri delle *Georgiche* sono così distribuiti: il I l. ha 514 versi, il II 542, il III 566 e il IV 566; i 2435 versi della *Gonzagide* invece sono stati così ripartiti: nel I l. 619 versi, nel II 603, nel III 615 e nel IV 598. L'estensione della *Gonzagide*, come si può notare, è di poco superiore a quella delle *Georgiche*. Per cui più che Apollonio, come può sembrare a una prima impressione, l'Arrivabene segue le orme di Virgilio, al quale si sente più vicino sia per la lingua che per l'impianto del poema.

Al pari dell'*Eneide*, anche la *Gonzagide* si apre con una breve, ma significativa, protasi, nella quale il poeta enuncia l'argomento del canto:

87. Nel carme pientino ci sono due dediche in capitale quadrata. La prima, che precede l'elegia, è del seguente tenore: «Sanctissimo Domino nostro Pio Papae II Iohannis Petrus Arriuabenus felicitatem dicit»; l'altra, che precede gli esametri, recita: «Ad sanctum Dominum nostrum Pium Papam II Iohannis Petri Arriuabeni reuerendi ac illustris filii de Gonzaga protonotarii secretarii carmen incipit».

88. Emblematico è il lunghissimo episodio di Solone, ospite di Creso, ricco re della Lidia. Cfr. Arriv., *Gonz.*, IV,287-365. Arrivabene, in questo caso, tiene presente Hdt., I, 30-31.

Illius arma cano, gaudet quo Mantua forti
Principe; et horrendas acies stragemque cadentum
Innumeram, et Veneto partos ex hoste triumphos.[89]

Più che evidenti sono le reminiscenze virgiliane, che l'Arrivabene adopera con tecnica scaltrita e con sicura padronanza: al sintagma *arma uirumque cano* del modello virgiliano, il poeta non a caso sostituisce *illius arma cano*, con cesura tritemimere dopo una dipodia dattilica e colloca il verbo *cano* nello stesso luogo dell'*incipit* virgiliano. Ma, a una più attenta riflessione, il primo verso della *Gonzagis* e il primo verso dell'*Aeneis* sono costituiti dallo stesso numero di sillabe, con la stessa disposizione metrica e con le stesse cesure. Una lieve differenza, dettata, e imposta, da ragioni contingenti, è data solo dal dattilo del quinto piede, come si può arguire dal semplice confronto tra il virgiliano «arma uirumque cano, Troiae qui primus ab oris»[90] e «illius arma cano, gaudet quo Mantua forti»[91] dell'Arrivabene.

Con questo poema il poeta intende celebrare non solo Mantova, fortunata d'avere in Ludovico III un principe illuminato, onorato e prestigioso, ma vuole ricordare anche le sanguinose stragi d'una guerra fratricida, scoppiata per il possesso d'un piccolo e insignificante lembo di terra, aspramente conteso da Venezia e da Mantova. Alla gioia e alla gloria di questa contrappone subito, come nell'*Iliade*, la morte di tanti infelici, caduti nella vana difesa d'un bene caduco.

Nel secondo verso e all'inizio del terzo, a un'analisi più serena e obiettiva, il poeta, pur legato agli stilemi dell'epica classica, si discosta dal canone ormai standardizzato, perché più che Virgilio sembra che segua più da vicino Omero, il quale nel primo libro dell'*Iliade*, dopo la protasi, nella quale enuncia l'ira funesta di Achille, rievoca subito la morte di molti uomini valorosi e gli innumerevoli lutti subiti dagli Achei:

μῆνιν ἄειδε θεὰ Πηληϊάδεω Ἀχιλῆος
οὐλομένην, ἣ μυρί' Ἀχαιοῖς ἄλγε'ἔθηκε,
πολλὰς δ'ἰφθίμους ψυχὰς Ἄϊδι προίαψεν
ἡρώων, αὐτοὺς δὲ ἑλώρια τεῦχε κύνεσσιν
οἰωνοῖσί τε πᾶσι, Διὸς δ'ἐτελείετο βουλή
[...][92]

L'*Eneide*, dopo il primo verso, prosegue in maniera del tutto diversa, perché diverse sono le circostanze, diversi i fini. Giovanni Pietro Arrivabene invece, dovendosi cimentare con il poema epico, non esita a mettere in luce quanto ha appreso durante i lunghi e fruttuosi studi, e coagula nel proemio le più belle ed

89. Arriv., *Gonz.*, 1-3 [Le armi del valoroso principe, vanto di Mantova, io canto, le battagliere schiere, i numerosi caduti nelle stragi, i trionfi riportati sul Veneto nemico].

90. Verg., *Aen.*,I,1. Per la traduzione vedi nota 93.

91. Arriv., *Gonz.*, 1,1. Per la traduzione vedi nota 89.

92. *Il.*, I,1-5 [Canta, o dea, l'ira di Achille, figlio di Peleo, funesta, che lutti infiniti arrecò agli Achei, nell'Ade gettò molte vite di valorosi eroi e le diede in pasto ai cani e agli uccelli tutti, s'adempiva il volere di Giove ...].

esaltanti esperienze culturali, maturate quando, allievo del Filelfo, si adoperava a interpretare e riproporre in chiave moderna, con felice rielaborazione, gli *auctores*. Un semplice confronto mostra con chiarezza quanto Arrivabene deve a Omero e quanto a Virgilio:

Arma uirumque cano, Troiae qui primus ab oris
Italiam fato profugus Lauiniaque uenit
litora, multum ille et terris iactatus et alto
ui superum, saeuae memorem Iunonis ob iram,
multa quoque et bello passus, dum conderet urbem
inferretque deos Latio; genus unde Latinum
Albanique patres atque altae moenia Romae.[93]

Al poeta basta solo questo cenno per dimostrare all'illustre committente e lettore, cui il poema è dedicato, quali sono i garanti della sua cultura e quali personaggi dell'antichità cerca di emulare, nonostante sia cosciente delle sue scarse e limitate possibilità, come chiaramente ammette nei distici elegiaci dell'epistola indirizzata a Pio II:

Non mihi Phoebus adest non cognita turba sororum,
  Nec capiti florent laurea serta meo.
Miles in arte nouus leuibus nunc induor armis,
  Nec thorax etiam pectus inerme tegit.
Mens cupit Aoniis immergere fontibus ora
  Optatisque frui non tamen illa potest.
Denegat accessus et inexorabilis obstat
  Ianitor, hincque meum durius arcet iter.
Caeruleus nostros magnes imitatur ocellos
  Paruaque conspectus prosilit unda procul.[94]

L'Arrivabene, nel comporre il poema, si rende conto di non essere abbastanza colto e abile, all'altezza del nobile personaggio, al quale dedica lo scritto e del quale si è già parlato in precedenza. Ma non altrettanto umile e indifeso si mostra davanti al nobile personaggio che ammira e del quale esalta soprattutto l'ardore, che mostra nella difesa della città, quando i Veneti, spinti dalla brama del potere e del possesso, invadono il territorio mantovano. A differenza del carme pientino, nel poema epico non c'è la *recusatio* o la *dissimulatio*, perché sapeva bene che nella corte mantovana era molto apprezzato e le sue composizioni erano attese e lette con ammirazione: ora, infatti, può sfoggiare in tutte le varie e sottili sfu-

93. VERG., *Aen.*,I,1-7 [L'armi canto e l'eroe, che, profugo, da Troia per primo giunse per volere del fato in Italia, sul lido di Lavinio; per terre e per mari egli molto fu sbattuto dall'avversità dei Numi e dall'ira mai sopita di Giunone; e molto egli soffrì anche in guerra finché non fondò la città e condusse i Penati nel Lazio; da qui la stirpe latina e i padri d'Alba provennero e le mura eccelse di Roma].

94. ARRIV., *Pient.*, I,15-22 [Come soldato arruolato di fresco indosso ora armi leggere, e non difendo ancora il petto con corazza. Il mio animo desidera immergere le labbra nelle sorgenti eonie, e, sebbene le brami, non riesce a goderne. Mi nega poi l'accesso e inesorabile si oppone il custode, e con troppa durezza tien lontano da qui il mio cammino. Imita i nostri occhi l'azzurro magnete, e l'onda, piccola allo sguardo, balza lontano].

mature solo l'abilità nella versificazione; mettere in luce le immancabili capacità retoriche; dimostrare di aver pienamente assimilato il dettato degli *auctores*.

Bene inserito nella corte del cardinale Francesco Gonzaga, e cosciente del ruolo che occupa, l'Arrivabene non adula mai la famiglia, presso la quale presta servizio, sebbene non si lasci sfuggire occasione per profondere sperticati elogi a Ludovico III prima e, successivamente, a Francesco Sforza, corso in aiuto del Gonzaga in difficoltà. Arrivabene è un cortigiano; e, come tale, non può esimersi dall'intessere le lodi al suo signore, anche là dove avrebbe potuto, e dovuto, astenersi: la guerra, anche se di difesa, non è una missione di beneficenza; e i morti, nonostante in vita si siano mostrati eroi valorosi e abbiano tenuto la vita in poco conto, causano sempre dolori e sofferenze. Di Ludovico III riconosce le grandi doti politiche e umane, ne ammira le gesta, che narra con viva partecipazione, con un certo afflato lirico, alieno da adulazioni e speranza di benefici maggiori. Questi verranno in seguito, perché il poeta è apprezzato per le doti intellettuali e morali e per la raffinata cultura. Nel descrivere alcuni episodi, soprattutto quelli determinanti per la vittoria di Mantova, il poeta si lascia trascinare più dall'enfasi e dall'impeto epico che dalla severa e controllata ispirazione, che non di rado viene a mancare del tutto. Per cui non sempre riesce a controllare la giusta ed equilibrata estensione dell'episodio, sì che sovente risulta manieroso, prolisso, poco incisivo. Si nota subito la discrepanza tra quanto sgorga spontaneo e quanto viene costruito con fatica, nonostante il verso scorra limpido, senza impacci, e cerchi, con il sussidio della mitologia e della storia, di conferire al brano le movenze e le sembianze dei modelli epici. Non di rado si coglie la stanchezza e la difficoltà, che sottraggono al verso smalto, irruenza e sfavillio di colori presenti nel più breve ed elaborato carme pientino.

Ogni qual volta parla di Mantova, la sua patria, il poeta si commuove e, anche se molto controllato, non può astenersi dal citare la fertilità del suolo e ricordare di aver dato i natali a Virgilio:

> Emensoque Padi iam flumine, Mincius illis
> Occurrit, rapidosque iubet subsidere cursus.
> Gurgite iam medio praeclara Bianoris arua
> Conspiciunt, Mincique lacus, patriamque Maronis.
> Fatidicae miranda procul iam moenia Mantus
> Apparent, tanto requiem latura labori.[95]

Come in tutti i poemi epici, non manca nella *Gonzagide* l'invocazione alle Muse, perché assistano il poeta, mentre celebra le imprese degli eroi. Seguendo le orme dei maestri e, in modo particolare, dei classici, non si sottrae a quest'obbligo, necessario per l'economia stessa del poema, e prega le divine protettrici della poesia, perché, mentre innalza le lodi alla sua città e al principe, che la governa, gli stiano accanto:

95. Arriv., *Pient.*, II,738-743 [Percorso ormai il Po, si presenta loro il Mincio e ordina alla rapida corrente di fermarsi. Dal centro del fiume vedono i fertili campi di Bianore, i laghi del Mincio e la patria di Marone. Da lontano si vedono le meravigliose mura della fatidica Mantova, pronta a offrire ristoro dopo così grande fatica].

Dicite nunc, Musae, caelestia tecta colentes.
Vos etenim diuaeque estis, causasque latentes
Vidistis penitus, neque uos tenet abdidus error.[96]

Il poeta invoca le divine abitatrici del cielo, perché, con il loro potere e per i doni, ricevuti dal padre, conoscono tutta la verità, che lui intende cantare: sa bene, infatti, che, quando scoppia la guerra, la prima, e più importante, vittima è la verità; che tra il fragore delle armi è molto difficile vedere dov'è nascosta la verità, perché entrambi i contendenti dichiarano e ammettono d'aver ragione e di giurare in nome della verità. Mantova, secondo la testimonianza del poeta, è stata costretta a prendere le armi, perché i Veneti, non paghi delle loro terre, vogliono estendere il loro dominio su possedimenti non propri. Il marchese, uomo pacifico, dedito alle nobili arti, provvido e intento al bene dei sudditi, è costretto a prendere le armi, per allontanare dalle sue terre e dalla sua città gli invasori, eccitati e incitati dalle Furie:

Quis furor aut rabies gentis turbare quietam
Instituit pacem, bellum lacessere suasit?
Et quis magnanimi temptarit Principis agros
Impius irruere et uicos popularier, armis
Cum Venetum trucibus mentem laceraret Erinys?[97]

In questa significativa pericope, con la studiata sequenza delle interrogazioni retoriche, il poeta cerca di ottenere lo scopo prefissato: condannare quanti turbano la serenità del principe e la tranquillità degli abitanti e celebrare l'edenica pace di Mantova. Aduso alla contemplazione, all'interno di un *hortus conclusus*, il poeta si chiede come sia possibile che le Erinni possano sconvolgere il senno degli sciagurati artefici della guerra e turbare col fragore delle armi la tranquillità della pace, distogliere il principe dalla cura delle arti e delle scienze, allora tanto in auge presso la corte mantovana. Il brano, sia per ragioni metriche sia per il gusto raffinato della lingua, è impreziosito da una perla di rara bellezza, *popualarier*, invece di *populari*, un infinito usato a Roma soprattutto dai poeti arcaici e raramente, ma non senza ricercatezza, tanto da Lucrezio quanto da Virgilio,[98] poeti, che Arrivabene conosceva e dei quali cercava di seguire le orme.

96. Arriv., *Gonz.*, I,12-14 [Cantate ora, o Muse, delle celesti sedi abitatrici. Voi siete dee e le cause nascoste tutte conoscete e nessun errore, anche se nascosto, vi contagia].

97. *Ibidem*, 15-19 [Quale furore o rabbia decise di turbare la tranquilla pace del popolo e convinse a provocare la guerra? Chi empio tentò di irrompere nei campi del principe magnanimo e saccheggiarne i villaggi, mentre con truci armi le Erinni sconvolgevano il senno dei Veneti?].

98. Nell'*Eneide* ricorrono solo due infiniti arcaici: in VII,70 «partibus ex isdem et summa dominarier arce» [dalla medesima parte e regnare dall'alto della rocca] e XI,242 «et Venulus dicto parens ita farier infit» [e Venulo, obbediente all'invito del padre, comincia a parlare]. In Lucrezio, invece, sono più frequenti: solo nel primo libro ne ricorrono una decina. Qui cito solo I,207 «aeris in teneras possint proferrier auras» [possano spuntare alle piacevoli brezze dell'aria] e I,709-10 «... terramue creare / omnia et in rerum naturas uertier omnis» [... che la terra crei tutto e tutto si muti in tutto]. È da notare che l'inf. in *-ier* tanto in Lucrezio e Virgilio quanto in Arrivabene occupa sempre, e forma, il quinto piede dell'esametro.

Come si nota dai brevissimi brani riportati, il lessico adoperato da Giovanni Pietro Arrivabene è quello tipico degli umanisti, i quali si sono sempre ispirati alla migliore tradizione della lingua latina, incarnata soprattutto da Virgilio per la poesia e per la prosa da Cicerone. Ma, come si evince, dal rarissimo *popularier,* non esitarono, quando si presentava l'occasione, ad attingere anche da altri autori. Fondamentalmente, però, essi, per lo più, si attennero alla lingua latina adoperata a Roma nel I sec. a. C. e nel I. sec. d. C., anche se non mancano vistosi echi e proficui riverberi di altri scrittori e poeti, vissuti in epoche sia anteriori che posteriori. L'Arrivabene, al pari degli altri umanisti, usa la lingua latina in modo sistematico e fisso, come la leggeva nei classici; ma non si sottrae alle spinte innovatrici, che riesce a cogliere e a esprimere con finezza e sensibilità.

In questa sede non è possibile concedere ampio spazio «agli studi sul lessico», anche se questi «hanno sempre offerto il più prezioso contributo erudito sull'intelligenza di un autore»,[99] per il quale «non vi è esprimere separato dall'estrinsecare. Il momento tecnico è inerente alla stessa invenzione».[100]

All'interno del lungo e articolato poema ci sono molte neoformazioni[101] e innovazioni lessicali, soprattutto nella terminologia militare e politica: il poeta si muove con molta libertà nell'alveo della tradizione più pura, che, iniziata dal Petrarca, è scrupolosamente continuata dagli umanisti. Non trascura neppure quella particolare branca della lingua latina, coltivata dai giuristi, arricchita dagli scrittori cristiani e medioevali, utilizzata dai poeti più recenti. Per plasmare i suoi versi, per interpretare il pensiero dei vari protagonisti, per esternare i suoi sentimenti e il suo pensiero, attinge con libertà e disinvoltura ora dai poeti arcaici, ora dai giuristi, ora dagli scrittori cristiani, ora dai massimi esponenti dell'età augustea.[102] Il termine antico, accanto a quello più recente, sopravvive nel nuovo contesto e nella memoria sia del poeta che del lettore non come lessema vuoto, ma come *verbum* dotato di nuova vita, atto a trasmettere sensazioni e situazioni, vissute in quel preciso torno di tempo, con la sensibilità propria di un fine e colto intenditore di poesia. Il dinamico divenire della lingua si avverte soprattutto nelle descrizioni delle battaglie, nelle quali accanto alle normali armi dell'epoca romana, compaiono termini di nuovi strumenti, che la scienza e la tecnica bellica mettono in campo.

Se al tempo, in cui scrive il carme in onore di Pio II, può apparentemente sembrare un giovane verseggiatore alle prime armi, nella *Gonzagide* Arrivabene mostra maturità e piena padronanza sia della lingua che della materia. Ma alla freschezza del primo componimento, alla spigliatezza dello stile e alla ricchezza degli stilemi derivati dai luoghi più disparati e adoperati con scaltrita abilità, nella seconda subentra una certa fatica, una strisciante stanchezza, che si avvertono a

99. G. Morpurgo Tagliabue, *Il concetto dello stile*, Milano 1951, p. 321.

100. *Ibidem*, p. 448.

101. Neoformazioni sono *Ades* in *Pient.*, II,40 e *capitosus* in *Gonz.*, I,587.

102. S. Rizzo, *Il latino nell'umanesimo*, in *Letteratura italiana*, dir. da A. Asor Rosa, V, *Le questioni*, Torino 1986, pp. 379-408.

mano a mano si procede nella lettura.[103] Ma, nonostante qualche lungaggine, il poeta non si mostra mai incerto, titubante, sciatto nella narrazione. Il verso risulta sempre elegante, ben costruito, di ampio respiro e con movenze classiche. Il motivo di così grande, e profonda, differenza non va cercato solo nel diverso genere letterario oppure nella diversa situazione, nella quale l'Arrivabene si trovava: nel primo, siccome deve procacciarsi un protettore, che gli permetta di vivere e coltivare gli studi, pone più impegno formale, più entusiasmo, e sfodera tutte le armi, che la lunga frequentazione del Filelfo gli aveva fornito e, con la sua assistenza, continuava a fornigli; nel secondo non si impegna più dello stretto necessario, pone in atto quanto può e poggia solo sulle sue forze: ha ormai raggiunto la sistemazione che desiderava e scrive solo per accontentare il suo signore, protettore e mecenate. Nonostante gli manchi lo stimolo della ricerca d'un impiego sicuro, sebbene non di rado scarseggi la serenità e la potenza della poesia e scriva più per accontentare il committente che per intima soddisfazione o per ispirazione, Arrivabene non scade mai nel banale e nella sciatteria, conserva sempre uno stile degno della sua carica e del prestigio, al quale la sua cultura lo ha condotto.

7. *Il poema epico* Gonzagide

Mentre Giovanni Pietro Arrivabene era al servizio del cardinale Francesco Gonzaga, pose mano al poema epico *Gonzagide*. Il titolo già di per sé è eloquente, impegnativo e, nel contempo, significativo. Lo stimolo per la composizione di quest'opera, quasi certamente, venne dai suoi illustri protettori, i quali desideravano lasciare traccia di sé anche mediante un'opera letteraria di grande respiro. A questo punto viene spontanea la riflessione: se Arrivabene riceve l'invito a scrivere un poema epico, doveva essere noto e apprezzato soprattutto per le composizioni poetiche, scritte per le varie occasioni, che, certamente, non mancavano nella sfarzosa e mondana corte mantovana. Ma, per quel che se ne sa, sotto il suo nome, stando ai risultati delle ricerche effettuate fino a oggi, non è giunto nessun altro carme. Anche presso i letterati e gli eruditi, che nei secoli passati hanno parlato di lui e si sono interessati della sua produzione poetica, non si trova cenno alcuno di produzione lirica. Stento a credere che Arrivabene fosse celebre e celebrato poeta solo per il carme scritto per Pio II e i Gonzaga conservassero ancora tanta ammirazione per quel lungo scritto, giunto nelle mani del pontefice poco dopo la Dieta, durante uno dei tanti soggiorni a Pienza. Qualche ricordo poteva, forse, conservare il cardinale Francesco; ma è difficile sostenere e suffragare questa affermazione con testimonianze sicure.

103. In seguito a questa riflessione, ovvia in quanti leggono con il vaglio della critica le due opere dell'Arrivabene, suppongo senza dubbio di errore che nel primo esperimento poetico si debba vedere, in più luoghi, la presenza del Filelfo. La differenza tra le due composizioni è troppo grande, e vistosa.

La pressione a scrivere un poema epico certamente viene dal marchese di Mantova Ludovico III Gonzaga, che intratteneva ottimi rapporti d'amicizia con la famiglia Sforza di Milano, dove il Filelfo, da circa un ventennio, attendeva alla composizione del poema epico *Sphortias*, la *Sforziade*. Quest'opera, progettata in 24 libri, come l'*Iliade*, doveva celebrare le imprese della nobile e potente famiglia milanese. Il marchese, venuto a conoscenza dell'opera, cui attendeva il Filelfo, ha certamente, e con insistenza, chiesto all'allievo di così celebrato maestro di comporre un poema per esaltare le sue imprese compiute durante la guerra contro Venezia per il controllo di Goito. Il poeta non può rifiutare, e si accinge a un'impresa impari alle sue forze. Con la composizione della *Gonzagis* appaga i desideri del committente; ma la narrazione, anche se in elegantissimi esametri, procede in maniera piuttosto sciatta, con il continuo e farraginoso intervento di divinità, riesumate dal mondo pagano. Tra queste primeggia soprattutto Pallade, la dea della bellezza e delle nobili arti, che si coltivavano nella corte mantovana.

Non potendo rifiutare l'invito di così nobile e munifico mecenate, il protonotaro del cardinale Francesco si pone all'opera e concepisce un poema in quattro libri, che, nell'estensione e nell'architettura segue molto da vicino, come si è accennato, le *Argonautiche* di Apollonio Rodio e le *Georgiche* di Virgilio. Ma, nonostante l'impegno, il giovane Arrivabene si rivela nettamente inferiore non solo ai modelli, ma addirittura al carme scritto in lode di Pio II. Ludovico III dovrebbe essere il nuovo Giasone, che guida l'esercito mantovano alla vittoria; ma risulta un personaggio piuttosto scialbo, privo del carattere, del piglio epico e della lirica dolcezza, caratteristiche essenziali e fondamentali dell'eroe celebrato dal poeta epico alessandrino.

La *Gonzagide*, poema in quattro libri alquanto brevi, narra la guerra scoppiata in seguito all'invasione veneta per la conquista di Goito. L'esercito mantovano si mobilita; e, guidato da Ludovico III Gonzaga, dopo varie vicissitudini respinge l'invasore e riconquista la città. I Veneti, presentati sempre e solo sotto una luce negativa, sono guidati dal *furor* e dalla *rabies* nonché dal feroce Marte, dio della guerra. Il marchese di Mantova, invece, dorme spensierato in un regno di pace, dove domina la serenità e la tranquillità. Durante il sonno gli si presenta Pallade, dea della sapienza e delle arti, e lo esorta a svegliarsi e prendere le armi: i Veneti hanno varcato i confini del regno e seminano terrore e stragi; bisogna correre subito ai ripari, fermare gli invasori e respingerli nei loro territori.

Nel corso del poema sono descritte varie battaglie e assalti a diverse cittadine. Non di rado il poeta indulge nella descrizione della compagna e dei corsi d'acqua. Il dio Mincio invano cerca di ostacolare l'avanzata delle armate mantovane. Alla fine in aiuto del Gonzaga, per combattere la potenza e la prepotenza di Venezia, da Milano viene in aiuto il duca Francesco I Sforza. Il poema si chiude con la conquista di Goito e la felicità dei vincitori, senza gli annunciati trionfi: «Veneto partos ex hoste triumphos».[104]

104. Arriv., *Gonz.*, I,3 [I trionfi riportati sul nemico veneto].

A differenza del poema epico del Filelfo, *Sphortias*, lasciato incompiuto, Arrivabene porta a termine la sua opera, anche perché è molto più breve e, a differenza del maestro, parte da concezioni del tutto diverse. Mentre il Filelfo vuole ambiziosamente imitare ed emulare Omero, nel forbito ed elegante linguaggio virgiliano, trascurando volutamente quanto scriveva Aristotele riguardo al poema epico, l'Arrivabene si attiene scrupolosamente ai dettami dello Stagirita. Ma la narrazione non di rado procede a fatica e l'autore cede molto spesso alla ripetizione e alla rievocazione piuttosto monotona degli eventi bellici, che si ripetono quasi identici nelle diverse sezioni del poema. Tutto questo, accanto alla mancanza di ispirazione, alla stanchezza e alla monotonia, che ingenerano nel lettore noia e disorientamento, rende il poema piuttosto pesante e, sovente, di difficile lettura.

Nonostante questi difetti di fondo, che inficiano l'opera e la relegano nel chiuso delle biblioteche, il poeta tuttavia si presenta fornito di tutto punto dell'affascinante armamentario epico, che sfrutta con estrema abilità, ma senza troppe variazioni: descrive, infatti, azioni, che, più o meno, si ripetono identiche nelle diverse e più disparate occasioni. La struttura del verso, però, è ineccepibile e, vivificato da un lessico forbito, procede snello e, non di rado, avvincente. Anche se come modello, per quanto riguarda la struttura esterna, segue Apollonio, per l'animo e il lessico si ispira a Virgilio, dal quale in più luoghi e occasioni riprende interi lessemi, collaudati dal lungo uso e, in modo particolare, dall'efficacia espressiva.

Come le *Argonautiche*, anche la *Gonzagis* riflette i canoni aristotelici di unità di azione, perché ruotano intorno a un unico argomento; di luogo, in quanto la vicenda dall'inizio alla fine è narrata con chiusura ciclica; e di tempo, perché la guerra dura solo pochissimi mesi. Per quanto concerne l'unità di tempo, Aristotele sosteneva che una narrazione epica avrebbe dovuto trattare una materia che il lettore poteva facilmente dominare con la sua mente. Per conseguire questo risultato, molto importante, un poema epico non doveva essere più lungo d'una trilogia tragica.[105]

Arrivabene tuttavia nella concezione del poema epico supera lo stesso Aristotele, perché con soli 2.435 versi, distribuiti in quattro libri, abbraccia tutte le vicende della guerra, dall'inizio alla fine. Con quest'opera, nella quale riprende con precisione e puntualità le indicazioni dell'*epos* tradizionale, il discepolo si pone di fronte al maestro, e lo supera, perché, seppure a fatica, riesce a completare l'opera.

Bisogna sottolineare che tra Arrivabene e Filelfo non c'è mai stata sfida o rivalità; ma, nella selezione del tema, Arrivabene ha operato una scelta felice, proporzionata alle sue forze, alle sue capacità e al tempo a disposizione per condurre l'opera

105. La trilogia, dal greco τριλογια, è costituita dall'insieme di tre tragedie dello stesso autore, per lo più riferite allo stesso soggetto, e rappresentate nell'arco di una giornata. Alla trilogia, però, seguiva una quarta opera, il dramma satiresco, per cui più che di τριλογία si dovrebbe, a rigor di logica, parlare di τετραλογία, in quanto i drammi erano quattro. L'unica trilogia giunta integra ai nostri giorni è l'*Orestea* di Eschilo, costituita dall'*Agmennone*, dalle *Coefore* e dalle *Eumenidi*; ma è andato perduto il dramma satiresco *Proteo*, l'estensione del quale non si conosce; ma non si va lontano dal vero se si congettura che non fosse inferiore ai 1.300 oppure ai 1.400 versi. La trilogia eschilea, costituita da 3.796 versi, con l'aggiunta del dramma satiresco, doveva superare abbondantemente i 5.000 versi. In confronto le *Argonautiche*, costituite da 5.833 versi, sono di poco più lunghe; il poema dell'Arrivabene, invece, è appena la metà.

alla fine. Per accontentare il committente, la breve opera non è stata sottoposta a un accurato *labor limae*, che avrebbe certamente eliminato non poche asperità e ripetizioni: ha distribuito in quattro libri quanto, obiettivamente, poteva essere racchiuso, e con maggior efficacia, in un paio. Ciò non ostante, a suo merito va ascritto il dono della *breuitas*, tanto cara ai poeti alessandrini e lodata da Catullo e Orazio.

Se ci si attiene a quanto dice Aristotele, il poema dell'Arrivabene, nel suo insieme, occupa la lunghezza di un paio di tragedie; ma numerose ἐκφράσεις, con la descrizione particolareggiata dei singoli eventi, non sono un brillante esempio né di *breuitas* né di spirito epico. A volte l'eccessiva precisione e adesione alla realtà, o a quanto gli veniva narrato dalla voce dei protagonisti, ingenera monotonia e, in modo particolare, l'ἀμηχανία, ovvero totale la mancanza di spinte, che muovono e sollecitano i personaggi ad atti di valore. Bisogna ancora sottolineare che nel poema, per quanto si ingegni a porre in risalto Ludovico, manca la figura dell'eroe, che dà vita al poema e, soprattutto, alla poesia.

Anche Ludovico, il generale supremo, che guida le truppe, è sempre circondato da un'aureola surreale: rimane sempre sereno e imperturbabile, persino nelle situazioni più disperate. Anche quando tutto precipita e sembra volgere al peggio, conserva un animo fermo e controlla la situazione con pacatezza, come se gli eventi e la loro tragicità non lo sfiorassero. Nel poema il condottiero sembra più un santo, caritatevole e misericordioso, che un guerriero, aggressivo e bellicoso, prepotente e avventuriero. Le guerre, e Arrivabene lo sapeva bene, non si combattono per diletto o per il bene dei sudditi, ma per tornaconto dei regnanti; e i soldati, costretti a obbedire, devono eseguire quanto viene loro ordinato, se non vogliono andare incontro alla morte per diserzione o insubordinazione.

Questo particolare, di non poco conto, era noto ad Arrivabene sia dalla lettura dei classici sia, e in modo particolare, dall'esperienza accumulata presso la corte mantovana. Del resto benessere e agiatezza, e i Gonzaga non ne erano privi, non vengono per dono di natura, ma per vie e con mezzi non sempre leciti. Nel poema non c'è passo, nel quale il principe non primeggi per atti di generosità e di bontà, per abnegazione e cura assidua e disinteressata dei sudditi, ai quali, nel momento del bisogno, apre munificamente la sua reggia. Non si può prestare debita fede, soprattutto per quel periodo, a quanto il cantore cerca in ogni modo di propagandare. È pur vero che i Gonzaga governavano «con buon senso, cerando il consenso e il benessere dei sudditi, promuovendo opere pubbliche, bonifiche per combattere la malaria, industrie di lane e di sete, ospedali, chiese»,[106] anche se il Marchesato era «di forze, di dimensioni e di mezzi nel complesso assai modesto».[107] Tutto questo, però, non giustifica l'atteggiamento assunto da Ludovico III durante la guerra.

Anche se presentato con i caldi toni dell'esaltazione, che non sono molto lontani dall'adulazione, Ludovico non mostra mai un carattere forte, un animo intrepido e coraggioso: è troppo lontano da Ettore, da Achille, da Ulisse e, soprattutto dal *pius Aeneas*, del quale cerca di emulare le gesta, il comportamento e i

106. Felisatti, *Isabella d'Este* cit., p. 43.
107. *Ibidem*, p. 34.

sentimenti. Per tali motivi risulta solo un personaggio concepito dalla mente del poeta, il quale, nel corso dell'opera, riversa sul principe il complesso bagaglio accumulato in seguito alla lettura dei poemi classici, filtrati non solo dalla sua sensibilità, quanto dalla *pietas christiana*, che emerge in quasi tutti gli episodi e le gesta compiute dal principe.

Mentre nelle *Argonautiche* la poesia si ravviva con la presenza di Medea e l'improvviso amore, che accende e rapisce immediatamente Giasone e la figlia di Eete, nel poema dell'Arrivabene non compare nessuna donna, che intessa una storia d'amore con il protagonista o, con la sua presenza, getti scompiglio nelle armate. La lunga composizione sembra scritta solo per il cardinale Francesco, che, insignito dell'ordine sacro, non poteva, secondo i dettami della Chiesa, indulgere, neppure sotto l'aspetto puramente ludico e letterario, all'amore per una donna.[108]

Nonostante le innumerevoli manchevolezze appena accennate, l'opera è un monumento importante per la cultura della corte mantovana, che nel periodo umanistico e rinascimentale, occupa un ruolo di primissimo piano nel complesso e variegato scenario italiano ed europeo. È, inoltre, doveroso aggiungere, e riconoscere, che Arrivabene è un eccellente versificatore, che adopera la lingua latina con finezza e squisita sensibilità in maniera non difforme dal Filelfo e dagli altri insigni umanisti. Nel comporre il poema, tuttavia, si dimostra molto abile nell'uso delle fonti, che piega e utilizza senza difficoltà per esprimere e dar vita a una situazione, nuova e molto lontana da quella degli autori antichi.

8. *Arrivabene emulo del maestro*

Arrivabene era sempre in contatto con Francesco Filelfo, suo maestro e benefattore: a lui, al suo premuroso interessamento e all'influenza che godeva presso le più illuminate corti principesche, deve la sua sistemazione presso i Gonzaga. I rapporti, quindi, dovettero sempre rimanere più che buoni, sì che non v'è dubbio che tra i due vi fosse sincera corrispondenza e confidenza, soprattutto nel campo delle lettere. Il Filelfo, del resto, aveva grande e meritata fama come insegnante e riceveva continue offerte da diversi principi e regnanti; e in caso di necessità l'Arrivabene poteva sempre ricorrere a lui, per essere presentato a qualche nobile personaggio. Nel 1440 il dotto e richiesto maestro accettò senza esitazione la proposta di Filippo Maria Visconti, principe di Milano. Quando ai Visconti subentrarono gli Sforza, il Filelfo mantenne il suo posto, con gli stessi onori, gli stessi compensi. Durante il lungo soggiorno milanese, trascorse il tempo migliore della sua vita e svolse la maggior parte della sua carriera poetica e letteraria. Per esaltare i suoi munifici mecenati e celebrare i suoi protettori e i personaggi più

108. Il giovanissimo cardinale, quando era procuratore di Mantova, nonostante avesse intrapreso la vita e la carriera ecclesiastica, non condusse una vita casta, in linea con il ruolo che occupava: da una certa Barbara, nel 1477, ebbe un figlio, Francesco, detto "il Cardinalino". A. Piccolrovazzi, *La contrastata nomina del cardinal F. G. al vescovado di Bressanone*, Trento 1935.

influenti della corte milanese, compose epitalami, panegirici, orazioni funebri e un poema epico, *Sphortias*, *Sforziade*.[109] All'intensa attività letteraria affiancò sia quella dell'insegnamento che l'altra, non meno importante, di traduttore dal greco. Al suo spirito, aggressivo e battagliero, non furono estranei violenti attacchi e astiose polemiche soprattutto da parte dei suoi accaniti avversari di Firenze.

Il poema epico, prolisso e farraginoso fu in iniziato, quasi certamente, intorno al 1448. È certo che nel 1451 viene terminato il primo libro. Nel 1455, dopo intenso lavoro, diede alla luce, in maniera definitiva, i primi quattro libri. Altri quattro, invece, furono terminati nel 1463. Dopo qualche tempo di pausa e di riflessione il Filelfo riprese il lavoro, ma cambiò più volte il piano e l'impianto del poema e, di conseguenza, la sua struttura e composizione: gli ultimi versi dell'XI libro, rimasto incompiuto, riportano alla data del 1472.

L'opera, di chiaro impianto omerico, doveva contenere, quasi certamente, ventiquattro libri; ma si interrompe, come si è accennato, all'XI libro, che non ha potuto, o voluto, non solo portare a termine, ma neppure limarlo come era nelle intenzioni sue e degli umanisti in generale.[110] È molto difficile, oggi, a distanza di tempo dagli eventi e in mancanza di documentazione a riguardo, esprimere un giudizio compiuto. Certo è che l'autore si è sottoposto a un impegno più grande delle sue reali possibilità e disponibilità.

L'opera, molto ambiziosa, era stata concepita con l'intento di celebrare Francesco I Sforza, chiamato dai sudditi *Pater Patriae*. Il poema è inserito nel vivo delle vicende storiche e politiche e dinastiche, che sconvolgevano e caratterizzavano lo Stato di Milano nei primi anni del Quattrocento. Agli iniziali propositi subentra, dapprima insensibilmente e poi sempre più smaccatamente, il fine encomiastico, che costringe il Filelfo a lungaggini spesso poco controllate soprattutto sotto l'aspetto stilistico. Per seguire fedelmente il suo piano, il poeta cerca, e segue, un'attenta documentazione storica: da alcune lettere, infatti, si evince non solo l'accurata ricerca negli archivi della famiglia e dello Stato, ma attinge anche, e soprattutto, dal ricordo personale che aveva del principe, con il quale era stato continuamente in contatto.

Il testo del Filelfo, nonostante i limiti insiti nell'encomio, costituisce, oggi, una fonte importante per conoscere una figura emblematica del ducato milanese e, in modo particolare, un periodo fondamentale per la storia politica, culturale e sociale dell'Italia, che caratterizzerà tutto il Quattrocento, come riconosceva, e apprezzava, già Lodrisio Crivelli, autore di un'ampia e pregevole biografia di Francesco Sforza.[111] La lettura del poema offre un quadro ampio e pressoché

109. Il lungo e farraginoso poema, sottotitolato *Rerum Gestarum Francisci Sfortiae Mediolanensium Ducis*, fu tradotto da C. Landino e stampato a Milano nel 1490. Il titolo *Sphortias* è di chiara ed evidente derivazione greca, perché si rifà al poema omerico Ἰλιάς.

110. G. Tarugi, *Interrogativi dell'Umanesimo*, Firenze 1976.

111. Il Crivelli ebbe una violenta contesa con il Filelfo, suo maestro e amico. La sua fama è legata soprattutto ad un'opera in prosa latina di carattere storico, volta a ricostruire e celebrare i fasti degli Sforza e del duca Francesco I. Per la sua datazione elemento di particolare importanza è che il codice di dedica, che contiene l'opera, non compreso fra quelli presenti nella Biblioteca du-

completo nei dettagli e nella disposizione della materia, che in non pochi luoghi pare più una cronaca di situazioni e di vicende, che un'opera poetica. Le vicende oggettive e le vicissitudini, create in parte dalla combinazione di eventi reali e presumibili, sono raccontate con spirito critico, dopo aver operato un'attenta selezione in base a riscontri oggettivi da parte dell'autore. Per questo motivo specifico, più che poetico, il poema desta e riveste un interesse storico di primaria importanza.[112] Francesco Sforza, secondo il canone derivato dall'epica classica, è presentato come protagonista assoluto degli eventi, che scandiscono i diversi momenti della vita; risulta sempre un eroe vittorioso nelle più disparate situazioni; in molti luoghi la sua personalità umana è analizzata con penetrante finezza psicologica fin nei minimi dettagli, che, nonostante debba piegarsi all'enfasi della retorica e agli stilemi della propaganda, non si discosta, ma si inserisce, e con una certa prepotenza, nel mondo che lo circonda. Il poeta aveva ben assimilato i canoni dell'epica classica e li utilizzava in maniera magistrale.

Il poema *Rerum Gestarum Francisci Sfortiae Mediolanensium Ducis* rappresentava per gli Sforza la celebrazione dell'epopea dinastica nella persona di Francesco I, duca di Milano.[113] Questi, non a caso, fu scelto da Machiavelli come modello per il suo *Principe*: parlando di lui, infatti, così lo presenta alla riflessione del politico: «Francesco per li debiti mezzi, e con una sua gran virtù, di privato diventò duca di Milano, e quello che con mille affanni aveva acquistato, con poca fatica mantenne».[114]

Francesco Sforza, 1401-1466, come uomo d'armi per molti anni aveva combattuto a servizio di vari principi. Dopo aver militato alle dipendenze dei Re di Napoli e del papa, alla fine fu, per vent'anni, a servizio del duca Filippo Maria Visconti. Durante questo periodo dovette affinare le sue qualità di politico e di governatore, perché il duca, invidioso del suo valore e della popolarità, che acquistava davanti al popolo, non esitava a ordire inganni ai danni del suo

cale di Pavia nell'inventario stilato nel 1459, entrò nella biblioteca tra il 1459 e il 1469. Un termine *post quem* più preciso si può desumere dal fatto che nell'opera è citata la *Sphortias* del Filelfo, della quale nel novembre 1463 erano stati pubblicati otto libri. Il codice è ora il ms. *Lat.* 5889, presente nella Biblioteca nazionale di Parigi e reca il titolo *De vita rebusque gestis Francisci Sfortiae Vicecomitis Mediolanensium ducis ill.mi.*

112. G. Bottari, *La "Sphortias"*, in *Francesco Filelfo nel quinto centenario della morte,* Atti del XVII Convegno di studi maceratesi (Tolentino, 27-30 settembre 1981), in «Studi Maceratesi 17» (1986), pp. 459-494.

113. In onore di Francesco Sforza, e con intenti puramente celebrativi, nello stesso torno di tempo, da Antonio Cornazzano fu composto in italiano, un altro scritto, intitolato *Sforziade* o *Sforzeide*. L'autore si era stabilito a Milano, a servizio dello Sforza poco dopo il 1450. Una terza *Sforziade* si deve allo scrittore latino Giovanni Simonetta, il quale, oltre ad essere un apprezzato letterato, era anche un amico fidato di Francesco Sforza. L'autore ricavò le informazioni e la documentazione necessarie per la stesura dell'opera dall'archivio, perché ricoprì l'incarico di segretario e di cancelliere presso la corte ducale. L'opera fu tradotta in italiano da Cristoforo Landino e miniata da Giovan Pietro Birago. Si aggiunge, ancora, che il dotto umanista Giovanni Simonetta, che alla corte dello Sforza rivestì incarichi di particolare rilievo, scrisse la monumentale opera *Rerum Gestarum Francisci Sfortiae Mediolanensium Ducis*, in 31 libri, nei quali sono esposti gli avvenimenti che vanno dal 1442 al 1466.

114. N. Machiavelli, *Il Principe*, Torino 1995, p. 40; E. Marani, *I Gonzaga a Mantova* cit.

capitano di ventura. Quando, nel 1441, Francesco sposò Bianca Maria Visconti, figlia di Filippo Maria, divenne *de facto* il legittimo successore nel potentato milanese e il primo duca della dinastia. Francesco I sui campi di battaglia era stato un abilissimo condottiero e, per le sue qualità di stratega, appena preso il potere nel 1447, in seguito alla morte di Filippo Maria, seppe creare intorno a sé consenso e popolarità, sì che per un decennio rappresentò un importante punto di riferimento per la pace in Italia. Divenuto un ideale punto di riferimento per i principi italiani, in quel tormentoso periodo, fu l'artefice della pace di Lodi tra gli Stati italiani, conclusa nel 1454; contribuì in maniera decisiva alla rinascita delle lettere, delle arti e dell'economia nel ducato di Milano. Nel 1453 fu alleato di Ludovico III Gonzaga nella guerra, che questi sostenne contro Venezia, per il possesso di Goito.

L'Arrivabene, mentre era alla scuola del Filelfo, dovette certamente conoscere l'opera che il maestro andava componendo in onore di Francesco Sforza. Gli umanisti non tenevano celate ai discepoli quanto si accingevano a comporre e nel cenacolo dell'*hortus conclusus* sovente invitavano gli ingegni più perspicaci a collaborare, a emulare, a mettere alla prova le loro capacità. Questo modo attivo e partecipativo costituiva un tirocinio particolarmente fecondo soprattutto per l'allievo, che affinava le sue conoscenze e sperimentava la propria perizia nell'uso della lingua e del metro latino.

Lo spunto per un poema epico, che celebrasse i fasti della famiglia Gonzaga, dovette venire a Ludovico III sia dalla conoscenza diretta del Filelfo, sia dall'amicizia e dall'alleanza con il duca di Milano, il quale certamente conosceva l'opera, con la quale il grande e invidiato umanista celebrava le sue imprese, il potente ducato e la sua casata. Ludovico dovette solo proporre l'idea all'Arrivabene, perché questi cominciasse un poema epico sulle sue gesta. Il poeta mantovano, però, a differenza del maestro, non è sempre teso all'irraggiugibile ideale né omerico né virgiliano; ma sulle tracce di Apollonio Rodio, volle limitare notevolmente l'ampiezza del suo scritto, riferendo il solo episodio, che vide il principe impegnato nella guerra contro Venezia, per la riconquista di Goito. Anche l'Arrivabene, sulle orme del maestro, non lesina lodi al suo mecenate, ma è meno smaccato e molto più attento a non incorrere nei difetti, che notava nella *Sphortias*.

Nel suo breve poema Arrivabene presenta Ludovico come attento e premuroso condottiero, intento a badare solo al bene e all'incolumità dei sudditi e dei soldati, i quali, seguendo l'esempio di così nobile e magnanimo condottiero, non lesinano nessun sacrificio, pur di dare soddisfazione al loro marchese e signore. In tutto il poema il nobile e illustre stratega compare sempre un uomo illuminato e guidato da Pallade, dea della sapienza e delle arti più nobili dello spirito umano.[115] Alle male arti dei veneziani, spinti e fomentati dal sanguinario Marte, contrappone la *sancta uirtus* del suo mecenate; agli inganni dei nemici subentra nel condottiero mantovano la *fides*; alla furibonda *rabies* dei veneti l'*humanitas*. Dalla lettura del poema Ludovico

115. B. Croce, *Gli dei antichi nella tradizione mitologica del Medioevo e del Rinascimento*, in «La parola del passato», I (1964), pp. 273-285; E. Garin, *L'umanesimo italiano. Filosofia e vita civile nel Rinascimento*, Bari 1954.

appare il *dux* ideale, l'uomo giusto e leale, che le potenze del cielo hanno inviato sulla terra, perché gli uomini affidati alle sue cure, nonostante i lutti causati dal *furor* e dalla *rabies* dei nemici, vivessero sulla terra sotto il suo dominio un fecondo e lieto periodo di pace.[116]

Più che le lodi al suo principe Arrivabene preferisce sfoggiare verso dopo verso, episodio dopo episodio, la sua fine e articolata cultura umanistica. La *laus* più che un fine è un mezzo per mettere in mostra le sue capacità di scaltrito verseggiatore e l'ampiezza della sua cultura. Qui, però, non si cimenta con argomenti e temi, che il nobile destinatario dello scritto non riuscirebbe a comprendere: Ludovico, nonostante fosse fornito d'una raffinata cultura e fosse circondato da spiriti eletti, non aveva né lo spessore culturale né la finezza di Enea Silvio Piccolomini. Per questi motivi il poema, sotto l'aspetto dello stile e del contenuto, riesce di gran lunga inferiore al carme, che l'Arrivabene, giovanissimo, aveva scritto in lode di Pio II.

Per questo motivo la *Gonzagis* non ebbe al momento della pubblicazione e non ha avuto nei tempi successivi la diffusione e il successo che, probabilmente, l'autore si aspettava: come ho già riferito, il poema è riportato da un solo codice, anche se di pregevole fattura, e non reca nessuna miniatura.

9. *Protasi e invocazione*

Come tutti i poemi epici, anche la *Gonzagis* comincia con la protasi e, dopo alcuni versi, segue con l'invocazione alle Muse, ridotta, come si vedrà, a soli tre versi. Tra i due elementi cardine, che segnano l'inizio di un buon poema, Arrivabene dichiara quale sarà l'argomento, che si accinge a cantare. Una *innouatio*, questa, che avrebbe dovuto conferire al poema una novità assoluta; ma è solo adoperata per un riferimento erudito, teso a sbalordire il lettore, e serve ben poco all'economia generale del componimento e alle pretese dell'abile e raffinato verseggiatore. Il quale avrebbe potuto riferire le cause della guerra, cui il *princeps* è trascinato contro voglia, senza mettere subito in evidenza un grazioso quadretto di stampo prettamente alessandrino.

Il lungo intervallo, che separa la protasi dall'invocazione, permette al poeta di giustificare, in certo qual senso, il poema: confessa, infatti, apertamente di non voler raccontare eventi fittizi o, peggio, falsi; ma quanto realmente si è svolto durante il lungo e sanguinoso conflitto tra le due popolazioni limitrofe per il possesso di Goito. Non esita perciò a sfoggiare profonde e vaste conoscenze mitologiche ed epiche, apprese e accresciute con letture e ricerche personali durante gli anni della formazione, e non solo. Prima, però, di volgere uno sguardo fugace a questa parte del poema, si riferiscono i versi della protasi, per alcune peculiarità, che devono necessariamente essere messe in rilievo:

116. A. Warburg, *La rinascita del paganesimo antico*, Firenze 1966; P. Sabatino, *La bellezza di Elena. L'imitazione nella letteratura e nelle arti figurative del Rinascimento*, Firenze 1997.

Illius arma cano, gaudet quo Mantua forti
Principe; et horrendas acies stragemque cadentum
Innumeram, et Veneto partos ex hoste triumphos.[117]

Nella protasi la presenza di Virgilio è più che evidente, non solo perché riprende *cano*, ma perché riflette nel verso la stessa struttura virgiliana: è, infatti, formato da un egual numero di sillabe, di dattili e di spondei, presenti nel primo verso dell'*Eneide*: «Arma uirumque cano, Troiae qui primus ab oris». Il verbo, *cano*, come nella protasi virgiliana, dopo due dattili, precede la cesura pentemimere e, in entrambi, la tesi del quinto piede è data dal pronome relativo, ovviamente in caso diverso per il differente costrutto. Le stesse osservazioni valgono per il secondo verso. Ponendo a confronto la protasi di Arrivabene con quella di Virgilio, balzano evidenti le somiglianze e le discrepanze:

Arma uirumque cano, Troiae qui primus ab oris
Italiam fato profugus Lauiniaque uenit
litora, multum ille et terris iactatus et alto
ui superum, saeuae memorem Iunonis ob iram,
multa quoque et bello passus, dum conderet urbem
inferretque deos Latio; genus unde Latinum
Albanique patres atque altae moenia Romae.[118]

Nel primo verso, tuttavia, Arrivabene, rispetto a Virgilio, opera un'ardita inversione: il vate latino pone in evidenza *arma*, con tutte le luttuose conseguenze che ne derivano; il colto umanista, invece, vuol porre davanti agli occhi dell'ascoltatore le imprese belliche del *princeps*. Per questo motivo a *arma uirumque* di Virgilio, non senza motivo, preferisce *illius arma* e colloca il *princeps* all'inizio del secondo verso, in posizione di rilievo. Anche se strettamente dipendente da Virgilio, al momento opportuno riesce a discostarsene, con un effetto particolare e con un'originalità, che agli umanisti non dispiaceva. Questa novità costituiva motivo di orgoglio, perché davanti agli occhi del lettore comune, comunque, ostentava conoscenza e padronanza degli autori classici. Con tale artifizio Arrivabene raggiunge quanto si era prefisso e soddisfa, almeno in apparenza, il desiderio del committente. Tutto ciò, però, non appaga il critico e quanti cercano la poesia, perché il poeta non può porre e coartare la poesia solo nell'abilità tecnica. Questa è necessaria, ma al servizio della poesia, e non viceversa.

Solo con il terzo verso Arrivabene inizia l'elaborazione personale; e, a differenza del modello, che prosegue per altri quattro versi, pone fine alla protasi, per sciorinare davanti al lettore da una parte la verità del suo scritto, dall'altro un dato di poca importanza, desunto dall'epica omerica e dai commenti all'antico vate:

117. Arriv., *Gonz.*, I,1-3 [Le armi del valoroso principe, vanto di Mantova, io canto, le battagliere schiere, i numerosi caduti nelle zuffe, i trionfi riportati sul Veneto nemico].

118. Verg., *Aen.*, I,1-7 [L'armi io canto e l'uomo, che prima dai lidi di Troia profugo venne in Italia per volere del fato e sul lido di Lavinio, e molto per terra e per mare fu sballottato dal potere dei superi, dall'ira ostinata della crudele Giunone, anche in guerra soffrì molto, finché non ebbe fondato la città e collocato nel Lazio i suoi dei, donde i padri d'Alba e le mura della grande Roma].

Non simulata loquor, non praelia prisca uirorum,
Quae tenebris forsan maculauit longa uetustas.
Haud libet hic memorare, quibus Tithonius armis
Iuuerit auxilio Priamum, non Hectora curru
Raptatum Aeacidae, non Martis dulcia furta.
Ast ego uera fero.[119]

Dopo aver professato sincera e incorrotta adesione ai fatti veramente accaduti, *non simulata loquor*, ripresa e ripetuta enfaticamente con *ast ego uera fero*, con la stessa struttura metrica, e il verbo davanti a cesura pentemimere, dice chiaramente di non voler cantare eventi passati e ormai coperti dall'oblio, ma quanto realmente è accaduto, e di recente; tutto ciò che narra egli ha potuto realmente vedere o, almeno, sentire: *non simulata, uera loquor*, perché al tempo della guerra, era adolescente e, certamente, durante un evento così tragico per la popolazione, ha avuto notizie da quanti vi avevano preso parte. Non intende, inoltre, come Omero nel secondo libro dell'*Iliade*,[120] passare in rassegna i popoli, corsi in aiuto di Mantova, per una guerra così importante. Come Omero non menziona con quale carro il valoroso Eacide[121] trascinò intorno alle mura di Troia il cadavere di Ettore, dopo averlo ucciso in duello, anche lui si asterrà dal ricordare su quale carro ascendesse durante gli scontri Ludovico Gonzaga. Nel sentire o leggere questi versi, la mente dei dotti e dei colti ascoltatori della corte mantovana correva certamente al brano dell'*Iliade*, dove si legge:

ἦ ρα, καὶ Ἕκτορα δῖον ἀεικέα μήδετο ἔργα.
Ἀμφοτέρων μετόπισθε ποδῶν τέτρηνε τένοντε
ἐς σφυρὸν ἐκ πτέρνης, βοέους δ'ἐξῆπτεν ἱμάντας,
ἐκ δίφροιο δ'ἔδησε, κάρη δ'ἕλκεσθαι ἔασεν·
ἐς δίφρον δ'ἀναβὰς ἀνά τε κλυτὰ τεύχε'ἀείρας
μάστιξέν ρ'ἐλάαν, τὼ δ'οὐκ ἀέκοντε πετέσθην.
τοῦ δ'ἦν ἑλκομένοιο κονίσαλος, ἀμφὶ δὲ χαῖται
κυάνεαι πίτναντο, κάρη δ'ἅπαν ἐν κονίῃσι
κεῖτο πάρος χαρίεν.[122]

119. Arriv., *Gonz.*, I,4-9 [Non ricordo di antichi eroi simulati scontri, che, forse, il lungo scorrere del tempo ha coperto d'oblio. Non posso qui ricordare con quali armi il Titonio corse in aiuto di Priamo, né da quale carro dell'Eacide Ettore fu trascinato, né i dolci furti di Marte. Io, invece, riporto fatti veri].

120. Nella seconda parte di questo libro, comunemente chiamato "catalogo delle navi", Elena dall'alto delle mura mostra al vecchio Priamo tutti i popoli, che, venuti dalle più disparate regioni della Grecia e da altre zone, erano schierati sotto le mura di Troia. Ovviamente anche il re di Troia aveva alleati, i quali, corsi a difendere la città, sono puntualmente elencati nell'*Iliade*.

121. Achille è detto così, perché suo nonno si chiamava Eaco ed era considerato il fondatore della dinastia, che regnava a Ftia, nell'Epiro.

122. *Il.*, XXII,395-403 [Così disse e meditò contro il glorioso Ettore azioni d'ignominia: gli forò i tendini di entrambi i piedi, nella parte posteriore, dalla caviglia al calcagno, vi passò due corregge di cuoio e lo legò al cocchio, sì che la testa fosse trascinata per terra. Balzò sul cocchio e, levando in alto le splendide armi, scoccò un colpo di frusta e i cavalli senza indugio si lanciarono a volo. Intorno al capo trascinato s'alzò la polvere, i neri capelli si scompigliarono. Completamente immersa nella polvere giaceva la testa, prima così bella].

Il riferimento all'epica omerica costituisce un preziosismo e un leziosismo, al tempo molto apprezzato. Nei versi riferiti, il cantore non dice con quale cocchio Achille trascinò il corpo di Ettore: gli ascoltatori degli antichi aedi sapevano che un combattente, quando partiva per la guerra, non portava un solo carro, perché in caso di incidente, doveva averne subito almeno un altro di ricambio. L'antico vate non si perde in minuzie di poco conto, che, se appagano la curiosità degli inetti, sviliscono la grandezza della poesia e umiliano quanti la intendono.

Alla protasi della *Gonzagis*, contrariamente a quanto ci si aspetterebbe, va aggiunta la seguente pericope, che precede l'invocazione:

> … Nostro celebratus in aeuo
> Carmine dux canitur, cuius uidere per orbem
> Res populi gestas oculis et laude coronant,[123]

nella quale Arrivabene si ripromette, come aveva già detto in principio, di cantare le gloriose gesta del *princeps*, il *uir* virgiliano. La scelta lessicale è accurata e mirata, tesa a esaltare nella persona di Ludovico la nobile e gloriosa casata dei Gonzaga. Il termine *uir*, anche con la vasta estensione semantica, della quale era ancora pregno nel recupero rinascimentale, non si adatta bene per designare un personaggio di tale levatura e lignaggio. In tutto il poema, infatti, Ludovico è designato come *marchio*, *dux*, *princeps*, e una sola volta con *uir*.[124]

Non sembra fuori luogo riferire a questo punto la protasi delle *Argonautiche*: Arrivabene, nonostante si mostri così profondamente imbevuto della lingua e della poesia virgiliana e omerica, tiene costantemente sotto gli occhi anche, e in modo particolare, soprattutto l'opera di Apollonio Rodio:

> Ἀρχόμενος σέο Φοῖβε παλαιγενέων κλέα φωτῶν
> μνήσομαι, οἳ Πόντοιο κατὰ στόμα καὶ διὰ πέτρας
> Κυανέας, βασιλῆος ἐφημοσύνῃ Πελίαο,
> χρύσειον μετὰ κῶας ἐύζυγον ἤλασαν Ἀργώ.[125]

Nella protasi dell'Arrivabene non si evince la semplicità, la purezza e la linearità della grande poesia, presente, invece, tanto nell'*Eneide* quanto nelle *Argonautiche*. Apollonio con pochi accenni, poche pennellate ricrea immediatamente un quadro sublime, eccellente, indimenticabile. Arrivabene cerca di seguirne le orme, ma non riesce né a raggiungere né a eguagliare il modello. La *Gonzagis*, tuttavia, insieme con la *Sphortias* del Filelfo e di quanti si sono cimentati in similari composizioni elogiative, rimane un esempio di non poco conto per quanto concerne la rielaborazione dell'epica umanistica, nonostante Arrivabene non sia conosciuto e della sua opera ancora non sia stata compilata un'edizione critica.

123. Arriv., *Gonz.*, I,9-11 [Col mio canto nel tempo sarà celebrato il condottiero, le gesta del quale ora nel mondo vedono i popoli e lo adornano di lodi].

124. Arriv., *Gonz.*, III,510.

125. Ap., I,1-4 [Cominciando da te, o Febo, ricorderò le imprese degli antichi eroi, i quali spinsero la ben connessa nave attraverso le strettoie del Ponto e le rupi Cianee, per volere del re Pelia, alla conquista del vello d'oro].

Dopo alcuni versi Arrivabene rivolge l'invocazione alle Muse, perché gli narrino, *dicite*, le cause prime della guerra, perché il poeta, nella limitatezza della natura umana, è all'oscuro di tutto:

Dicite nunc Musae caeletia tecta colentes,
Vos etenim diuae estis, causasque latentes
Vidistis penitus, neque uos tenet abdidus error.[126]

Considerando come si rivolge alle Muse, non sfugge la ridondante parentetica, *uos etenim diuae estis*, che si potrebbe togliere senza danno alcuno né per il testo né per l'economia narrativa. Tutti i poeti epici dell'antichità hanno unanimemente invocato Calliope, la Musa che presiede alla poesia epica. Solo Arrivabene usa il plurale, perché gli permette di confezionare il verso con maggior facilità e la testimonianza unanime di più voci conferisce maggiore garanzia per una narrazione veritiera. Anche questa novità è da tenere nel debito conto, per la comprensione del ruolo, che la corte mantovana con quell'opera epica intendeva acquistare nel panorama culturale del tempo. Ma la differenza tra Arrivabene e il cantore sia dell'*Iliade* che delle *Argonautiche* è abissale. Omero, infatti, apre il poema con un verso di estrema semplicità: «Μῆνιν ἄειδε, θεὰ, Πηληϊάδεω Ἀχιλῆος»,[127] il quale vuoi per ragioni metriche vuoi per il termine θεὰ riporta la mente direttamente al cielo, dove abita la divinità ispiratrice. Arrivabene, dal canto suo, per dire chi sono le Muse ha bisogno di specificare sia il luogo, dove risiedono, *caeletia tecta colentes*, sia la loro intrinseca capacità di non sapere e poter mentire: «causasque latentes / uidistis penitus, neque uos tenet abdidus error». Il cantore dell'*Iliade* non ha bisogno di tutto questo, perché condensa tutto in θεὰ. In modo completamente differente si comporta il cantore dell'*Odissea*, il quale, sostituendo Μοῦσα a θεὰ, così invoca la divinità: «Ἄνδρα μοι ἔννεπε, Μοῦσα, πολύτροπον, ὃς μάλα πολλὰ / πλάγχθη, ἐπεὶ Τροίης ἱερὸν πτολίεθρον ἔπερσε».[128] Apollonio Rodio, invece, invoca direttamente Apollo, il Musagete:

Ἀρχόμενος σέο Φοῖβε παλαιγενέων κλέα φωτῶν
μνήσομαι ...[129]

e Virgilio, ricollegandosi a Omero, così invoca la Musa, perché gli narri le vicende, che intende cantare:

Musa, mihi causas memora, quo numine laeso
quidue dolens regina deum tot uoluere casus
insignem pietate uirum, tot adire labores
impulerit. Tantaene animis caelestibus irae?[130]

126. Arriv., *Gonz.*, I,12-14 [Cantate ora, o Muse, delle celesti sedi abitatrici. Voi siete dee e le cause nascoste tutte conoscete e nessun errore, anche se occulto, mai vi contagia].

127. *Il.*, I,1 [Canta, o dea, l'ira di Achille, figlio di Peleo].

128. *Od.*, I,1-2 [Raccontami, o Musa, le vicende dell'uomo ricco di astuzie, il quale girovagò a lungo dopo che ebbe abbattuto la sacra rocca d'Ilio].

129. Ap., I,1 ss. [Cominciando da te, o Febo, ricorderò le imprese degli antichi eroi ...].

130. Verg., *Aen.*, I,8-11 [Musa, dimmi tu i motivi, per quale offesa alla sua divinità, per quale dolore la regina dei numi costrinse un uomo così pio ad andare incontro a tante sofferenze e affrontare tanti travagli. Così grandi sono le ire nel petto dei celesti!].

Arrivabene, nel momento in cui si accinge a comporre il poema epico, non può mettere da parte Virgilio, altrimenti non sarebbe stato accolto sia dalla corte sia dagli altri eruditi del tempo; ma, spinto da altri intenti e fornito di sensibilità e formazione diversa, si allontana necessariamente dal modello, per calare la poesia nel suo tempo. Al *causas memora* di Virgilio sostituisce un verso piuttosto scialbo: «dicite … causasque latentes uidistis penitus», distribuito in due periodi. Prega le Muse di narrare intera la verità sulle cause della guerra, che conoscono perfettamente per averle viste, perché

carmine dux canitur, cuius uidere per orbem
res populi gestas oculis et laude coronant.[131]

La fama dei Gonzaga, per essere obiettivi, era legata più alla nobiltà, alla ricchezza e all'apertura verso la cultura[132] che agli eventi bellici o a capitani di grande rilievo. Il *carmen epicum* dell'Arrivabene, almeno secondo le intenzioni del committente, doveva consacrare anche, e soprattutto, la gloria militare, che costituiva il blasone di tutte le famiglie dominanti. Ciò si avvera, se le Muse, agli occhi e alle orecchie delle quali non sfugge nulla, gli dettano quanto deve scrivere in lode di un personaggio appartenente a una famiglia così nobile e importante. In forza di questa convinzione il poeta è certo che quanto scriverà sarà accolto e condiviso da tutti, perché espone gli eventi così come si sono verificati, senza aggiungere nulla di suo. Perciò ciecamente abbandonato al potere e al volere delle Muse e attento a quanto gli dettano, il poeta è tranquillo e sereno, perché è sicuro di compiere una missione importante, e di essere tramite tra il mondo degli dei, dove regna l'armonia, la pace e la bellezza, e quello degli uomini, macchiato di crimini orrendi, che, immancabilmente, causano disordini nella società e sobillano i malvagi a prevaricare sui buoni. Le cause della guerra sono date dalle seguenti interrogative retoriche, espresse tra lo stupore e la meraviglia:

Quis furor aut rabies gentis turbare quietam
Instituit pacem, bellumque lacessere suasit?
Et quis magnanimi temptarit Principis agros
Impius irruere et uicos popularier, armis
Cum Venetum trucibus mentem laceraret Erinys?[133]

Il poeta, consapevole del ruolo educativo, che la poesia riveste all'interno della società, non può non condannare la guerra e rimproverare aspramente quanti, con malefiche arti, suscitano in mezzo agli uomini un flagello così crudele e

131. Arriv., *Gonz.*, I,10-11 [Col mio canto nel tempo sarà celebrato il condottiero, le gesta del quale ora nel mondo vedono i popoli e lo adornano di lodi].

132. Per avere un'idea sulla corte mantovana, anche se un po' datati, si possono utilmente consultare Felisatti, *Isabella D'Este* cit.; Murgia, *I Gonzaga* cit.; K. Simon, *I Gonzaga. Storia e segreti*, Roma 2001; L. Ventura, *I Gonzaga delle nebbie: storia di una dinastia cadetta nelle terre tra Oglio e Po*, Cinisello Balsamo 2008.

133. Arriv., *Gonz.*, I,15-19 [Quale furore o rabbia decise di turbare la tranquilla pace del popolo e convinse a provocare la guerra? Chi empio tentò di irrompere nei campi del principe magnanimo, saccheggiarne i villaggi, mentre con truci armi le Erinni sconvolgevano il senno dei Veneti?].

devastante. Solo un pazzo, invasato da spiriti maligni, può impugnare la spada, violare la pace e scagliarsi contro i suoi simili. Solo le Erinni, le terribili e temibili divinità infernali, possono suscitare tra gli uomini, chiamati alla pace e alla concordia, mali così funesti. La pericope, con la sua struttura e lo sconcerto che intende diffondere, prepara il lettore all'apparizione del principe, che, nel suo regno, coltiva solo la pace, la giustizia e il bene supremo di quanti sono affidati alle sue cure paterne; onora le arti, che nobilitano lo spirito, e favorisce quanto è utile al progresso umano. Dominato e guidato da questi sublimi presupposti, il *marchio* dorme tranquillo, non può pensare che un popolo ostile, spinto dalla ferocia e dalla barbarie, possa turbare la pace del suo regno. Solo i Veneti, spinti dalle Erinni e incitati dal feroce Marte, possono invadere i territori di Mantova:

> arma fouet Venetum Mars impius, impulit horum
> hic animos, addit uires et tela ministrat.[134]

La forte antitesi, abilmente creata e calcolata, suscita immediatamente nel lettore un senso di compassione per il Mantovano e di ostilità verso i Veneti, presentati empi e crudeli, sobillati e spinti dalle Erinni e dalla ferocia di Marte.

Il sonno del pacifico e onesto principe viene interrotto da Pallade, protettrice delle arti più nobili, che nella corte mantovana avevano trovato il loro domicilio. La dea, inorridita che i nemici osino invadere il piccolo regno, nel quale la pace regna sovrana e il popolo, sotto il dominio dei Gonzaga, gode di tutti i beni, che un principe saggio e onesto riesce a procurare, scende dalle dimore dell'Olimpo, si presenta in sogno a Ludovico e così gli parla:

> Marchio, caelicolum summo gratissime regi,
> Stertis? Et in tanto dormis discrimine rerum?
> Haud decet, immenso cuius gens plurima nutu
> Voluitur, ad summam somnos deducere noctem.
> Nunc Iouis imperio uenio, cui magna tuorum
> Atque tui cura est. Qui te noctesque diesque
> Extollit, referetque tuum super aethera nomen.
> Iuppiter arma cito capias edicit in hostem,
> atque tuas subito iubeas armare cohortes.
> Perge![135]

Il poeta esalta la corte di Mantova e, in modo particolare, Ludovico III, il quale nel poema non ha nessun antagonista se non le schiere nemiche, presentate come orde feroci e incolte. Eppure Venezia, al pari di Mantova, godeva di molta

134. *Ibidem*, 78-79 [L'empio Marte fomenta le armi dei Veneti, scuote il loro animo, infonde ardore e fornisce loro i dardi].

135. *Ibidem*, 108-117 [Marchese, molto caro al sommo re dei celesti, dormi tranquillo? Dormi mentre lo stato è in un pericolo così grave? Non è bene per te dormire fino a notte fonda, perché un popolo sterminato obbedisce ai tuoi ordini. Son venuta da te per ordine di Giove, che ha grande cura di te e dei tuoi. Egli ti esalta notte e giorno e innalza il tuo nome al di sopra del cielo. Giove ti ordina di prendere subito le armi contro il nemico, di mettere subito in assetto di guerra l'esercito. Muoviti!].

reputazione tanto per la ricchezza dei suoi abitanti quanto per l'affermazione delle arti, sì che, almeno in Italia, non era seconda a nessun'altra città. Arrivabene, nel presentare sotto due aspetti completamente diversi i popoli belligeranti, tiene certamente presente la canzone *All'Italia* di Petrarca e, in modo particolare il v. 93, dove si legge *vertù contra furore*, per porre in risalto il profondo divario tra l'aggredito, dominato e caratterizzato dalla virtù, e l'aggressore, che agisce solo in preda al furore e alla ferocia.

Messa da parte la profonda formazione cristiana e teologica, compiutamente evidenziata nel carme in onore di Pio II, nell'ordire il poema Arrivabene si serve solo del complesso e farraginoso armamentario epico e mitologico, desunto e assimilato dalla lettura dei classici. La presenza della profonda formazione cristiana, ciò nonostante, domina e informa tutto il poema. Per cui in questa pericope non è difficile scorger la presenza del secondo libro dell'*Eneide*,[136] nel quale il protagonista, mentre narra alla regina Didone l'ultima notte di Troia, non senza commozione ricorda il momento, nel quale gli compare in sogno Ettore, per svegliarlo ed esortarlo a fuggire, mentre la città, invasa dal nemico, era in fiamme. Ettore non indugia in inutili preamboli: la situazione è precipitata; e, siccome non c'è altra soluzione, ordina al figlio di Venere di prendere i Penati e di fuggire al più presto insieme con il vecchio padre, la moglie e il figlio, per un altro luogo, più sicuro.

10. *Encomio a Ludovico III*

Invece di esporre subito al marchese il motivo della sua venuta e il pericolo che sovrasta il piccolo regno, Pallade si diffonde in sperticati e inverosimili elogi dell'illustre suo protetto, il quale, per il grande incarico affidatogli da Giove e per il senso di responsabilità verso i sudditi

> haud decet, immenso cuius gens plurima nutu
> uoluitur, ad summam somnos deducere noctem.[137]

Certamente gradite dovettero sonare agli orecchi del committente le iperboliche asserzioni *immenso nutu* e *plurima gens*, considerando che il marchesato di Mantova,[138] all'epoca, era, territorialmente, di poco più esteso dell'attuale Provincia, non aveva la consistenza dei ducati e dei regni più grandi e potenti. Ancor più allettanti dovettero risultare i versi:

> … Dabit uires in proelia Iuppiter acris,
> Quis poteris superare hostes. Tibi moenia cedent
> Omnia. Murorum pinnae sternentur ad imum.

136. Verg., *Aen.*, II,268 ss.

137. Arriv., *Gonz.*, I,110-11 [Non è bene per te dormire fino a notte fonda, perché un popolo sterminato obbedisce ai tuoi ordini].

138. G. Coniglio, *I Gonzaga*, Varese 1973; G. Fochessati, *I Gonzaga di Mantova e l'ultimo duca*, Milano 1929; Simon, *I Gonzaga* cit.; Murgia, *I Gonzaga* cit..

Nec poterunt Venetum uires obstare potenti
Auxilio, Ludovice, Iouis. Tibi terga uidebis
Vertere, et hostiles cernes trepidare phalangas.
Haec memori fac mente habeas, obliuio nulla
Auferat haec, cum grata quies secesserit inde.[139]

Pallade, la protettrice per antonomasia della famiglia Gonzaga, non mette in guardia Ludovico dagli attacchi improvvisi e minacciosi da parte del nemico, ma gli espone che, con l'aiuto dei Giove, riuscirà a scacciarli dal regno, a superarli, a metterli in fuga precipitosa e disordinata; e gli raccomanda, soprattutto, di tenere bene in mente quanto gli ha detto. Dal semplice confronto di questo brano con il modello virgiliano si evince subito la distanza, che separa l'Arrivabene dall'antico poeta romano.

La pericope, letta sotto l'aspetto encomiastico, costituisce un elegante brano di raffinata bravura. Davanti al dilagare incontrollato della poesia, relegata al ruolo servile, si rimane stupefatti e increduli sia per l'abilità sia per la scaltrezza raggiunta dal poeta, il quale padroneggia con estrema e spregiudicata disinvoltura e spigliatezza tanto il metro quanto la lingua, nonostante qualche menda di ordine metrico.

Il noto brano di Virgilio gli ha offerto solo lo spunto, l'abbrivio; e quanto segue è frutto del suo ingegno e, soprattutto, della lettura dell'*Iliade*. I versi scorrono fluidi, armoniosi e ben congegnati, ma piuttosto freddi, convenzionali, legati strettamente al canone della poesia encomiastica, in voga nella seconda metà del Quattrocento.

In confronto al carme scritto in lode di Pio II, nel quale l'eccessivo servilismo era stato, probabilmente, smussato dal solerte e vigile intervento del Filelfo, in questo brano il poeta, completamente libero e affrancato dal maestro, non riesce a contenere i toni e si abbandona in elogi eccessivi, come era nei desideri di un personaggio tanto nobile e famoso, quanto bramoso di lodi e di gloria.

Nel brano, reso veloce e concitato dalla studiata e ponderata presenza del dattilo, aleggia lo sfarzo, la voglia di godere e l'innato desiderio di Ludovico III di apparire agli altri potentati e, soprattutto, agli occhi del suo popolo in modo del tutto diverso da quello che in realtà era per quanti non potevano entrare all'interno della suntuosa dimora e vedere lo sfarzo e la raffinata cultura, che la caratterizzava e la distingueva.

Arrivabene in tutto il poema cela molto bene i dissapori e il malcontento che circolavano tra i sudditi del piccolo marchesato; non dice che, mentre a corte si conduceva una vita spensierata e fastosa nell'abbondanza e nello spreco, nelle campagne, non poco discosto da Mantova, i contadini, i braccianti e i pastori, salassati dalle tasse, alloggiano in misere e luride «capanne di fango e si nutrono di poco pane, erbe e radici».[140]

139. ARRIV., *Gonz.*, I,117-124 [Giove per lo scontro ti darà vigorose forze, con le quali potrai superare i nemici. Tutte le mura davanti a te cederanno, i merli dei muri cadranno a terra. Le forze del Veneto non potranno resistere, Ludovico, al potente aiuto di Giove. Davanti a te vedrai le schiere nemiche voltare le spalle in preda alla paura. Conserva ciò nella memoria e non dimenticare quanto ti ho detto, quando il sonno ristoratore ti abbandonerà].

140. FELISATTI, *Isabella d'Este* cit., p. 40.

Tace volutamente i necessari e imprescindibili mali, che tra quelle mura trovavano ricetto e venivano fomentati. L'Arrivabene con la poesia riesce a rendere molto bene l'aria che si respirava all'interno della reggia, che, agli occhi dei popolani incolti, doveva apparire meravigliosa, avvolta da un'atmosfera rarefatta, al di fuori del comune. Nel poema il duca pensa solo al bene del popolo, che gli è stato affidato dal volere della divinità suprema; mette in secondo piano se stesso e la famiglia, per offrire a quanti sono affidati alle sue cure pace e sicurezza. La realtà, però, era di gran lunga diversa, e non sfuggiva agli occhi del popolo, che, alle dipendenze di così illuminati signori, non conduceva una vita troppo felice e priva di sofferenze, come abilmente dissimula la poesia. Sotto questo aspetto Arrivabene riesce pienamente nell'intento: con pochi tocchi trasfigura e con l'armonioso splendore dei versi illumina anche l'inferno più tetro. Ludovico III non era tale, quale viene abilmente presentato dal poeta. Il quale, soggiogato dai canoni della poesia encomiastica e grato per i benefici che riceve, non esita a presentare il Marchese di Mantova nelle vesti e nelle sembianze del *pius Aenas*. Arrivabene, però, si spinge oltre, perché la *pietas* del Gonzaga supera, e di molto, l'eroe virgiliano. Sono propenso a credere che in virtù di questa specie di *pietas* e di *humanitas*, il poeta non impegna mai il protagonista in eroiche gesta, nelle quali deve mettere in mostra valore e temerarietà, spietatezza e determinazione, crudeltà e ferocia. Per tutta la durata del conflitto il duca non perde mai la calma, si mostra sempre mite e caritatevole, pronto a porgere sempre e a chiunque aiuto e protezione; non ha aspre parole di condanna neppure per i nemici, che devastano il regno. E sebbene il poeta sappia a quali crudeltà si vada incontro durante il conflitto, tace tutte le brutture e le violenze dei massacri, le devastazioni degli incendi, le sofferenze dei più deboli. Come tutti i nobili del tempo anche Ludovico III deteneva il potere con fermezza e senza scrupoli; non esitava a imporre tasse e balzelli per ampliare la sua dimora e arricchire la famiglia, per permettere ai figli e alle donne di sfoggiare costosi e raffinati gioielli.

L'Arrivabene eclissa tutto ciò e nell'elaborata pericope riprende un antico concetto, largamente attestato in Omero e in Esiodo, secondo i quali il re è caro a Giove: è, secondo la definizione epica, διοτρεφής.[141] A questo concetto desunto dall'epica Arrivabene aggiunge, come necessario sottinteso, quello specificatamente cristiano, desunto dalla lettura di san Paolo, il quale, nei riguardi dei domi-

141. In Il., II, 847 si legge υἱὸς Τροιζήνοιο διοτρεφέος Κεάδαο, "figlio di Trezeno, Ceade alunno di Zeus". Il lessema διοτρεφής, nutrito, allevato da Zeus, adoperato solo nell'epica, è attribuito solo ai regnanti e si trova solo in gen. con βασιλεῦς nel sintagma διοτρεφέος βασιλῆος, come in IV,338 ὦ υἱώ Πετεῶο διοτρεφέος βασιλῆος, "o figlio di di Peteòo, del re alunno di Zeus"; V,464 ὦ υἱεῖς Πριάμοιο διοτρεφέος βασιλῆος, "o figli di Priamo, del re allevato da Zeus"; XII,355 ἠνώγει Πετεῶο διοτρεφέος φίλος υἱὸς, "pregava il figlio di Peteòo alunno di Zeus"; XIII,427 ss. ἔνθ' Αἰσυήταο διοτρεφέος φίλον υἱὸν / ἥρω Ἀλκάθοον, "ecco il caro figlio d'Esiete alunno di Zeus, l'eroe Alcàtoo"; Od., IV,43 ss. οἱ δώ ἰδόντες / θαύμαζον κατὰ δῶμα διοτρεφέος βασιλῆος, "ed essi volgendo lo sguardo attraverso la dimora del re, ammiravano". Lo stesso lessema, διοτρεφής, è usato una sola volta da Esiodo in Th., 992 ss. κούρην δ' Αἰήταο διοτρεφέος βασιλῆος Αἰσονίδης ... ἦγε, "il figlio di Esone [...] condusse via la figlia di Aiete, re rampollo di Zeus".

nanti, voluti da Dio, così si esprime: οὐ γὰρ ἔστιν ἐξουσία εἰ μὴ ὑπὸ Θεοῦ.[142] L'espressione paolina si ricollega in tutta la sua pregnanza con l'espressione omerica, presente anche nella comunità ebraica, soprattutto in seguito all'istituzione della monarchia.[143]

Oltre al brano dell'*Eneide* certamente l'Arrivabene, come si accennava pocanzi, teneva sotto gli occhi un'altra pericope epica, molto più efficace e adatta. La fonte, che ha suggerito il sogno, è presente nei versi, che aprono il II libro dell'*Iliade*. Appresa e assimilata durante gli anni della sua formazione, il poeta l'ha sfruttata con abilità e perspicacia, per cui il brano della *Gonzagis* risulta del tutto diverso da quello, messo dall'autore dell'*Iliade* in bocca al Sogno, che induce Agamennone ad attaccar battaglia, con esito sfavorevole e disastroso per l'armata greca:

> στῆ δ'ἄρ'ὑπώρ κεφαλῆς Νηληΐῳ υἷι ἐοικώς,
> Νέστορι, τόν ρα μάλιστα γερόντων τῖ Ἀγαμέμνων˝
> τῷ μιν ἐεισάμενος προσεφώνεε θεῖος ὄνειρος·
> «εὕδεις Ἀτρέος υἱώ δαίφρονος ἱπποδάμοιο·
> οὐ χρὴ παννύχιον εὕδειν βουληφόρον ἄνδρα
> ᾧ λαοί τ'ἐπιτετράφαται καὶ τόσσα μέμηλε·
> νῦν δ'ἐμέθεν ξύνες ὦκα· Διὸς δέ τοι ἄγγελός εἰμι,
> ὃς σεῦ ἄνευθεν ἐὼν μέγα κήδεται ἠδ'ἐλεαίρει.
> θωρῆξαί σε κέλευσε κάρη κομόωντας Ἀχαιοὺς
> πανσυδίῃ· νῦν γάρ κεν ἕλοις πόλιν εὐρυάγυιαν
> Τρώων· οὐ γὰρ ἔτ'ἀμφὶς Ὀλύμπια δώματ'ἔχοντες
> ἀθάνατοι φράζονται· ἐπέγναμψεν γὰρ ἅπαντας
> Ἥρη λισσομένη, Τρώεσσι δὲ κήδε'ἐφῆπται
> ἐκ Διός· ἀλλὰ σὺ σῇσιν ἔχε φρεσί, μηδέ σε λήθη
> αἱρείτω εὖτ'ἄν σε μελίφρων ὕπνος ἀνήῃ»[144]

Agamennone crede al sogno e, appena sveglio, memore di quanto aveva udito, raduna le armate e le spinge in uno scontro rovinoso. L'inganno riesce e trova il suo epilogo nell'assalto alle navi, che vengono date alle fiamme da Ettore.

L'Arrivabene, pur tenendo presente il modello, reinterpreta tutto e investe Pallade a diventare la messaggera della nuova situazione; rilegge e ripropone il

142. *Rom* 13,1 «non est enim potestas nisi a Deo» [non c'è autorità se non da Dio]. Così san Paolo esorta i cristiani ad essere ossequienti verso l'autorità costituita. Giovanni Pietro Arrivabene conosceva il brano tanto in greco quanto in latino.

143. *1Sam* 8 ss.

144. *Il.*, II, 20-34 [Si fermò al di sopra della sua testa, dopo aver assunto le sembianze del figlio di Neleo, Nestore, che tra gli anziani Agamennone onorava moltissimo; simile a lui, il Sogno così parlò: «Dormi, figlio di Atreo, saggio domatore di cavalli; ma non è consentito che dorma per tutta la notte il tuo consigliere, al quale è stato affidato l'esercito e stanno a cuore problemi così gravi. Ora comprendimi subito, perché vengo da te come messaggero da parte di Zeus, il quale, pur da lontano, ti pensa molto e ha pietà di te; egli allora ti ordina di armare al più presto gli Achei dalle lunghe chiome, perché ora potrai prendere l'ampia città di Troia. Di esse gli eterni, che abitano le dimore dell'Olimpo, non discutono più; Era con le sue preghiere ha piegato tutti, e i Troiani hanno avuto i mali da parte di Zeus. Ma tu conserva tutto nel tuo cuore, e oblio non ti colga, quando ti abbandonerà la dolcezza del sonno»].

brano; e, mutati i personaggi e il contenuto del messaggio, per bocca della divinità annunzia che i Veneti hanno invaso il regno di Mantova. Ma Ludovico non deve spaventarsi né temere, perché, nonostante i nemici siano spinti dal furore e dalla ferocia, lui, con l'aiuto di Giove, li ricaccerà e riporterà splendidi trionfi.

Con abilità e consumata esperienza, l'Arrivabene ribalta il contenuto dell'esemplare antico e presenta in luce del tutto diversa, in linea con i tempi, la vita che si svolgeva tra le mura della corte mantovana. Per cui l'elogio, intessuto da Pallade acquista un sapore nuovo e riesce a rivestire di doti particolari e di grande *humanitas* un personaggio, che, certamente, non brillava né per altruismo né per carità cristiana né per amore o cura verso i sudditi, vessati da tasse e da angherie d'ogni genere.[145] Questo, almeno nel contesto mantovano presentato nella *Gonzagis*, costituisce un accenno poco pertinente, ma necessario, considerato che il poema, prendendo le mosse da un evento storico, doveva costituire un monumento letterario di particolare importanza per la corte mantovana e tramandare ai posteri le glorie militari di Ludovico III Gonzaga.

11. *Tra Omero e Apollonio Rodio*

La presenza di Omero, però, non si limita solo a questa pericope, ma è presente anche, e soprattutto, là dove il poeta narra come lo scettro della casa regnante mantovana, passando da un marchese all'altro, è giunto, alla fine, nelle mani di Ludovico III. Alla semplice icasticità di Omero, che rende con estrema efficacia il passaggio dello scettro da un re a un altro, risponde in Arrivabene un calcolato artificio retorico, tipico sia dell'età sia dei fini, cui il poema è destinato. Con la successione dei nomi, il poeta ricostruisce, dal punto di vista storico, l'origine e l'affermazione sulla scena politica italiana ed europea della casata mantovana. Perciò più va indietro nel tempo più la casata riceve prestigio e può, a rigor di logica e di diritto, affermare la propria nobiltà. L'autore dell'*Iliade* non indulge ad aggiunte, a lenocini, a riferimenti marginali, ma presenta il passaggio dello scettro da un personaggio all'altro con solenne ieraticità, con calcolata misura, quasi in silenzio davanti a personaggi così importanti:

... ἀνὰ δῶ κρείων Ἀγαμέμνων
ἔστη σκῆπτρον ἔχων τὸ μὼν Ἥφαιστος κάμε τεύχων.
Ἥφαιστος μὼν δῶκε Διὶ Κρονίωνι ἄνακτι,

145. Per avere un'idea si può leggere Felisatti, *Isabella d'Este* cit., a p. 26, dove è riportata la morte di Nicolò da Este: «... la sorte riservata a Nicolò d'Este ... è un'agghiacciante testimonianza dei tempi: il commissario ducale "questa notte passata ad ore cinque o lì circa fece tagliare la testa a messer Nicolò da Este in Castello Vecchio, confessato e comunicato, e da poi ghe gli fu cucita al collo, che non parea che fosse stata tagliata ...". Il giorno stesso "fu fatta grida che ciaschedun gentiluomo, dottori e cittadini e ufficiali dovessero, da parte del duca nostro, andare a onorare il corpo di messer Nicolò da Este insino a la sepoltura ...". Implacabile nella vendetta, Ercole impone la macabra messa in scena perché a un appartenente alla Casa tutti devono comunque rendere onore, anche se è stato giustiziato come traditore». Il comportamento delle diverse corti rinascimentali, comunque, pur di mantenere il potere, non differiva da una città all'altra.

αὐτὰρ ἄρα Ζεὺς δῶκε διακτόρῳ ἀργειφόντῃ·
Ἑρμείας δὲ ἄναξ δῶκεν Πέλοπι πληξίππῳ,
αὐτὰρ ὃ αὖτε Πέλοψ δῶκ' Ἀτρέϊ ποιμένι λαῶν,
Ἀτρεὺς δὼ θνήσκων ἔλιπεν πολύαρνι Θυέστῃ,
αὐτὰρ ὃ αὖτε Θυέστ' Ἀγαμέμνονι λεῖπε φορῆναι,
πολλῇσιν νήσοισι καὶ Ἄργεϊ παντὶ ἀνάσσειν.[146]

A differenza dell'autore greco, che riesce a infondere altissima poesia anche in un semplice e arido elenco di nomi, che dovevano evocare nella mente dell'ascoltatore i tempi eroici del suo glorioso passato, nel quale grandi uomini si imponevano per valore e coraggio, Arrivabene, nell'intento di emulare, e imitare, un modello così alto e sublime, con la studiata successione dei marchesei succedutisi nella sede di Mantova rischia di rinnovare nella mente del lettore i dolori e le sofferenze imposte e patite, per mantenere e alimentare lo sfarzo d'una corte, che non lesinava spesa, per essere alla pari di altri potentati più ricchi e ed estesi. Nell'esaltazione della casata lo scettro, forgiato dai Ciclopi rinchiusi nelle fucine sotto l'Etna, acquista un significato del tutto particolare, perché il potere, che i Gonzaga detengono, viene direttamente da Giove e, come gli antichi re dell'*Iliade* e dell'*Odissea*, sono διοτρεφεῖς βασιλεῖς. Per questo speciale privilegio, che viene loro direttamente dalla divinità, possono detenere il potere e trasmetterlo intatto ai primogeniti della famiglia, i quali insieme con lo scettro hanno ricevuto, per tale missione, l'investitura divina. Anch'essi, come i condottieri omerici, sono ποιμένες λαῶν e, come tali, διοτρεφεῖς βασιλεῖς. Sentite e accorate sono le parole che Gianfrancesco I Gonzaga rivolge al figlio Ludovico III, mentre, in punto di morte, gli consegna lo scettro ricevuto dagli avi:

Cum pater e caelo superum consortia linquens,
Ardua tecta petit nati, quem regia uestis
Auro insignibat, sceptrum quoque dextra ferebat.
Mulciber hoc, superum fabricat qui fulmina regi,
Fecerat, et multa circum exornauerat arte,
Tradideratque Ioui primum; mox Iuppiter ipse
Atlantis genuit quem candida Maia canoro
Mercurio donauit opus mirabile fabri.
Hoc ualidis primum fulgens Aloisius armis
Sumpsit ab Aligero, diuum qui iussa per auras
Nuntiat. Huic natus successit Guido petenti
Astriferas sedes et clari culmen Olympi.
Filius hinc sceptrum sumpsit Lodouicus, et inde
Egregius patriae splendor Franciscus. At illud
Italiae quem tota pium coluere per omne

146. *Il.*, II,100-108 [Il valoroso Agamennone si alzò, tenendo in mano lo scettro, che Efesto forgiò con sudore. Efesto lo diede a Zeus, figlio di Crono e signore dei Numi; ma Zeus, a sua volta, lo consegnò al messaggero Argheifonte; il sire Ermete lo passò a Pelope, pungolatore di cavalli, e Pelope lo trasmise ad Atreo, pastore di eserciti; Atreo successivamente in punto di morte lo affidò a Tieste, ricco di agnelli; Tieste in seguito lo lasciò ad Agamennone, perché, tenendolo in mano, regnasse su molte isole e su tutta l'Argolide].

Regna ducem tempus, cuius uenerabile nomen
Nulla dies adimet, patris de nomine dictus
Accipit excellens animo Franciscus in omnes.
Hic dum semianimum corpus conspexit et artus
Iam linquentem animam, Lodouicum convocat. «Alma
Luce magis dum uita fuit mihi carior ipsa,
Accipe quod caeli rector Saturnius olim,
Nate, dedit sceptrum, quo pinguia regna tenere,
Atque nouum ualeas magna cum acquirere laude
Imperium».[147]

Il vecchio padre, orgoglioso di così celebri e valorosi antenati, esorta il figlio a prendere lo scettro, ricevuto direttamente da Giove, e dominare sul ricco regno in modo da acquisire nuovi poteri e grandi glorie, soprattutto sotto l'aspetto militare. Gianfrancesco consegna al figlio un regno ricco e potente, fiorente molto sotto l'aspetto culturale e poco sotto il profilo militare. Questo aspetto, la vera gloria del piccolo ducato, viene abilmente glissato a tutto vantaggio delle sparute e insignificanti glorie militari ottenute dai Gonzaga. I quali, proprio in seguito alla pace di Lodi, avevano dovuto cedere al nemico terreni, città e diverse rocche. Il ducato mantovano, anche se vittorioso, esce dal conflitto notevolmente ridimensionato.

Nel comporre la *traditio regni* Giovanni Pietro Arrivabene pone particolare attenzione nel descrivere la successione dinastica nel marchesato mantovano: l'illustre destinatario nel leggere lo scritto doveva riconoscersi e restare appagato dalla descrizione accurata e precisa non solo dei più salienti eventi bellici, ma soprattutto per le glorie della famiglia, che egli cercava in tutti i modi di alimentare e accrescere. Il poeta, infatti, non esita a porre in bocca al vecchio morente «nouum ualeas magna cum acquirere laude / imperium».[148]

Anelito, questo, che a Ludovico III doveva stare molto a cuore. In questa pericope, mediante la prosopopea, intessuta e disposta con estrema abilità, il poeta rievoca i fasti crescenti di una corte tra le più splendide d'Europa.

147. Arriv., *Gonz.*, IV,138-162 [... quando il padre del cielo, lascia il consesso dei superi e si dirige nella fastosa reggia del figlio con la veste trapunta d'oro e lo scettro nella destra. Lo aveva forgiato Mulcìbero, che fabbrica i fulmini per il re degli dei, e l'aveva impreziosito con molta arte. Lo aveva dapprima dato a Giove, poi Giove donò la mirabile opera del fabbro al canoro Mercurio, che la candida Maia, figlia di Atlante, aveva generato. Ricevette questo scettro dapprima Luigi, rilucente di fulgide armi dall'Aligero, che per il cielo annuncia gli ordini di Giove. A questi, quando volò verso la sede celeste e la cima del luminoso Olimpo, successe i figlio Guido. Da qui lo scettro passò a Ludovico e in seguito all'egregio Francesco, splendore della patria. Lo prese quindi Francesco, chiamato con il nome del padre, che si distingueva per la nobiltà d'animo. Tutti i re d'Italia lo venerarono sempre come pio condottiero. Il suo nome venerabile rimarrà per sempre. Questi, quando vide il corpo e gli arti prossimi alla morte e l'anima venir meno, convoca a sé Ludovico: «Mentre la vita mi era più cara della piacevole luce, prendi, figlio, questo scettro, che il saturnio Giove, rettore del cielo, un giorno mi diede, perché tu possa governare il ricco regno e procurarti nuovo potere con grande lode»].

148. *Ibidem*, 161-162 [Perché tu possa governare il ricco ducato e procurarti nuovo potere con grande lode].

Più che le esortazioni del vecchio Grianfrancesco, rese con eleganti artifici poetici e una sapiente disposizione delle varie parti, che portano il lettore nel punto culminante, là dove lo scettro, dopo essere passato, come un bene personale, da un marchese all'altro, giunge alla fine nelle mani di Ludovico. Più che i saggi e sentiti ammonimenti del vecchio genitore, che si accinge a lasciare questa terra, interessante è vedere come l'Arrivabene ha utilizzato quanto gli stilemi desunti dagli autori classici gli mettono a disposizione.

Oltre alla significativa pericope omerica, con la quale la *traditio sceptri* ossia la *traditio regni* ha innegabili affinità e rispondenze, il poeta non dimentica quanto ha appreso dallo studio dell'epica antica. Per la presenza di Vulcano, oltre al verso di Virgilio «Vulcanum alloquitur thalamoque haec coniugis aureo»,[149] nel quale Venere, temendo per la sorte del figlio, in pericolo per le *Laurentum minis*,[150] chiede aiuto al marito, e «huic monstro Vulcanus erat pater»,[151] ove si accenna al triste e tremendo episodio di Caco, non si può tacere la presenza di Orazio, con «Vulcanus ardens urit officinas».[152]

Alla mente del colto lettore, là dove si parla di *Atlas* certamente non sfuggivano le chiare ed evidenti allusioni a Ovidio con il verso «id metuens, solidis pomaria clauserat Atlas / montibus»,[153] con quello di Virgilio «Atlantis duri, coelum qui uertice furcit»,[154] nonché con il seguente verso di Ovidio «tempus, Atla, ueniet, tua quo spoliabitur auro / arbor»,[155] oppure con il verso di Lucano «Hesperiam Calpen summumque impleuit Atlanta».[156] A queste evidenti reminiscenze va aggiunto anche il verso oraziano «Mercuri, facunde nepos Atlantis»,[157] che Arrivabene certamente aveva presente, mentre componeva la pericope.

Tra i poeti epici antichi un ruolo di primo piano è occupato, come si è detto, soprattutto da Apollonio Rodio: Arrivabene, infatti, oltre a seguire la disposizione della materia in quattro libri, come l'aveva distribuita il dotto maestro alessandrino, non di rado proprio da lui attinge a piene mani esempi e brani di particolare efficacia, come quando mostra i soldati in marcia contro il nemico in vista dell'imminente attacco:

149. Verg., *Aen.*, VIII,372 [così parla a Vulcano nel talamo d'oro dello sposo].

150. *Ibidem*, 371 [Per le minacce degli uomini di Laurento]. *Laurentum* era una città del *Latiun uetus*, le tracce della quale non erano più rintracciabili in epoca repubblicana. Al tempo del re Latino, mentre regnava sulla città, secondo Virgilio, approdò Enea, cui il re diede in sposa sua figlia Lavinia. Questo episodio scatenò la guerra contro i Rutuli, stanziati nella vicina Ardea. Cfr. Liv., I,1 e 14; Strab., *Geogr.*, V,3,2; Plvt., *Rom.* 23 e 24.

151. *Ibidem*, 198 [questo mostro aveva come padre Vulcano].

152. Hor., *Carm.*, I,4,8 [adirato Vulcano sovrintende alle officine].

153. Ov., *Met.*, IV,646 ss. [nel timore che ciò si verificasse, Atlante aveva recinto i frutteti con solidi macigni].

154. Verg., *Aen.*, 4,247 [del robusto Atlante che sostiene il cielo col capo].

155. Ov., *Met.*, IV,644 ss. [Verrà, Atlante, il tempo, nel quale i tuoi alberi saranno spogliati del loro oro].

156. Lvc., I,555 [(Tetide inondò) l'occidentale Calpe e la parte estrema d'Atlante].

157. *Ibidem* 198 [questo mostro aveva come padre Vulcano]. Hor., *Carm.*, I,10, 1 [Mercurio, facondo nipote di Atlante].

... Nutant concusso uertice tela.
Ceu quondam (ut perhibent) commota cacumina plectro
Orphea siluarum citharae cum fila moueret,
Vt possent audire sonos, sectata fuerunt,
Sic tremulis ibant equites hastilibus omnes
Armati.[158]

Il poeta mantovano nel descrivere l'avanzata dei soldati e l'ondeggiare delle lance sotto i raggi del sole, non trova niente di meglio che riferire quanto Apollonio Rodio scrive nei riguardi di Orfeo, il quale con il suo canto, oltre ad ammansire le belve, attraeva anche gli alberi:

φηγοὶ δ' ἀγριάδες κείνης ἔτι σήματα μολπῆς
ἀκτῇ Θρηικίῃ Ζώνης ἔπι τηλεθόωσαι
ἑξείης στιχόωσιν ἐπήτριμοι, ἃς ὅγ' ἐπιπρὸ
θελγομένας φόρμιγγι κατήγαγε Πιερίηθεν[159]

La similitudine, collocata all'inizio del poema, in Apollonio acquista un valore del tutto particolare: prima di cantare le imprese degli Argonauti, il poeta offre un succinto ragguaglio sugli eroi, che prendono parte all'ardua impresa. Inizia la lunga serie con Orfeo, il celebre cantore, figlio della musa Calliope. Come le annose querce, per ascoltare meglio il canto di Orfeo, chinano la chioma, così ondeggiano le lance a mano a mano che i cavalieri mantovani, sotto la guida di Ludovico, nella pianura corrono contro il nemico. Con queste dotte allusioni il poeta tende a stupire più che a comporre una vera opera di poesia, come ordinariamente si intende.

Arrivabene, come tanti poeti, suoi contemporanei e successivi, si lascia travolgere dalla moda del tempo e compone più pezzi di bravura che autentici brani poetici, anche se non gli manca la scaltrita abilità e la perfetta padronanza della lingua, con le naturali capacità e possibilità per dar vita a un complesso poema epico. Ma, come si è già accennato, al giovane poeta mantovano, nonostante l'impegno e l'esercizio, manca la *uis animi*, che vibra potente invece nei poeti epici di Grecia e di Roma, che conosce, segue, imita, con le possibilità fornitegli dalla natura e dall'assiduo studio.

12. *Le radici del latino umanistico*

Giovanni Pietro Arrivabene, il raffinato cultore delle muse, che ha trascorso gli anni più belli della sua vita presso la corte dei Gonzaga al servizio del cardina-

158. Arriv., *Gonz.*, IV,493-497 [... Le lance, a mano a mano che sono scosse, ondeggiano. Come una volta, così si dice, le cime degli alberi, attratte dalla lira di Orfeo, quando ne pizzicava le corde, si muovevano per ascoltare le melodie, così tutta la cavalleria avanza armata con le lance ondeggianti].

159. Ap., I,28-31 [Testimoni ancora di quel canto sono alcune querce silvestri, che verdeggiano sulla spiaggia di Sona, nella Tracia, le quali si allungano in fila l'una dietro l'altra, in folto numero: egli le attirò dinanzi a sé con il suo canto e le trasse giù dal monte Pierio]. Non credo che l'Arrivabene si ispiri solo ad Apollonio, perché non poteva dimenticare le lezione di Ov., *Tr.*, IV,I «cum traheret siluas Orpheus et dura canendo / saxa, bis amissa coniuge maestus erat» [Orfeo col canto faceva muovere i boschi e le dure rocce, quando triste per aver perso per ben due volte la moglie spiegava la voce al canto].

le Francesco, offre l'opportunità di tracciare, almeno per grandi linee, una breve sintesi del latino riscoperto e adoperato dagli umanisti. I quali mediante l'antica lingua di Roma hanno realizzato opere di grande respiro e trasmesso alle generazioni future insigni monumenti letterari, nei quali insieme con il pensiero, l'arte e lo stile, è condensata una civiltà, per la gran parte ancora da scoprire.[160]

Dalla scuola di questi cultori del bello, appreso e custodito negli immortali capolavori del passato, sui quali hanno formato la loro raffinata cultura e nutrito la loro poesia, è nata la parte migliore della cultura sia italiana che europea. Questa ha dominato incontrastata fino al suo sgretolamento, verificatosi in tempi piuttosto recenti, con la crisi abbattutasi sulle diverse entità nazionali e con la messa in discussione di quei valori, che hanno alimentato nel passato gli ingegni migliori e hanno permesso loro di attingere a mete altrimenti irraggiungibili.[161] Con il loro recupero e, in modo particolare, con l'insegnamento gli umanisti hanno profondamente influito, dove più dove meno, sulla cultura di tutte le nazioni, dal Mediterraneo all'Inghilterra, dal Portogallo alla Russia.

L'Europa in quel breve, ma glorioso, lasso di tempo era unita dalla lingua latina e dalla cultura, che mediante la lingua di Roma veniva trasmessa nei centri più piccoli, situati in zone lontane dai popolosi agglomerati urbani. Il *sermo Latinus*, anche se caratterizzato da inflessioni e costrutti delle preesistenti parlate epicorie, ha prodotto importanti opere letterarie, oggi, alla base delle varie letterature nazionali.[162] La fioritura di una copiosa produzione letteraria in latino fu straordinaria. Tutte le nazioni europee promuovevano, e ammiravano, i poeti che, in primo luogo, componevano in latino e, successivamente, dopo aver acquistato fama e benessere, utilizzavano gli idiomi nazionali.[163] Questa ingente produzione, però, oggi, è in gran parte sconosciuta al grosso pubblico, perché volutamente lasciata nell'oblio da quanti sono deputati a diffondere proprio la cultura, che ha caratterizzato soprattutto l'Italia e l'Europa nel Quattrocento e nel Cinquecento.[164]

Per un insano e astorico modo di pensare e di presentare la storia e la cultura dei secoli passati, oggi molti mediatori culturali preferiscono presentare alle giovani generazioni il lunghissimo percorso della civiltà e delle lettere a partire

160. A. Coroleu, *On the awareness of the renaissance*, in *Il latino nell'età dell'Umanesimo*, Atti del Convegno (Mantova, 26-27 ottobre 2001), Firenze 2004, pp. 3-15.

161. Un quadro chiaro e dettagliato viene tracciato da G. Di Giammarino, *La tradizione classica nella letteratura italiana*, Roma 2011.

162. V. Fera, *L'imitatio umanistica*, in *Il latino nell'età dell'Umanesimo*, Atti del Convegno (Mantova, 26-27 ottobre 2001), Firenze 2004, pp. 17-33; A.A. Nascimento, *Le latin à l'époque de l'Humanisme au Portugal: donne de situation et suggestions pour une étude d'ensamble*, *ibidem*, pp. 97-108; F. Tateo, *Tradizione e realtà nell'Umanesimo italiano*, Bari 1974; Tarugi, *Interrogativi dell'Umanesimo* cit..

163. Tra i tanti, sorti in ogni angolo d'Europa, cito il poeta polacco Jan Kochanowski, il quale, con i *Carmina Latina* e le opere in lingua nazionale, occupa un posto di primo piano. Cfr. J. Kochanowski, *Carmina Latina*, a cura di Z. Głombiowska, Gdańsk 2008.

164. S. Rizzo, *I latini dell'Umanesimo*, in *Il latino nell'età dell'Umanesimo*, pp. 51-95. T.O. Tumberg, *The Latinity of Lorenzo Valla's Gesta Ferdinandi regis Aragonum*, in «Humanistica Lovaniensia», XXXVII (1988), pp. 30-78.

dall'Illuminismo, ingenerando in questo modo, la convinzione che nei secoli precedenti nelle varie zone del mondo regnasse solo ignoranza e barbarie.

Il latino adoperato dai poeti umanisti e rinascimentali non desta più né scandalo né ammirazione, perché essi hanno continuato la tradizione loro trasmessa dal Medioevo, ma in modo radicalmente diverso dai loro immediati predecessori. A cominciare dal Petrarca, che scrive la sua *Africa* in impeccabile latino virgiliano, i poeti coevi e, soprattutto, i successivi prendono come modello i migliori scrittori dell'età augustea, a detrimento della lingua d'uso, che viene a poco a poco soffocata, fino a bloccarne il naturale sviluppo e a condurla alla pressoché totale estinzione, a tutto vantaggio delle parlate volgari. Con la scoperta dei pregi insiti nel latino cosiddetto classico, ai primi umanisti apparvero subito alcune gravi insufficienze. Per ovviare alle quali nel corso della sua lunga storia il latino fu costretto ancora una volta ad adattarsi a trasformazioni mediante apporti più disparati.

Diversi autori, a cominciare da Lucrezio,[165] hanno lamentato la povertà del vocabolario latino, la più vistosa e grave delle sue carenze. Per colmare questa insufficienza, gli scrittori erano spesso costretti a ricorrere a lunghe e impaccianti perifrasi, che non contribuivano a rendere comprensibile quanto essi andavano esponendo. Questo inconveniente si verificava e persisteva, perché il conservatorismo impediva di adottare parole nuove, che avrebbero certamente intaccato la purezza della lingua, ma favorito una maggiore espressività. Con questa tenace opposizione e ostinata intransigenza il latino adoperato dai letterati era già una lingua non più produttiva, vivace e adoperata dai parlanti: era, infatti, usata solo nelle scuole e nelle opere letterarie, e il grosso pubblico la sentiva molto lontana già verso la fine della Repubblica. Bisogna considerare che gli stessi puristi e letterati, insieme con il resto della cittadinanza colta, si esprimevano nel latino di tutti i giorni,[166] in una lingua più viva e immediata.[167] Questa lingua parlata dal popolo, più semplice, ricca e spedita, era già al tempo

165. Si riportano, per non appesantire le note, solo quanto lamenta Lucrezio, per le innumerevoli difficoltà incontrate durante la stesura del poema. A tal riguardo si legga il seguente luogo, molto significativo: I,830-833: «Nunc et Anaxagorae scrutemur homoeomerian / quam Grai memorant nec nostra dicere lingua / concedit nobis patrii sermonis egestas, / sed tamen ipsam rem facilest exponere uerbis» [ora indaghiamo la dottrina di Anassagora, che i Greci definiscono omeomeria e che la povertà della nostra lingua non ci permette di esprimere con un solo termine, ma è tuttavia facile per noi esporla con un giro di parole]. Trascuro gli altri e riferisco ancora un brano dello stesso autore, il quale in III,258-261, così dice: «Nunc ea quo pacto inter sese mixta quibusque / compta modis uigeant rationem reddere auentem / abstrahit inuitum patrii sermonis egestas; / sed tamen, ut potero summatim attingere, tangam» [ora vorrei spiegare come questi quattro elementi siano mischiati tra di loro e, una volta congiunti, come essi agiscano; ma la penuria del patrio linguaggio frena il mio desiderio; pur tuttavia toccherò a volo l'argomento, sfiorandolo appena, come potrò].

166. Utile per il lettore più esperto un semplice confronto tra il latino, che Cicerone adopera nelle opere retoriche e nelle orazioni con quello di alcune sue lettere, soprattutto le più intime, le cosiddette *Familiares*.

167. Un documento eccezionale è il *Satyricon* di Petronio, tanto diverso dal suo contemporaneo Seneca.

di Lucrezio e Cicerone, molto lontana dal latino letterario. Quintiliano, poi, verso la fine del I sec. d.C., informa che tra il latino letterario e il latino parlato si era creato un enorme iato. Durante gli spettacoli tragici, quando l'azione commuoveva l'animo degli spettatori, le esclamazioni della massa assiepata nella cavea del teatro risuonavano in un latino, che non aveva nulla in comune con il latino, che il poeta aveva messo in bocca ai vari personaggi sulla scena. Lo stesso fenomeno si verificava durante gli spettacoli del circo, secondo l'attestazione dello stesso Quintiliano, il quale dice esplicitamente: «tota theatra et omnem circi turbam exclamasse barbare scimus».[168]

Lo stesso autore, dopo aver volto uno sguardo attento alla caratterizzazione, che aveva interessato i mutamenti nella composizione del lessico e differenziava la lingua classica da quella dei più antichi monumenti, rileva: «totus prope mutatus est sermo».[169] Il celebre retore dell'età dei Flavi probabilmente volgeva lo guardo a un solo settore della lingua letteraria: nel campo della letteratura scientifica, infatti, secondo la concorde opinione degli studiosi, dagli autori arcaici fino a Cicerone pare che nella lingua non ci sia stato nessun cambiamento sostanziale.[170]

Anche Seneca, il miglior prosatore di tutta la latinità insieme con Cicerone e Livio, lamenta tanto l'insufficienza quanto l'inadeguatezza del latino ad esprimere alcuni concetti, soprattutto astratti.[171] Queste erano state già brillantemente superate dalla pieghevolezza e flessibilità dell'Ellenismo. Questa carenza e inadeguatezza fu eliminata dal Cristianesimo, innestando in esse lessico e stilismo ellenistico e semita, che conferì alla lingua rinnovata la stessa capacità e prontezza della lingua greca nel momento in cui l'intelletto si abbandonava ai ragionamenti più sottili.[172]

Il purismo e l'attaccamento di molti intellettuali ad un tipo di lingua letteraria asfittica e cristallizzata, nel IV sec. d.C., era ancora vivo: non pochi, infatti, rimproveravano sant'Agostino, perché usava con una certa facilità e frequenza il neologismo *salvator*. Ma, nonostante la tenace opposizione dei puristi, una serie

168. Qvint. I,6 [sia nella cavea del teatro sia sugli spalti del circo sentiamo il popolino gridare in una lingua che non ci appartiene].

169. Id., 8,3,26 [la lingua è profondamente mutata].

170. F. Gaffiot, *Pour le vrai Latin*, Paris 1909. Cfr. J.M. Tronskij, *La formazione della lingua letteraria latina*, in F. Stolz, A. Debrunner, W.P. Schmid, *Storia della lingua latina*, Bologna 1973, pp. 145-194. F. Cupaiuolo, *Adiumenta Latinitatis. Nozioni di stile latino. Dizionarietto fraseologico*, Firenze 1967, alle pp. 16-17 non esita a scrivere: «I sostantivi in *-tio*, per esempio, che nel periodo classico, a metà del I sec. av. Cr. erano poco più di 850, s'accrebbero talmente di numero da giungere a circa 1500 nell'età di Adriano».

171. Sen., *ep.*, 58,1 «Quanta uerborum nobis paupertas, immo egestas sit, numquam cum hodierno die intellexi» [Mai come oggi mi sono reso conto della povertà, anzi della penuria di vocaboli nella nostra lingua].

172. Ch. Mohrmann, *Études sur le Latin des chrétiens*, Roma 1958, p. 144; J. Marouzeau, *Quelques aspects de la formation du Latin littéraire,* Paris 1949, p. 107. Per il riscatto del latino adoperato dai cristiani, molto importante è il ruolo assunto dalla scuola di Nimega e in modo del tutto considerevole per gli studi di Ch. Mohrmann. Interessante e illuminante è ancora S. Schrijnen, *I caratteri del latino cristiano antico*, Bologna 1977; V. Loi, *Origini e caratteristiche della latinità cristiana*, in *Bollettino dei classici*, Suppl. 1, Roma 1978.

innumerevole di vivi barbarismi, solecismi e necessari volgarismi si era a poco a poco insinuata nella lingua latina e vi aveva trovato un posto decoroso. L'ingresso di questi nuovi e vitali elementi nella lingua letteraria riuscì a rimediare alla povertà del vocabolario. Con il passar del tempo, insensibilmente, si formò una nuova lingua letteraria latina, in grado di esprimere compiutamente i diversi aspetti della letteratura dal punto di vista sia artistico sia filosofico-teologico sia scientifico.[173] Questa nuova lingua fu più adatta per esprimere i complessi procedimenti del pensiero tanto astratto quanto teologico; e non le fu più estraneo recepire e trasmettere le più tenui sfumature delle emozioni spirituali. Sotto questo aspetto, che risulta evidente al primo impatto, nella storia della lingua latina si può mantenere l'antica periodizzazione, che separa con una linea netta il latino "classico", detto anche nelle definizioni scolastiche "latino aureo", il "latino argenteo" dell'età imperiale, fino alla caduta di Roma e alla fine dell'Impero Romano, e il "latino medioevale", presentato quasi sempre come una lingua barbara e decadente. In questo nuovo periodo la lingua, profondamente arricchita e rinnovata per l'apporto di diverse etnie, andò rapidamente incontro a mutamenti fonetici, semantici, lessicali e strutturali, con grande velocità, con ritmo inarrestabile.[174]

Altra, e più vistosa, carenza del latino cosiddetto "classico" era data dal limite di non poter esprimere compiutamente il gran numero dei concetti astratti, propri di alcuni popoli sottomessi. Questi, provenienti dalle diverse regioni assoggettate all'Impero, premevano per poter esprimere col lessico ufficiale dell'Urbe le loro idee, il frutto più geniale della loro gente, le conquiste più ardite dello spirito. Innumerevoli civiltà, a cominciare dalla greca per finire con la giudaica e cristiana, componevano l'immenso e complesso organismo dell'Impero e cercavano di esprimere in latino sia gli antichi che i nuovi fermenti, che si agitavano in seno alla loro gente.

Anche Cicerone, quando si propose di divulgare il pensiero greco mediante le opere filosofiche, incontrò non pochi ostacoli.[175] Eppure i Romani erano a contatto con la civiltà greca da lungo tempo e tanto la civiltà latina quanto gli autori di Roma, dal più antico al più recente, si erano formati, e continuavano a formarsi, alla scuola dei Greci. Questo proficuo contatto diede vita alla lingua e alla civiltà latina, che rimase molto a lungo nelle coscienze degli Italiani e dei popoli europei, dove si imposero e prosperarono grandi centri di cultura.

Difficoltà ancora maggiori incontrarono prima i giudei e, successivamente, i cristiani, i quali dovettero necessariamente confrontarsi con una lingua, che non

173. *Sul latino degli umanisti*, a cura e con prefazione di F. Tateo, Bari 2006; S. Rizzo, *Il lessico filologico degli umanisti*, Roma 1973.

174. V. Väänänen, *Introduzione al latino volgare*, Bologna 1982; E. Löfstedt, *Il latino tardo*, Brescia 1980. Interessante in questo volume l'appendice bibliografica. Utile è anche D. Norberg, *Manuale di latino medievale*, Firenze 1974.

175. Cic., *Fin.*, III,1: «Stoicorum autem non ignoras quam sit subtile, vel spinosum potius, disserendi genus, idque cum Graecis, tum magis nobis, quibus etiam uerba parienda sunt imponendaque noua rebus nouis nomina» [Sai certamente bene quanto sia sottile o, meglio, spinoso, il genere di esposizione praticato dagli Stoici, non solo per i Greci, ma ancor più per noi, che dobbiamo anche creare i termini e conferire nuovi nomi a concetti nuovi].

permetteva loro di esprimere in modo adeguato e compiuto un mondo astratto e trascendente. A questo punto è bene riportare quanto dice Fritz Schulz:

> È un principio romano l'unitarietà come opposto della molteplicità e dell'amore per la varietà; la semplicità come opposto della complicatezza; la riduzione a pochi motivi che parlano chiaro.[176]

Queste osservazioni del giurista potrebbero essere riferite anche alla lingua, se si accettano le considerazioni del Meillet.[177] Secondo lo studioso l'evoluzione delle lingue indoeuropee, e fra queste il latino in modo particolare, procedono nel senso di una progressiva semplificazione, che non avviene in tutte nello stesso grado e negli stessi modi. Un utile termine di confronto è costituito dal greco, che le vicende storiche hanno accomunato al latino nella trasmissione della cultura al mondo occidentale.

Per quanto riguarda la lingua latina, si richiama l'attenzione soprattutto sul lessico, perché è il settore più aperto e meno controllabile, almeno nella sua immediatezza e struttura.[178] Sotto questo punto di vista la lingua di Roma, secondo i linguisti, si rivela meno adatta a mettere in luce le varie fasi della civiltà e i proficui contatti con quelle contigue o contemporanee, in modo particolare con l'etrusco e con il greco. Anche il lessico, per quanto rigido e chiuso possa essersi mantenuto, si è assoggettato ad alcune regole di formazione, derivazione e composizione, che, in certo qual modo, ne hanno limitato e condizionato l'evoluzione. Ma la presenza di uno stesso valore semantico in più categorie lessicali e sintattiche è alla base di un sistema di equilibri e di compensi, che può essere avvertito solo se si considera la lingua nella sua totalità.

Per queste intrinseche qualità o, meglio, carenze della lingua latina, fortuna diversa ebbero gli astratti[179] e i composti sia nominali che verbali. È accertato che la lingua latina si rivela piuttosto restia tanto all'astrazione quanto alla composizione nominale. Questi limiti saranno superati, in modo brillante e con risultati insperati, in seguito all'avvento del Cristianesimo e alla sua diffusione.

176. F. Schultz, *Principi del diritto romano*, a cura di V. Arancio-Ruiz, Firenze 1946, p. 60.

177. A. Meillet, *Linguistique historique et linguistique générale*, Paris 1948, pp. 199 ss.; utile è anche dello stesso autore il *Dictionnaire étimologique de la langue latine. Histoire de mots*, Paris 1980.

178. A. Meillet, *Esquisse d'une histoire de la langue latine*, Paris 1928, p. 154.

179. Schultz, *Principi di diritto romano* cit., p. 35, dalla «singolare riluttanza dei Romani all'astrazione» si ricava che il latino, che ha dato alla cultura europea il termine del *reale*, ha lasciato al greco quello dell'ideale, è privo dello strumento dell'astrazione, dell'articolo, che invece ha sviluppato un chiaro e completo sistema di dimostrativi, dei pronomi concreti, che traducono il gesto nella parola, per una via e con un ricchezza ignote al greco». Cfr. K. Vossler, *Civiltà e lingua di Francia*, Bari 1948, p. 116: «I latini non possedevano l'articolo e non ne avevano neppure bisogno. Le cose di cui parlavano, si presentavano al loro occhio interno vive e immediate: udivano il nome e insieme percepivano e pensavano l'oggetto corrispondente. Popolo attivo, erano radicati col sentimento e col pensiero nel reale, più profondamente dei Greci, pei quali l'articolo era un mezzo linguistico per fissare la distanza e la prospettiva spiriuale». Cfr. ancora R. Poncelet, *Statisme et évolution dans l'histoire du latin écrit*, in «Rev. Ét. Lat.», XLII (1965), pp. 400-428.

Gli astratti, nel latino classico, si dividono in due categorie: gli astratti di qualità derivano dagli aggettivi e sono di uso comune;[180] quelli di azione o verbali vengono, preferibilmente, sostituiti da un sintagma costituto da nomi verbali, da participi e gerundivi *post urbem conditam*: dopo la fondazione di Roma; *credo deos non esse*: non credo nell'esistenza degli dei; *ante Christum natum*: prima della nascita di Cristo. Gli esempi si potrebbero moltiplicare.

Ma la necessità di poter utilizzare termini più sintetici e sintatticamente più maneggevoli condusse alla proliferazione del suffisso *-tion-* soprattutto da parte di lingue tecniche come la lingua giuridica, agricola e militare.[181] Ereditato dalle lingue romanze, questo tipo di derivazione ha trovato un eccezionale sviluppo soprattutto in Italia, in Francia e in Inghilterra, unicamente a opera degli umanisti.

La composizione nominale, invece, ha opposto in ogni tempo più tenace resistenza. Avvertita già dagli antichi, non fu mai superata,[182] come attesta sia Quintiliano che Livio.[183] Nell'antichità anche in latino ci furono diversi sostantivi composti soprattutto nelle lingue tecniche, come *agricola*, *uitisator*, *aquilifer*, *astrifer*, *tubicen*, *astriger* e via di seguito. Mentre continuavano a formarsi nella lingua agricola, militare e giuridica, nella lingua poetica entrano solo più tardi, con il poeta Nevio, nei frammenti del quale si trova *arquitenus* e *bicorpores*.[184] Con la commedia plautina, per suscitare riso e ilarità, i composti abbondano: solo nelle commedie superstiti se ne incontrano tanti e moltissimi sono *hapax*.[185] Tutti

180. Bisogna sottolineare che la *communis opinio*, la quale si ostina a negare in maniera del tutto arbitraria e indiscriminata gli astratti, è del tutto infondata. Nel ritenere che *bonitas* costituisca un'eccezione sono d'accordo sia opere di stilistica normativa, come F. Cupaiuolo, *Breve teoria dello stile latino*, Firenze 1959, p. 20; sia storie della lingua, come V. Pisani, *Storia della lingua latina*, Torino 1962, I, p. 311. Al contrario *bonitas* è adoperato in tutti i periodi e gli strati del latino, a cominciare da Plauto per finire a Tacito, senza trascurare Terenzio, Cicerone, Cesare, e Petronio.

181. Se volessimo rendere in latino l'italiano "il soldato mostrava segni di perforazione", dovremmo esprimerci più o meno in questo modo: *corpus foraminibus signatum miles ostendebat*, con una perifrasi participiale. Eppure *perforatio* usato nel V sec. d.C. è attestato nelle opere del medico Celio Aureliano in *Chron.*, 2,1,59. Un utile ragguaglio si trova in C. De Meo, *Le lingue tecniche del latino*, Bologna 1983.

182. Un cenno particolare meritano i composti plautini, per i quali cfr. A. Traina, *Forma e suono*, Roma 1977, pp. 99-170.

183. Qvint., 1,5,70 «nobis minus accedit» [a noi tocca di meno]; Id., 8,3,27 «quaedam tamen adhuc uetera uetustate ipsa gratius nitent, quaedam et necessario interim sumuntur, ut "nuncupare" et "fari": multa alia etiam audentius inseri possunt, sed ita demum si non apparet adfectatio» [Alcuni termini tuttavia risultano più accetti per la loro lunga permanenza; altri nel frattempo vengono assunti per necessità, come "nuncupare" e "fari": molti altri ancora possono essere immessi con una certa audacia, purché ciò non appaia affettato]; Liv., 27,11,5 «Sinuessae natum ambiguo inter marem ac feminam sexu infantem, quos androgynos uolgus, ut pleraque, faciliore ad duplicanda uerba Graeco sermone appellat»: [A Sinuessa è nato un bmbino di sesso ambiguo tra il maschio e la femmina. Il popolino, per lo più, con un vocabolo greco, più semplice per accrescere i vocaboli, li chiama esseri androgini]. Cfr. O.A. Bologna, *Viripotens*, in «Giornale Italiano di Filologia», IX/1 (1988), pp. 67-76.

184. R. Oniga, *I composti nominali latini. Una morfologia generativa*, Bologna 1988, pp. 39-64.

185. Traina, *Forma e suono* cit., p. 130

i composti latini, per lo più, si risolvono con un sintagma nominale o verbale, come *armiger*, *qui arma gerit*; *frugifer*, *qui fruges gerit*.

13. *Come gli umanisti hanno accolto gli apporti linguistici del Cristianesimo e del Medioevo*

Il Cristianesimo, dopo essersi attestato in maniera sempre più massiccia nelle regioni orientali dell'Impero Romano, a poco a poco giunse a Roma e si diffuse nelle province occidentali, portando con sé nuovi valori morali e civili: questi tesori, trasmessi dal Cristianesimo, contenevano in sé le impronte proprie di due civiltà orientali, la semitica e l'ellenistica. Quando il messaggio di Cristo giunse a Roma, si avvertì subito la necessità di uno strumento linguistico in grado di esprimere in maniera compiuta le verità che proclamava. Per esprimersi non era sufficiente il latino parlato, il *sermo uulgaris*, il quale, senza tener conto delle remore e delle barriere puristiche, si era continuamente arricchito con sempre nuovi apporti produttivi, frutto cospicuo tanto dell'anomalia quanto dell'analogia. Ancor meno adatto, di conseguenza, era il latino letterario, legato come era alla povertà lessicale e con quelle qualità e caratteristiche, che gli avevano impresso gli scrittori e i poeti durante l'ultimo periodo della repubblica. Queste, se erano appena in grado di esprimere i valori di Roma contemporanea, già da tempo avevano dato segni di inadeguatezza per interpretare i nuovi concetti del primo periodo imperiale. Se gli autori pagani trovarono grandi difficoltà a esprimere le nuove concezioni politiche e religiose nella loro lingua, a ben più grandi impedimenti andarono incontro i giudei e i primi cristiani, ai quali necessitava una lingua latina più ricca dal punto di vista lessicale, più agile e fruibile da tutti, anche, e soprattutto, dalle masse cittadine e rurali. Essi avevano estremo bisogno d'una lingua immediata, capace di cogliere tutte le sfumature d'un pensiero diverso da quello puramente filosofico, richiesto da Lucrezio e Cicerone: dovevano avere a disposizione un idioma in grado di esprimere concetti astratti, aderendo il più possibile alle movenze bibliche, e la Bibbia era, ai primi albori del Cristianesimo, fonte comune tanto ai giudei quanto ai cristiani. Sia la lingua semitica sia quella adottata dalla nuova religione, come si evince dai documenti più antichi, erano più attente a esprimere il pensiero che badare all'artificio dello stile.

Illuminante, a tal proposito, si rivela una felice espressione di sant'Agostino, il quale non senza una punta di biasimo e di ironia, non esita a dire: «Melius est reprehendant grammatici quam non intellegant populi».[186]

186. AVGVST., *Psalm.*, 138,20 [All'incomprensione della gente è preferibile il biasimo dei saccenti]. Ho reso così *grammatici*, per rendere il testo più accessibile, tenuto conto che spesso questa categoria, legata all'eccessivo purismo e alla tradizione, non lesinava biasimi a quanti se ne discostavano. Basta richiamare alla memoria il concetto, che Orazio ha del *grammaticus* Orbilio. Cfr. HOR., *Ep.*, II,1,71.

In ultima analisi, i cristiani, come acutamente osservava uno studioso di qualche tempo addietro, avevano bisogno d'una lingua

> abbastanza ricca, per tutti i bisogni della liturgia, della scolastica, del diritto canonico e scritturale, abbastanza familiare, per servire agli affari, all'insegnamento, all'educazione dei barbari, abbastanza feconda per produrre tutta la moderna famiglia delle lingue neolatine.[187]

Ogni società, in seguito alle necessarie e inevitabili trasformazioni operate dal progresso, nel contempo trasforma anche la propria lingua: non può comunicare con le generazioni contemporanee e successive con la lingua di quelle precedenti, perché considerata estranea e non più adeguata alle nuove risorse dello spirito e della tecnologia. La lingua cammina con pari passo con il progresso tecnico, scientifico, culturale, filosofico, teologico e morale dell'uomo.[188]

Con l'avvento del Cristianesimo a Roma la società va incontro a una radicale trasformazione, soprattutto nel periodo imperiale. Il fatto che questa conservi ancora la lingua del periodo repubblicano, come si è già detto, non costituisce un'eccezione, perché essa, sebbene non si esprima più nella lingua repubblicana, continua tuttavia a opera dei conservatori e dei puristi a tenerla in vita nella scuola e nelle opere letterarie. Queste, al di fuori degli scritti di quanti non si erano attenuti alle ferree leggi dei retori, risultano per lo più scadenti e prive di quello spirito, che informava il pensiero degli scrittori vissuti nell'ultimo, e più drammatico, periodo della Repubblica. Il conservatorismo linguistico e stilistico, però, si mantenne fino a un certo punto, perché anche nelle scuole e nelle opere letterarie si impose la lingua corrente, opportunamente epurata di tutti quegli elementi, che le conferivano poca dignità e decoro. Nelle mani delle persone colte diventa uno strumento capace di esprimere tutte le più riposte sfumature dello spirito e, in modo particolare, della speculazione cristiana.

Dal secondo secolo, in ambito romano, non si attesta altra letteratura davvero valida se non quella nata in ambiente cristiano, perché solo gli autori cristiani operano una profonda e vitale trasformazione linguistica, artistica e spirituale. Gli autori pagani, al di fuori di qualche ingegno davvero eccezionale, come Apuleio per la prosa e Rutilio Namaziano per la poesia, non riescono a produrre opere di grande respiro. Questi, pur continuando a professare l'avito credo dei padri, avevano capito la trasformazione e, in certo senso, l'avevano assorbita, anche se, in parte, osteggiata. Quanti, invece, non furono in grado o non vollero tenere il passo con la storia, scomparvero e lasciarono i cristiani gli unici padroni della cultura latina.

Fin dai primi approcci con la lingua di Roma, i cristiani avvertono la necessità di conferire, per traslato, significati nuovi a vecchi vocaboli, e applicarono, non senza genialità, il contrario di quanto dice la parabola evangelica: «nemo

187. F. Ozanam, *La civiltà cristiana*, Torino 1948, pp. 365 ss.
188. G. Toffanin, *La religione degli umanisti*, Bologna 1950.

mittit uinum nouum in utres ueteres alioquin rumpet uinum nouum utres et ipsum effundetur et utres peribunt».[189]

Sotto la spinta dell'Ellenismo i primi autori cristiani non esitano a trasferire nelle parole trovate, e tutte collaudate da lunga storia, nuovi e più pregnanti concetti, che i parlanti di pochi anni addietro non avrebbero nemmeno immaginato. A tale operazione sono spinti dall'avanzamento di nuove idee anche autori precedenti e contemporanei a Cicerone, che non le avevano né condivise né accettate. Anche prima che il Cristianesimo si presentasse a Roma, gli autori latini avvertirono continuamente tale esigenza, ogni qualvolta che venivano a contatto con i più recenti sviluppi del pensiero sia filosofico che scientifico. In questo contesto, profondamente innovativo, i nuovi concetti cristiani di *fides* e di *humilitas* ebbero una carica semantica addirittura contraria a quella espressa dal parlante di pochi anni addietro, nonostante l'omografia. Calcando questa via gli autori cristiani conferirono a numerosissime parole latine un considerevole arricchimento semantico.

Ciò che fin dal primo periodo imperiale contribuì all'arricchimento linguistico furono le non poche neoformazioni lessicali, derivate per la gran parte dal latino letterario, dal linguaggio parlato e, in modo particolare, dal greco del periodo ellenistico, che dal IV sec. a.C. in poi era stato utilizzato per esprimere i concetti giudaici, diventati successivamente cristiani, in modo più abbondante del latino. Fu così messo in circolazione un gran numero di nomi, molti dei quali astratti, come *compassio*, *baptismus*,[190] *holocaustum*, *sensualitas*, *paradisus*, *abyssus*, *superfluus*,[191] *disciplinatus*, *sacramentum*, *mysterium*. Insieme con queste tante altre parole assunsero, con l'affermarsi del Cristianesimo, un significato diverso, che, per lo più, troviamo anche in autori pagani coevi, come *aequanimitas*,[192] *uaticinium*, *affectatus*, *artificialis*, *possibilis*, *uariabilis*. Anche questi vocaboli, recepiti dal Cristianesimo, arricchirono ulteriormente il lessico adoperato pochi decenni dopo dagli scrittori cristiani. Un'osservazione particolare merita il lessema *redemptor*, che, nel linguaggio corrente del I sec. d.C., significava sia 'appaltatore' di lavori pubblici o di forniture, come si legge nella scritta sulla tomba di Eurisace,[193] sia 'colui che riscatta', soprattutto dalla schiavitù com'è attestato

189. *Lc* 5,37 [nessuno versa vino nuovo in otri vecchi, perché il vino nuovo romperà gli otri vecchi e si verserà, e gli otri si perderanno].

190. A questo sostantivo si collega il verbo *baptizo*. Cfr. *Mt* 28,19 «euntes ergo docete omnes gentes baptizantes eos in nomine Patris et Filii et Spiritus Sancti», che è la traslitterazione del greco βαπτίζω, come si evince dal parallelo testo πορευθέντες μαθητεύσατε πάντα τὰ ἔθνη, βαπτίζοντες αὐτοὺς εἰς τὸ ὄνομα τοῦ Πατρὸς καὶ τοῦ Υἱοῦ καὶ τοῦ Ἁγίου Πνεύματος [Andate, quindi, e battezzateli nel nome del Padre, del Figlio e dello Spirito Santo].

191. Questo part. nel latino classico significa 'straripare', 'sovrabbondare', 'tracimare' ed è detto di fiumi, come in Sen, *ben.*, 6.7.3 «si [Nilus] immodicus superfluxit» [se (il Nilo) tracima in modo eccessivo].

192. In Sen, *ep.*, 66.13 insieme con *aequanimitas* si trovano altre parole, assunte dagli autori cristiani con lo stesso significato, come *tranquillitas*, *simplicitas*, *liberalitas*, *constantia* e *tolerantia*. Lo stesso lessema *aequanimitas* si trova anche in Ter., *Ph.*, 34 e *Ad.*, 24.

193. A. Marcone, *La storia degli studi*, in *Storia del lavoro in Italia. L'Età romana*, a cura di Id., Roma 2016, p. 33.

in Seneca: «non uiuam cum redemptore?».[194] Assunto dal Cristianesimo e semanticamente arricchito, il termine è stato attribuito a Cristo, venuto sulla terra per redimere gli uomini dal peccato.

Come lingua viva, al pari delle altre precedenti coeve e successive, il latino cristiano andò incontro a continua trasformazione e a inarrestabile arricchimento del suo lessico. Questo fenomeno, in misura minore già in atto nei tempi passati, inizia nel II sec., si protrae per tutto il basso impero e trova il suo culmine nel periodo medioevale, più fecondo per l'apertura incondizionata a tutte le nuove esperienze. Al tempo delle invasioni barbariche, a contatto con i nuovi venuti e davanti nuove situazioni, spesso drammatiche, i parlanti crearono altri vocaboli come *ducissa*, *marchio*, *curtis* o *cortis*, *comitissa*, *iurista*, *vassallus* e via di seguito.

Una nuova e più consistente serie di neologismi, tutti fecondi e destinati a una vita lunga e pregna di eventi favorevoli, nacque e si sviluppò nei numerosi centri di cultura sorti all'interno degli ordini monastici, nelle università, nelle scuole filosofiche. Tra le neoformazioni più vistose si segnalano: *existentia*, *pluralitas*, *ecceitas*, *continuitas*, *supernaturalis*, *identitas*, *qualitatiuus*, *realitas*, *actualitas*, *materialitas*.

In questo lasso di tempo il Cristianesimo come continuazione del latino letterario pagano creò un idoneo strumento linguistico, elegante e ricco di sfumature, degno di assurgere a opera di geniali scrittori a livelli per nulla dissimili da quelli raggiunti dalle persone di grande cultura e sensibilità, vissute alla fine della Repubblica e gli inizi dell'Impero. Questa straordinaria ventata di profondo rinnovamento diede nuovi impulsi alla lingua e le permise di vivere *alia* ed *eadem* per lunghissimi secoli, fino a quando non fu a poco a poco spazzata via dall'avvento dell'Umanesimo e del Rinascimento.

Gli umanisti, però, pur presi da sacro furore iconoclastico nei riguardi del latino trasmesso loro dalla radicata e salda tradizione medioevale, seppero accogliere e fondere, con sorprendente genialità, lessemi e sintagmi del più puro Cicerone e Virgilio con quanto, in modo del tutto inatteso, avevano creato generazioni di uomini colti, impegnati tanto nell'annuncio del *Verbum* quanto nell'amministrazione della *res publica*. Nella continua ricerca del rinnovamento cercarono e conseguirono sempre, in ogni caso, un impasto linguistico ricco e variegato, nel quale confluivano sia le nuove esperienze in campo tecnico e scientifico sia la tradizione alimentata dal continuo insegnamento e dalle vicissitudini della vita quotidiana, con tutte le sue antinomie. Gli umanisti, infatti, nel perseguire il rinnovamento linguistico e culturale, furono attenti osservatori di tutte le attività dello spirito, che, in quel periodo, sotto le spinte innovatrici promosse e favorite dalla lettura diretta dei classici, concretizzava opere di grande livello sia sotto l'aspetto tecnico che contenutistico. Seppero, in un certo senso, seguire ed emulare i cristiani, i quali, con impegno e tenacia, erano riusciti a togliere la lingua classica dal suo isolamento, ad annullare l'opposizione dei puristi e dare alla co-

194. Sen., *Ben.* 2,21,1: [Non vivrò con chi mi ha riscattato?]. Marcone, *La storia degli studi*, p. 33.

munità una nuova lingua e una nuova letteratura, felice continuazione di quella, che l'aveva preceduta.

La fila di quanti aderivano al Cristianesimo non erano costituite solo da popolani «simplices, imprudentes et idiotae»,[195] i quali, anche se costituivano il numero maggiore, non tutti erano completamente analfabeti. Utilizzato per diffondere la buona novella, il latino non poteva continuare a rimanere la lingua aristocratica, come era, e a ragione, considerata nei tempi passati.

A questo punto non si può tacere il nerboruto e icastico impasto linguistico adoperato nella traduzione della Bibbia. Per cui è obbligo riferire l'*Afra*, l'*Itala* e la *Vulgata*, che tanto hanno influito sui migliori intelletti dei secoli successivi e sulle neoformazioni linguistiche. Questi tre capolavori, soprattutto la *Vulgata*, sono stati letti, ammirati, imitati; e considerati, a giusto titolo, patrimonio dell'umanità.

Alla formazione del latino cristiano contribuì tutto il popolo, per cui si spogliò ben presto dell'aristocrazia sintattica e stilistica, che richiedeva impegno e sforzo di pensiero e d'arte. Per poter essere alla portata di tutti ridusse la complessa architettura ipotattica del periodo e adottò la più semplice e facile paratassi, già felicemente sperimentata da Seneca. Per un più facile e immediato modo di esprimersi, scomparve la tanto ammirata *concinnitas*, che, rimase, tuttavia, nelle composizioni eucologiche della liturgia. Con questo processo inarrestabile, operato dal Cristianesimo, il latino dell'età repubblicana, aristocratico e orgoglioso, indulse all'espressione popolare, e divenne umile, ma indispensabile, strumento a servizio del nuovo messaggio.

Anche in seguito a un'estesa democratizzazione operata dal Cristianesimo il latino

> ritrasse la chiarezza, la pieghevolezza, l'inaccessibilità, che gli mancavano, e il suo sopravvivere così a lungo come lingua viva. A quest'ultimo traguardo si badi che la fine del latino come lingua viva internazionale è segnata dal rinascimento umanistico.[196]

Ma gli umanisti, rinnegando il lento e continuo progresso della lingua latina, la sua feconda e fresca vitalità, con la scoperta degli autori augustei, conservati per lo più nelle biblioteche dei Benedettini, hanno a poco a poco interrotto la sua vitalità, fino a inaridirla e presentarla come retaggio, del quale vergognarsi per la rozzezza sia di chi parlava sia di chi scriveva. Con il passar del tempo, infatti, il latino letterario con l'arricchimento del lessico, con l'abbandono della maestosa e rigida sintassi ipotattica e l'uso sempre più costante della paratassi innestata sulla tradizionale *varietas*, si rese capace e pronto a esprimere ogni tipo di speculazione del pensiero. Monumenti eccezionali della lingua latina medioevale sono le opere di Bernardo di Chiaravalle, di Tommaso

195. Tert., *adv. Prax.*, 3 [semplici, incolti e inesperti].
196. G. Caliò, *Il latino cristiano*, Bologna 1965, p. 42.

D'Aquino, di Anselmo d'Aosta, di Tommaso da Celano, di Bonaventura di Bagnoregio, e di molti altri.[197]

I poeti e gli scrittori dell'Umanesimo e, in modo particolare, del Rinascimento, adoperando «il latino aristocratico e raffinato qual era al tempo di Cicerone e di Virgilio, innalzarono nuovamente le barriere intorno ad esso»,[198] sì che oggi, per le innumerevoli difficoltà e, soprattutto, per gli inveterati pregiudizi sulla sua intangibilità, la lingua, dal momento che si è rifugiata in poche scuole e in alcune università, è diventata un antico e glorioso monumento, degna solo d'essere collocata e ammirata in un museo. Per gli scrittori del Rinascimento, invece, l'uso della lingua latina e l'arte della parola, avulse dalle masse dei popolani, divennero insensibilmente fine a se stesse e patrimonio di poche menti elette. E così, purtroppo, è rimasto fino a oggi.

La lingua latina, come ai suoi albori, in questo ampio e glorioso periodo, andò incontro a continue trasformazioni sotto l'aspetto fonetico, morfologico, grafico, lessicale, semantico, sintattico e stilistico, per obbedire alle nuove esigenze dei cristiani e delle nuove speculazioni. I seguaci della nuova Religione, per assicurare vita e diffusione al loro credo, rinnegarono lo sterile schema classico e diedero vita a un latino forse meno raffinato, «non otiosis phiosophorum scholis paucis discipulis sed uniuerso loquatur hominum generi»[199] perché per i cristiani era inconcepibile l'arte della parola come fine a se stessa[200] e la creazione di un'opera letteraria vuota era fuori della loro portata. Questo rinnovamento fu un'esigenza pratica e l'averlo accolto e favorito fu insieme cristiano, e romano.

In seguito al graduale arricchimento lessicale e all'abbandono della monumentalità e rigidità sintattica, insieme con l'accoglimento del paratattismo, tipico della lingua semita, innestato sulla *varietas* propria della lingua latina, il latino letterario esprime con maggiore capacità e prontezza ogni tipo di speculazione del pensiero. Gli scrittori cristiani, nutriti di pensiero e stilismo biblico, si concentrarono più sul messaggio che sulla forma stilistica e letteraria, introdussero nel latino espressioni, immagini e movenze bibliche. In seguito a questa ventata di novità, il latino assunse una *facies* nuova, che sa di leziosaggine ed esotismo presso gli scrittori meno vigorosi, mentre in quelli più perspicaci e dotati, come Tertulliano, non solo viene inserito nel tradizionale alveo dell'omogeneità, ma entra nelle forme classiche come una fresca polla d'acqua, che ravviva il pensiero e lo adatta alle esigenze del mondo contemporaneo.

197. Per una più completa informazione su parte di questi autori e di altri non riferiti, si può utilmente consultare il *Dizionario di omiletica*, a cura di M. Sodi, A.M. Triacca, Torino 1998.

198. Caliò, *Il latino cristiano* cit..

199. Hier., *ep.*, 49,4 [perché non si rivolgesse a pochi discepoli nelle sonnecchianti scuole dei filosofi, ma a tutta l'umanità].

200. Per un'idea su tale argomento, si possono utilmente leggere gli interventi di diversi specialisti, i diversi aspetti della predicazione, raccolti sotto il titolo *Predicazione*, in *Dizionario di Omiletica*.

Nella rigida lingua di Roma viene a poco a poco introdotto l'uso del simbolismo e delle immagini. Questa è una caratteristica della genialità orientale, incline alla contemplazione e, di conseguenza, bisognoso di dar vita a simboli e immagini, tipici del pensiero semitico, il quale, con questi particolari stilemi, penetrava nelle coscienze e le muoveva con il suo influsso. Tale tendenza, però, non era a Roma completamente estranea alla corrente classica, perché mediante l'ellenizzazione non poco di questo gusto e di questa pratica orientale di diversa provenienza era penetrato nella letteratura classica. Basta ricordare, ad esempio, lo stoicismo ascetico, il quale, nella sua contemplazione allegorica, mostra uno stretto connubio tra la formula semitica e quella tradizionale greca[201] nell'inno a Zeus di Cleante. In questo componimento l'autore riesce a fondere anche l'allegorismo, difeso dalla scuola di Pergamo nell'interpretazione di Omero.

Gli autori cristiani, con l'intento di catturare le masse dei lettori, per lo più umili e semplici,[202] non esitano a esprimere simbolicamente la verità mediante immagini e allegorie.

Con l'Umanesimo, particolare periodo della cultura italiana ed europea, alla luce dell'antichità classica sboccia una nuova società con una cultura minimamente inferiore a quella che l'aveva preceduta, e fonda la sua identità sugli intramontabili valori dell'*humanitas* così come veniva attinta dalla lettura diretta dei più eminenti scrittori di Roma e di Grecia, senza, però, trascurare quanto la tradizione più nobile e genuina offriva alla loro meditazione e al loro arricchimento spirituale.

14. *Gli umanisti recuperano e interpretano in maniera nuova il passato, anche più recente*

Già il Petrarca, come si è accennato, con la sua opera fu il primo a iniziare e promuovere un radicale cambiamento, un rinnovamento morale e, soprattutto, culturale. Nella sua *lezione*, in realtà, erano già espliciti, o impliciti, temi fondamentali e motivi ideali, atteggiamenti mentali e interessi culturali, che, sviluppati, integrati e sperimentati dai suoi continuatori ed eredi spirituali, andarono a

201. C. Del Grande, *Storia della Letteratura Greca*, Napoli 1959[13], p. 327.

202. È tempo di sfatare l'errata convinzione che ai suoi albori il Cristianesimo abbia accolto solo persone di umile condizione, prive di cultura. La storia e, soprattutto, l'archeologia più recente dimostrano il contrario. È accertato che il Cristianesimo divenne la religione di molti nobili Romani già durante la permanenza a Roma degli apostoli Pietro e Paolo. Da fonti storiche si apprende che la prima patrizia romana, Pomponia Grecina, moglie di Plauzio, che sotto Claudio (41-54 d.C.) conquistò la Britannia, era di fede cristiana. Dopo il battesimo la donna donò alla *Ecclesia Fratrum* il predio destinato alla sua sepoltura, lungo la via Appia, dove, in seguito, sorse il cimitero di San Callisto. Qui furono sepolti i cristiani provenienti dalla famiglia dei Cecili, degli Emilii, dei Bassi, degli Anici, dei Pomponii e di molti altri. Nel sepolcreto di Tor Marancia, sulla via Ardeatina, è stato rinvenuto un ipogeo dei Flavi, cristiani fin dal I sec. d.C.: qui fu sepolta la nipote di Vespasiano, Flavia Domitilla, che sposò suo cugino Flavio Clemente, console nel 95, sotto Domiziano. L. Hertling, E. Kirschbaum, *Le catacombe romane e i loro martiri*, Roma 1996.

comporsi in una nuova dimensione dell'uomo e della sua esistenza. Si sviluppa impercettibilmente, ma saldamente, una nuova concezione e dimensione delle *lettere*. Fin dal tempo del Petrarca, soprattutto negli ultimi anni della sua attività, molti letterati e studiosi, conquistati dalla sua esperienza e dal suo magistero, concorsero in vario modo e in varia misura allo sviluppo e alla diffusione delle sue idee; contribuirono a instaurare, con una più o meno esplicita polemica con la civiltà medioevale, che non rinnegarono mai completamente, una nuova stagione letteraria, in seguito, chiamata Umanesimo. I colti e gli eruditi di questa feconda stagione tennero nello stesso piano e nella medesima considerazione le *litterae diuine* quanto, e in modo spesso preponderante, le *humanae litterae*, dalle quali prese il nome e l'avvio il rinnovamento culturale. Le une, infatti, alimentavano lo spirito e lo innalzavano alle verità supreme, le altre nutrivano la mente, la quale, grazie alla comprensione e all'assimilazione dell'alto magistero tramandato dagli antichi scrittori, costruiva intorno a sé una nuova civiltà, nella quale poneva al centro l'uomo, considerato nella sua dimensione sia temporale che spaziale.

La denominazione Umanesimo, com'è stato appena accennato, deriva dagli *studia humanitatis*, che divennero, in maniera sempre più ampia, base ed emblema della nuova cultura, quale andava formandosi, soprattutto a opera delle più sensibili e disponibili corti principesche italiane. E tra queste, nei riguardi dell'Arrivabene, va annoverata prima quella dei Gonzaga, a Mantova, e, successivamente, a Roma, la Curia pontificia.

Nella nuova cultura, instaurata dall'Umanesimo, com'era naturale, confluirono non pochi motivi, interessi ed elementi della civiltà medioevale. Questi, però, venivano assimilati e, di volta in volta, riproposti con una nuova coscienza, con nuove prospettive ideali; venivano sviluppati entro nuove e più attuali dimensioni e indirizzati verso nuove e più feconde direzioni.

Non senza ragione gli umanisti si sentirono portatori di una nuova civiltà e, nei confronti della cultura medioevale, alla quale tanto dovevano, assunsero una posizione di netto rifiuto. Perciò oggi, anche se si avverte la necessità di attenuare la nozione di frattura, suggerita dagli stessi umanisti e ripetuta, sia pure con diversi significati e intenzioni, fino all'Ottocento, non si può neppure sostituirle quella, recentemente proposta da altri studiosi, soprattutto stranieri, di continuità; ma si deve, piuttosto, individuare ciò che di nuovo nella sua positività rappresenta l'Umanesimo,[203] quali erano i suoi più intrinseci caratteri, le nuove direzioni, nelle quali esso si sviluppò, quali i nuovi risultati, cui nel corso del suo sviluppo pervenne.

L'aspetto più appariscente dell'Umanesimo è lo studio degli antichi, anche se è noto che, soprattutto a opera di ordini monastici, la riflessione sui classici non si era mai interrotta. Anzi, nel disegnare la civiltà letteraria del Medioevo, bisogna, e giustamente, insistere sulla costante e feconda presenza della tradi-

203. G. Toffanin, *Storia dell'umanesimo*, Bologna 1952²; Id., *G. Pontano fra l'uomo e la natura*, Bologna 1938; E. Garin, *L'umanesimo italiano*, Bari 1952.

zione classica, soprattutto a opera dei Benedettini.[204] Ciò che, in realtà, qualifica l'Umanesimo non è il fatto che gli umanisti studiassero gli antichi, ma lo spirito, con il quale essi si rivolgevano al mondo antico; il nuovo significato, che essi conferivano alla lettura del patrimonio classico; il metodo, con il quale leggevano e interpretavano i testi; il rapporto che istituivano tra la *lezione* degli antichi e la realtà contemporanea. Tutti questi fattori erano estranei, anche se non del tutto, al Medioevo.

Alla luce del nuovo modo di concepire e di leggere la realtà, nella ricerca costante del rinnovamento, gli umanisti hanno inteso e divulgato nelle forme più vere e autentiche quanto aveva sempre trasmesso e continuava a trasmettere l'*humanitas litterarum*. La quale, intesa per tutto il Medioevo come *ancilla* e *praenuntia* del messaggio cristiano nella formazione di quanti si preparavano a diffondere il *Verbum reuelatum*, divenne *omnium uirtutum magistra* per quanti, con l'impegno sia politico che letterario, si dedicarono alla costituzione della *noua ciuitas*. Gli umanisti, che operarono un così radicale cambiamento, studiavano, meditavano e scrivevano sotto la protezione dei pontefici, dei principi e dei cardinali, i quali, non di rado, concentravano nella loro persona la *dignitas* dell'ufficio e la *nobilitas* della cultura; si presentavano, ed erano, guida dei popoli sia sotto l'aspetto politico, che culturale e spirituale.

Occorre, tuttavia, notare che il nuovo modo, con il quale gli umanisti si confrontavano con il mondo antico, rifletteva una nuova coscienza del posto e della funzione che la letteratura occupava nella sfera della cultura contemporanea, in opposizione a quella medioevale, nutrita dal costante interesse alla vocazione enciclopedica, in quanto, attraverso l'esplorazione della natura nella sua complessità e armonia, tendeva alla conoscenza della realtà soprannaturale. Di conseguenza le varie discipline, pertinenti alle varie branche del sapere, costituivano tante tappe di un itinerario, che trovava il suo culmine nella teologia, nella conoscenza delle realtà ultraterrene.[205]

L'Umanesimo, pur non rinnegando il sentimento religioso, abbandona o tende ad abbandonare la ricerca metafisica; preferisce accettare per fede quelle verità soprannaturali, che esulano dalle possibilità dell'umana esperienza; convoglia il proprio interesse sull'uomo, nell'ambito concreto della sua esistenza terrena; riflette in modo nuovo sui problemi, che riguardano l'uomo, i suoi più intrinseci valori morali, senza trascurare le relazioni sociali.

Il primo, e fondamentale, compito dell'Umanesimo consiste nell'educare gli uomini al dominio degli istinti e delle passioni, nel condurlo alla conoscenza di se stesso e alla conquista dei valori, che sono alla base della sua *humanitas*. Per raggiungere questi fini, l'uomo ha a disposizione le lettere, depositarie e custodi della parola, dei sentimenti, delle esperienze dei dotti e dei poeti del tempo

204. *San Benedetto e l'Europa nel 50° anniversario della* Pacis nuntius *(1964-2014). Materiali per un percorso geografico*, a cura di P. Piatti, R. Salvarani, Città del Vaticano 2016.

205. G. Toffanin, *L'uomo antico nel pensiero del Rinascimento*, Bologna 1957; G. Calò, *Rinascimento storico e Umanesimo eterno*, in «Convivium», XI/3 (1939), pp. 355-360.

antico,[206] che la scuola medioevale, per la loro eccellenza e originalità, definiva *auctores*. Queste costituiscono il tramite necessario e indistruttibile tra gli uomini al di là degli angusti confini della breve e travagliata esistenza terrena del singolo individuo, e si impongono come il più prezioso patrimonio delle più alte conquiste operate dalla civiltà umana.

Siccome gli antichi, e in modo particolare gli scrittori e i poeti romani, agli umanisti apparivano i maestri più insigni, i veri e unici depositari della sapienza antica, ritornare allo studio delle loro opere significava per loro abilitarsi a trarre proprio da questi una vera e grande lezione di umanità, assimilare le loro esperienze, riconoscere nei loro problemi e nelle loro meditazioni sull'uomo e sulla società il requisito più alto e qualificante sia della dignità sia, in modo particolare, dell'eccellenza dell'uomo.[207]

Del resto Cicerone, il più grande scrittore romano, aveva più volte sottolineato la complementarietà e l'inscindibilità, in una magistrale scrittura letteraria, della sapienza e dell'eloquenza. Occorre tener presente questo binomio indissolubile, che è alla base della coscienza letteraria degli umanisti, se si vuole intendere il senso del loro culto per la retorica, perché la vera eloquenza si fonda sulla sapienza. Per questo motivo gli umanisti esaltano la retorica e si riferiscono sempre all'espressione e alla dottrina, alla sapienza e all'eloquenza, per sottrarla all'usura del tempo.[208]

Se gli antichi apparivano agli umanisti maestri esemplari, portatori di una grande civiltà, essi non si ponevano di fronte a personaggi così eccelsi in una condizione di cieca ammirazione e passiva sudditanza. Nel Medioevo vigeva il *principium auctoriatis* e i classici erano gli *auctores*, le sentenze dei quali avevano la forza di garantire, di confermare, di convalidare e conferire vigore a un'espressione, a un'opinione, a un giudizio.[209]

Con l'avvento dell'Umanesimo cade il principio d'autorità, perché anche gli antichi, per quanto grandi, furono uomini, fruirono anch'essi delle esperienze dei loro padri, vissero in momenti diversi della storia e nei loro scritti, nei temi e nella lingua, rifletterono le diverse fasi della loro civiltà. Leggere gli antichi significava non trarre da essi solo esempi astratti di virtù, sentenze e proverbi esemplari da raccogliere nel proprio repertorio mentale, ma stabilire con ciascuno di loro un colloquio, comprendere le loro esperienze, conoscere i loro problemi, la loro concezione sull'esistenza e, nel contempo, alla luce della loro lezione, intendere e misurare il presente, le proprie esperienze, i propri problemi.

Per questo preciso motivo, se al dotto del Medioevo era sufficiente raccogliere le sentenze degli antichi e allinearle con scrupolosa attenzione in uno schema

206. G. Paparelli, *Feritas, humanitas, divinitas*, Messina-Firenze 1960; M. Santoro, *Fortuna, ragione e prudenza nella civiltà letteraria del Cinquecento*, Napoli 1967.

207. C. Vasoli, *La dialettica e la retorica nell'Umanesimo*, Milano 1968.

208. Garin, *L'umanesimo italiano* cit., *passim*; Taleo, *Tradizione e realtà* cit.; C. Gallico, *Storia della musica - L'Età dell'Umanesimo e del Rinascimento*, Torino 1991; K. Bordach, *Dal Medioevo alla Riforma*, Milano 1964; Id., *Riforma, Rinascimento, Umanesimo*, Firenze 1986; Croce, *Gli dei* antichi cit., pp. 273-285.

209. S. Puledda, *Interpretazioni dell'Umanesimo*, Firenze 1999.

esemplare, agli umanisti premeva un ricupero autentico delle voci originarie di ogni scrittore, un ricupero integrale della loro civiltà letteraria. Per questo essi, con slancio ed entusiasmo, si accinsero al compito di ricupero materiale dei loro scritti sia sotto il punto di vista della quantità che della qualità: si adoperarono, infatti, ad ampliare il patrimonio librario prodotto dagli antichi. I libri, secondo una suggestiva, ma infelice, opinione degli umanisti, nel Medioevo erano stati abbandonati, giacevano trascurati e ignorati nei grandi centri di cultura del passato, rappresentati, per la maggior parte, dai monasteri di ordini religiosi.[210] A tal proposito illuminante, se letto con la dovuta cautela e con intelletto critico, il brano di Poggio Bracciolini, che si riporta:

> Erant enim non in Bibliotheca libri illi, ut eorum dignitas postulabat, sed in teterrimo quodam, et obscuro carcere, fundo scilicet unius turris, quo ne capitalis quidem rei damnati retruderentur. Atqui ego pro certo existimo, si essent, qui haec barbarorum ergastula, quibus hos detinent viros, rimarentur, ac recognoscerent more majorum, similem fortunam experturos in multis, de quibus jam est conclamatum.[211]

Nessuno scrittore, però, a quanto pare, ha messo in risalto le condizioni politiche e, soprattutto, economiche, cui andavano continuamente incontro gli uomini del Medioevo; nessuno si è chiesto mai quali tesori letterari, spesso in unica copia, custodivano nei loro *carceres*, i centri di cultura di cui si è accennato. Oggi il pensiero del Bracciolini, dopo aspre e violente polemiche, è stato ricondotto nel giusto alveo. Alle difficoltà appena accennate, bisogna aggiungere che la povertà e le pestilenze, le guerre e i pesanti diritti feudali pesavano in maniera enorme sui cittadini, i quali, prima di pensare all'istruzione, dovevano provvedere alla sopravvivenza. La mancanza di materiale scrittorio aveva il suo peso e contribuiva non poco al mantenimento dell'analfabetismo.

210. R. Sabbadini, *Le scoperte dei codici latini e greci ne' secoli XIV e XV*, Firenze 1967; Id., *Le scoperte dei codici latini e greci ne' secoli XIV e XV. Nuove ricerche*, Firenze 1967.

211. *Poggii Epistulae*, Firenze 1832, p. 29 [I libri, come sarebbe stato opportuno per la loro dignità, non si trovavano in una biblioteca, ma giacevano in un carcere squallido e buio, nelle segrete di una torre, dove non si confinerebbe neppure un condannato a morte. Eppure io sono convinto che, se vi fossero uomini tali, che per amore dei nostri padri, spalancassero ed esplorassero queste prigioni custodite da barbari, nelle quali sono detenuti questi grandi, verrebbero a sapere che una sorte non dissimile è toccata a molti, che si considerano ormai perduti]. È, questa la celebre lettera, che ha dato la stura a tanto fantasiose quanto false opinioni e calunnie circa la custodia dei libri nei confronti degli ordini monastici e dei Benedettini in particolare. Non si dimentichi che qui si parla del celeberrimo monastero di San Gallo, notissimo *scriptorium* e centro unanimemente riconosciuto di cultura. Poggio per astio e malumore insiste, con letterario compiacimento, a parlare delle miserande condizioni, nelle quali si trovavano le opere degli antichi. Questa opinione, oggi, è stata, e giustamente, sfatata. G. Fiesoli, *Nella biblioteca di Poggio Bracciolini: un percorso storico e documentario tra codici ed epistole*, in «Memorie Valdarnesi», ser. IX, 179 (2013), pp. 81-152. R.V. Menekin, *Analisi del contenuto come metodo di ricerca sulla storia del pensiero (Poggio Bracciolini). Ricerche sulla scienza delle fonti storiche*, in «Gazzetta dell'Università di Mosca», ser. 8, 6 (1991), pp. 72-82; A. Petrucci, *Bracciolini Poggio*, in *Dizionario Biografico degli Italiani*, XIII, Roma 1984, *ad vocem*; E. Garin, *Umanisti artisti scienziati. Studi sul Rinascimento italiano*, Roma 1989, pp. 49-73.

Una volta recuperato il patrimonio librario, gli umanisti si adoperarono a interpretare gli scritti nel loro esatto significato. Da queste esigenze nacque la filologia umanistica, che nel corso del XV secolo divenne sempre più rigorosa e attenta, fino ad assumere, negli ultimi decenni del secolo, un vero e proprio carattere scientifico.

Cresceva, intanto, l'interesse anche per il greco e, insieme con esso, il bisogno di avere a disposizione la produzione letteraria dell'antica Grecia. Un gran numero di opere, nel 1424, furono portate in Italia da Giorgio Aurispa di ritorno da Costantinopoli, dove per diversi anni aveva avuto l'incarico di segretario presso l'imperatore Giovanni Paleologo. Altre opere, in seguito, entrarono nella cultura umanistica, specialmente dopo la caduta di Costantinopoli, quando numerosi dotti greci, per sfuggire alla morte e alle persecuzioni, si trasferirono nei diversi centri italiani. In questo modo la cultura umanistica venne in possesso del ricchissimo patrimonio greco; e l'evento ebbe, naturalmente, conseguenze importanti nello sviluppo e negli orientamenti degli umanisti.

Nel corso del secolo XV, però, la cultura umanistica andò sempre più dilatando i suoi interessi verso tutti i campi del sapere, ravvisando la necessità dell'indagine scientifica, volta a esplorare i segreti della natura e ad ampliare le cognizioni umane. Gli interessi degli umanisti spaziarono dalla fisica alla cosmografia, alla geografia, all'astronomia, alla medicina, fino a pervenire, alla fine del secolo, a un nuovo enciclopedismo.[212] Si pensi alla feconda attività di Enea Silvio Piccolomini, che concretizzò in *De Europa* e in *De Asia* il frutto delle sue ricerche.

Ma il rinnovato interesse per la scienza, mentre rispecchiava la consapevole istanza di incrementare il sapere dell'uomo, di allargare la conoscenza dell'universo, di arricchire la sua attitudine a controllare il proprio destino, si fondava sull'imprescindibile presupposto che ogni conquista scientifica ricevesse misura e controllo dalla coscienza morale.

Alla sconfinata ammirazione degli umanisti per gli scrittori dell'antichità si accompagnava il culto per la lingua latina, considerata la lingua della sapienza. Questo giudizio non era ispirato loro solo dal fatto che si sentivano i diretti eredi della civiltà romana, ma soprattutto dalla considerazione della funzione unificatrice e civilizzatrice che la lingua latina aveva svolto nella storia antica e continuava a svolgere nel mondo contemporaneo. Emblematico appariva agli umanisti l'esempio di Cicerone, il quale si era riproposto nelle sue opere filosofiche di assimilare e trasferire nella lingua di Roma il pensiero filosofico greco. Non a caso gli umanisti si dedicarono con particolare impegno a tradurre i testi greci in latino. In questo modo essi intendevano non solo divulgare il patrimonio letterario greco, ma inserirlo soprattutto nel circolo universale della lingua latina. Gli umanisti, però, non si dedicarono solo alla traduzione: essi, infatti, acquisirono e appresero così bene la lingua greca, da emulare i loro stessi maestri e diedero alla luce una discreta produzione anche in greco.[213]

212. Tarugi, *Interrogativi dell'Umanesimo* cit.; Taleo, *Tradizione e realtà* cit..

213. Per aver un'idea della perizia conseguita dagli umanisti anche in questo campo, basta dare uno sguardo a A. Politiani, *Liber epigrammatum Graecorum*, a cura di F.M. Pontani, Roma 2002.

Per avere un'idea del modo in cui gli umanisti adoperavano la lingua greca, basta leggere qualche epigramma del Poliziano o qualche scritto in greco del Filelfo, i quali si esprimevano con uguale felicità tanto in greco quanto in latino.

In questo quadro così complesso, vario e ricco di fermenti, trova spazio e si realizza la poesia di Giovanni Pietro Arrivabene, nelle opere del quale confluisce tutto il sapere umanistico, utilizzato ed esposto con equilibrio, chiarezza e nobiltà di intenti.

15. *Trascrizione e traduzione*

Dopo l'accurata trascrizione del codice e la collazione con il testo pubblicato nel 1738 dal Menschenius, mi si era presentato il proposito di rendere il poema in endecasillabi sciolti. Non temevo la fatica, certamente maggiore, ma il risultato finale: così strutturato, il testo, con ogni probabilità, non sarebbe stato immediatamente e facilmente fruibile da una cerchia più vasta di lettori. Alcuni amici, ai quali avevo manifestato il mio intento, mi esortavano, e giustamente, a tener presente che le note per spiegare termini piuttosto obsoleti, richiesti dalla poesia, e periodi non sempre piani avrebbero prima di tutto disorientato il lettore, poi avrebbe sommerso il testo di note e accresciuto notevolmente la mole del volume. Avevano visto bene, perché le note, anche se non molte, hanno richiesto tempo e impegno non indifferente.

Nel leggere i testi latini e greci, durante gli anni dell'insegnamento, mi sono accorto che il gusto delle giovani generazioni, soprattutto in questi ultimi tempi, è profondamente mutato. Mentre maturavo una resa in endecasillabi tradizionali, avvertivo il profondo disagio di snaturare l'opera poetica di Giovanni Pietro Arrivabene, di alterarne i ritmi originari: sarei stato facilmente indotto, per comprensibili ragioni metriche e ritmiche, a leziosaggini arbitrarie e gratuite, a lungaggini assenti nell'originale, a qualche capricciosa compiacenza e arditezza stilistica, oggi poco percepibili anche dal lettore più esigente e raffinato.

La lunga gestazione e la riflessione sul breve poema mi hanno parimenti convinto a evitare anche l'adozione di un metro diverso dall'endecasillabo o di una qualche forma metrica italiana che echeggiasse, in qualche modo, il ritmo dell'esametro latino, per non ingenerare noia e monotonia. Mi è più volte balenata anche l'idea di proporre il testo latino in versi sciolti, il *sermo solutus*, con perfetta corrispondenza del verso italiano con quello latino, senza nessuna cura per il ritmo interno. Questa soluzione, però, mi avrebbe costretto a tradurre il testo latino *ad verbum*, parola per parola, certamente utile per quanti conoscono il latino e, solo in casi eccezionali, ricorrono alla traduzione, per aver certezza su qualche termine o brano non troppo lineare. Per quanti non si sono mai cimentati con il latino, invece, non appare una traduzione, ma solo un susseguirsi di periodi per la gran parte faticosi, apparentemente vicini alla lingua parlata oggi sia nel lessico che nei costrutti. Nella sostanza, però, un'operazione del genere tiene traduttore e lettore curiosamente lontano tanto dalla bellezza originaria del poema quanto dall'armonia e correttezza della lingua d'arrivo. L'esito può essere talvolta felice, ma il più delle volte si rivela un vero fallimento, perché risulta sovente nebuloso o incomprensibile, per la diversa struttura sia logica che grammaticale tanto della lingua di partenza quanto di quella di arrivo.

Ho ripiegato allora su un certo tipo di prosa ritmica, che mi è sembrata più adatta per rievocare le diverse sensazioni, contenute nel testo latino. Questa, a differenza dei versi, è di facile impatto e d'immediata presa anche per il lettore a digiuno di latino, ma attento alla cultura del passato e alla grande poesia del Rinascimento.

Il testo italiano, che qui si presenta per la prima volta, quindi, è scorrevole e fedele tanto alla lettera e allo spirito del poeta quanto al verso latino, con le sue ingenuità e il facile entusiasmo, che oggi, a distanza di tempo e con una cultura in parte diversa, inducono a una serena e profonda riflessione. Non pochi stimoli, tuttavia, dopo circa cinquecento anni di distanza, reggono ancora e dimostrano la validità tanto del messaggio di fondo, quanto la vitalità della poesia. Un'attenzione particolare merita, invece, il poeta, il quale, intorno ai trentacinque anni, fu vero maestro solo della versificazione, ma disattento osservatore e interprete piuttosto superficiale della complessa politica del suo tempo. Nonostante gli intenti non riuscì a cogliere le spinte propulsive dell'epoca e, in modo particolare, l'animo dei protagonisti. Perciò non di rado risulta farraginoso, per l'eccessiva vicinanza e aderenza ai classici e al modello ideale di poesia epica, oggi così lontano dal lettore comune, e non. Anche questi particolari di non poco conto, se pesano sul giudizio complessivo che si formula sulla poesia, soprattutto antica, allontanano immancabilmente anche il lettore fornito di media cultura.

Nel rendere il testo latino in lingua italiana, ho tenuto costantemente presente quanto insegna san Girolamo, che, nel 1946, Valéry Larbaud proclamò «patrono dei traduttori». Il santo, nell'epistola LVII, così si esprime:

> Ego enim non solum fateor, sed libera uoce profiteor, me in interpretatione Graecorum, ... non uerbum e uerbo, sed sensum exprimere de sensu. Habeoque huius rei magistrum Tullium, qui Protagoram Platonis, et Oeconomicon Xenophontis et Aeschinis ac Demosthenis duas contra se orationes pulcherrimas transtulit. Quanta in illis praetermiserit, quanta addiderit, quanta mutauerit, ut proprietates alterius linguae suis proprietatibus explicaret, non est huius temporis dicere.[214]

A questo punto, anch'io, come Cicerone afferma nel *De optimo genere oratorum*, potrei dire:

> Putaui mihi suscipiendum laborem utilem studiosis, mihi quidem ipsi non necessarium ... Nec conuerti, ut interpres, sed ut orator, sententiis iisdem et earum formis,

214. Hier., *Ep.*, LVII [Personalmente non solo riconosco, ma proclamo con voce ferma che io, nel tradurre dal greco, ... non rendo parola per parola, ma pensiero per pensiero. In questo mio metodo ho come maestro Cicerone, il quale tradusse in latino il *Protagora* di Platone, l'*Economico* di Senofonte, nonché le due splendide orazioni che Eschine e Demostene composero attaccandosi a vicenda. Non è questo il momento per accennare a tutti i particolari che Cicerone tralasciò, che aggiunse, che modificò, per rendere le peculiarità della lingua greca con quelle della lingua latina]. Eschine scrisse una bella e violenta orazione di accusa contro Ctesifonte, Κατὰ Κτεσφῶντος, amico e sostenitore di Demostene. Questi per le benemerenze dell'amico verso la patria aveva chiesto che gli venisse tributata la corona d'oro, il massimo e più ambito riconoscimento per un cittadino ateniese. Alle accuse di Eschine, Demostene rispose con la calorosa e vigorosa orazione *Per la corona*, Περὶ τοῦ στεφάνου.

tam figuris quam uerbis ad nostram consuetudinem aptis. In quibus non uerbum pro uerbo necesse habui reddere: sed genus omne uerborum uimque seruaui.[215]

Anche Orazio, che pure possedeva un gusto raffinato e scaltrito, nella sua *Ars poetica* rivolge lo stesso consiglio all'interprete dotato di buona cultura, perché nello scrupolo della precisione non si ritenga costretto a tradurre parola per parola: quella, infatti, che si chiama precisione nel tradurre, per coloro che se ne intendono, altro non è che meticolosità fuori posto:

nec uerbo urbum curabis reddere fidus
interpres nec desilies imitator in artum,
unde pedem proferre pudor uetet aut operis lex.[216]

Anch'io, quindi, alla scuola di così illustri maestri, mentre mi cimentavo con il testo, riflettevo che uno, quando cerca di seguire le orme altrui, prima o poi si smarrisce. È impresa davvero ardua conservare nella resa in un'altra lingua la medesima nobiltà ed espressioni che nell'originale sono efficaci e coinvolgenti. Là dove un concetto è stato designato con un sol termine, che gli si adatta perfettamente, io, spesso, non ho trovato un vocabolo capace di esporre la medesima idea, e ho cercato di rendere il pensiero in tutta la sua pienezza con un numero maggiore di parole. Non di rado si è verificato anche il caso inverso: ho dovuto racchiudere in poche parole un'espressione che nell'originale era ampia e ridondante. Spesso mi sono accorto che con un lungo girovagare e accumulo di parole ho percorso appena una distanza di pochissimi passi. Non mancano ancora le tortuosità di costruzioni audacemente trasposte, la diversità nelle reggenze, la discrepanza nell'uso delle figure stilistiche e, infine, le particolarità proprie della lingua d'arrivo, la quale, con le sue prerogative e peculiarità, lascia poco spazio per una perfetta aderenza al testo originale.

Se qualcuno non è convinto che la bellezza d'una lingua viene letteralmente distrutta dalla traduzione, provi a rendere Ovidio oppure una lirica di Orazio in italiano, parola per parola; anzi parafrasi Dante, Petrarca o Foscolo nella sua stessa lingua, attenendosi al linguaggio prosastico. Si accorgerà, non senza sbigottimento, che la disposizione dei termini, sarà così scadente da suscitare riso e ritrosia; balzerà immediatamente agli occhi che il poeta, che affascina con le sue parole e la melodia trasfusa nella disposizione, apparirà a stento in grado di biascicare qualche sillaba.

215. Cic., *opti.*, 14 [Ho ritenuto opportuno fornire una presentazione utile agli appassionati della letteratura, anche se io, personalmente, potevo benissimo farne a meno. ... La mia versione non è stata condotta con la mentalità del traduttore, ma secondo le esigenze dell'oratore: i loro pensieri sono rimasti immutati, come pure le loro costruzioni e le loro figure stilistiche, le parole, però, sono state scelte secondo le nostre espressioni abituali. In questo mio compito non mi sono sentito costretto a tradurre ogni parola con un'altra parola, ma ho mantenuto l'indole e l'efficacia specifica di tutti i vocaboli].

216. Hor., *Ars*, 133-135 [non curarti di rendere parola per parola come un traduttore fedele, né cacciarti come imitatore in strettezze, dalle quali lo scrupolo e le regole poetiche ti vietino poi di ritrarre il piede].

Ioannis Petri Arrivabeni
Gonzagis

Giovanni Pietro Arrivabene
Gonzagide

LIBER PRIMVS INCIPIT FELICITER*

1r Illius arma cano, gaudet quo Mantua forti
Principe; et horrendas acies stragemque cadentum
Innumeram, et Veneto partos ex hoste triumphos.
Non simulata loquor, non praelia prisca uirorum,
Quae tenebris forsan maculauit longa uetustas.
Haud libet hic memorare, quibus Tithonius armis
Iuuerit auxilio Priamum, non Hectora curru
Raptatum Aeacidae, non Martis dulcia furta.
Ast ego uera fero. Nostro celebratus in aeuo
Carmine dux canitur, cuius uidere per orbem
Res populi gestas oculis et laude coronant.
Dicite nunc, Musae, caelestia tecta colentes.
Vos etenim diuaeque estis, causasque latentes
1v Vidistis penitus, neque uos tenet abdidus error.
Quis furor aut rabies gentis turbare quietam
Instituit pacem, bellumque lacessere suasit?
Et quis magnanimi temptarit principis agros
Impius irruere et uicos popularier, armis
Cum Venetum trucibus mentem laceraret Erinnys?
Hinc stimulis, Bellona, tuis, hinc Marte furenti
Impia bella mouens, armis praedata feroces
Et populos et regna uirum florentia late.
En aperit portas discordia bellica duris
Vectibus occlusas, oleae quas diua Minerua
Inuentrix centum nodis conuinxit aenis!
Horridus hic aderat Mars crinibus usque solutis,
Quos galeae tegmen rubigine presserat, amplo
Pondere concutiens. Diuo sed uertice rubra
Crista micat, pectus clipeo fulgebt opertum.
Aeneus hic ensis, atque horrida tela iacebant,
Corneus hic arcus, pharetrae celeresque sagittae,
Et quidquid, cum saeua ruunt in bella feroces
2r Asportare solent homines, quos gloria rerum
Prouocat, aut regni ciet indefessa cupido.
Sanguinis heu quanta rabie ducunur in omne
Exitium, quibus arma manu Mars impia caedis
Porrigit auctor. Opus superis crudele uirisque.
Diruta tecta cadunt, aequantur moenia terrae,
Vrbis opes igni, ferro perduntur. Et omne,
Quod fortuna dedit, populatur bellicus horror,
Naturaeque decus uiolento rumpitur ense:

1r: Inscriptio Iohannis petri arriuabeni Gonzagidos liber primus incipit feliciter. 12 coelestia M. 12 muse G. 13 diuaeque G, diuae M; postrema codicis linea est ampla et nigra macula turpata, quae a laeuo Gonzagarum stemmatis cornu originem trahit, ut auferat *-que est-*. In laeua stemmatis parte est sigillum ouatum impressum, in quo BIBILIOTHECA DVCALIS GOTHANA inscriptum est. 1v: 4 tentarit GM. 9 Florentia, i. e. urbs GM. 6 Erinys GM. 12 ahenis GM. 16 clypeo GM. Postrema folii linea amplam nigri atramenti maculam ostendit, quae *n bell* litteras aufert.

* Sigle: G: Gothanus codex; M: Menschenii editio a. 1738; G^1: ipsius scriptoris emendatio; em.: emendauit; del.: deleuit.

LIBRO PRIMO

Le armi del valoroso principe, vanto di Mantova, 1r
io canto, le battagliere schiere, i numerosi caduti
nelle zuffe, i trionfi riportati sul Veneto nemico.
Non ricordo di antichi eroi simulati scontri, che,
forse, il lungo scorrere del tempo ha coperto d'oblio.
Non posso qui ricordare con quali armi il Titonio[1]
corse in aiuto di Priamo,[2] né da quale carro dell'Eacide[3]
Ettore fu trascinato, né i dolci furti di Marte.[4]
Io, invece, riporto fatti veri.[5] Col mio canto nel tempo
sarà celebrato il condottiero, le gesta del quale ora
nel mondo vedono i popoli e lo adornano di lodi.
Cantate ora, o Muse,[6] delle celesti sedi abitatrici.
Voi siete dee e le cause nascoste tutte conoscete
e nessun errore, anche se occulto, mai vi contagia. 1v
Quale furore o rabbia decise di turbare la tranquilla
pace del popolo e convinse a provocare la guerra?
chi empio tentò di irrompere nei campi del Principe[7]
magnanimo, saccheggiarne i villaggi, mentre con truci
armi le Erinni[8] sconvolgevano il senno dei Veneti?
Da qui, Bellona,[9] con i tuoi stimoli, da qui l'empia
guerra con la furia di Marte mossero e feroci con le armi
depredarono le popolazioni e il vasto regno, fiorente
di eroi. Ecco la discordia della guerra apre le porte,
che, chiuse con duri catenacci, Minerva, la dea inventrice
dell'ulivo, aveva sbarrato con cento nodi di bronzo!
Qui era presente l'orrido Marte con i capelli sciolti, che
schiacciati dalla ruggine del casco teneva e scuoteva
con gran forza. Sulla testa del dio rossa scintillava
la cresta e il petto, coperto dallo scudo, mandava bagliori.
Qui la spada di bronzo e le orride armi giacevano, l'arco
di corno, la faretra, le veloci frecce e tutto ciò, che
gli uomini, quando feroci si lanciano nella guerra
crudele, sogliono portare con sé, quando la gloria 2r
delle gesta li eccita o lunga brama di potere li muove.
Ahimè!, con quanta rabbia per ogni tipo di danno
si sfoderano le armi, che Marte, fautore di stragi,
porge con empia mano. Gesto per gli eroi e gli dei
crudele. Distrutte cadono le case, si abbattono le mura,
i beni della città si distruggono col ferro e col fuoco.
Tutto, col favore della fortuna, la furia della guerra
distrugge, l'ordine della natura è turbato dalla violenza

Vita fugit, rapitur uirgo. Per dedecus omnis
Religio trahitur. Nil praelia dulce ministrant.
Sanguine cum Poeno maduerunt moenia Byrsae,
Clades quanta uirum miserandis fletibus ora
Punica destruxit! Priami iacet Ilia tellus
Structa manu diuum. Sensit quoque Roma tremendas
Gallorum insidias. Capitoli uirgo superbos
Excipit in muros hostes. Passimque uagatur
Impetuosa uiris gens impia bella ministrans.
Praeripit arma prior Venetus, quibus omnia credit
2v Imperio populosa suo submittere posse
Moenia, nec seriem fatorum mente reuoluit.
Omnia fata regunt. Poterit quis uincere fata?
Italiae dum regna simul concordia haberet,
Dum reges populosque omnes coniungeret almae
Pacis amore Deus, Venetus, quem bellicus ardor
Incitat, exstruxit trabibus terrestria iunctis
Moenia, quae uallo circum fossaque patenti
Muniuit: nullis armis cessura, nec ullis
Viribus hostilis gladii, nec cuspidis ullis.
Iam pudeat, qui tela manu demittit ab alto
Aethere, Tarpeias arces Capitoliaque alta
Incolere atque aras, aderant qui laeta quotannis
Thura litare Ioui. Cum sentiat oppida summa
Veronensis agri rabies contemnere, quasque
Hostis et haud duro superari milite posse,
Haec Venetum patres, magnus simul ipse senatus
Instituit fieri, posset ne exercitus armis
Instructus campos praedari, et uincere bello,
3r Quoque suis aditus foret in tua pinguia rura,
Marchio, quo possent tua sic euertere regna.
Haud decet aduersis superis componere quicquid:
Moenibus his fisi credentes omnia tuta
Esse; neque huc acies hostis, neque tela timentes
Accessura, sacrae pacis sacra iura resoluunt.
Arma citi capiunt, conclamant bella feroces.
Arma fouet Venetum Mars impius, impulit horum
Hic animos, addit uires et tela minitrat.
Mittitur hinc miles campos atque arua tuorum
Diripiens, populansque uiros, armenta gregesque.
Pascua iam cessant animantia uisere laeta,
Iamque agris mugire boues, iam prata capellae
Pascere. Iam pastor pecudes includit ouili,
Nil manet intrepidum, rapiunt armenta, colonos.
Pars cadit a celeri misere transfixa sagitta,
Pars post terga lares et rura paterna relinquens

2r: 11 relligio GM. 13 flaetibus G. 16 capituli G. 2v: 8 circumfossaque M. 13 quis GM, quot annis G. 14 habitare Iouem GM. 3r: 12 uiscere G[1] em.

della spada: si uccide, si rapiscono le donne, si disonorano
i buoni sentimenti. La guerra non porta nessun piacere.
Di sangue cartaginese trasudano le mura di Birsa,[10]
che massacro miserevole annientò tra pianti le contrade
puniche! Al suolo giace Troia, città di Priamo, costruita
da mano divina. Anche Roma sperimentò la tremenda
invasione dei Galli,[11] quando la donna[12] accolse i nemici
sul Campidoglio, tra le mura. Qua e là si aggira gente
impetuosa e l'empia guerra diffonde. Il Veneto
brandisce per primo le armi, con le quali spera
di assoggettare al suo potere tutte le città, **2v**
senza riflettere sulle vicissitudini del fato.
Tutto dipende dal fato. Chi potrà vincere il fato?
Mentre la concordia teneva insieme i regni d'Italia,
e tutti, re e popoli, Dio teneva uniti col vincolo
della pace feconda, il Veneto, animato da bellicoso
ardore, ammassa travi e nella sua terra costruisce mura,
che circonda con terrapieni e ampi fossati,
destinate a non cedere a nessun assalto, a nessuna
incursione di spade e di frecce nemiche. Si vergogni
di abitare la rupe tarpea, la rocca del Campidoglio
e gli altari, sui quali ogni anno c'era chi offriva gradito
incenso a Giove, che scaglia dardi dall'alto del cielo.
Quando si accorse che la furia si abbatteva sulle più
grandi città del contado veronese e queste potevano
essere conquistate da non provato nemico, i capi
dei Veneti insieme con il gran senato stabilirono che
l'esercito, schierato in armi nei campi, in queste potesse
darsi al saccheggio e riportare la vittoria in guerra,
con la quale potevano invadere i tuoi ricchi campi, **3r**
o Marchese,[13] e mettere così a soqquadro il tuo regno.
Se i numi sono avversi, nessuna pace si può ristabilire:
violano i sacri diritti della pace, perché fidano nelle
mura, credono che tutto sia sicuro e le schiere
e i dardi del nemico non sono in grado
di giungere fin qui. Svelti impugnano le armi e baldanzosi
invocano la guerra. L'empio Marte fomenta le armi
dei Veneti, scuote il loro animo, infonde ardore
e fornisce loro i dardi. Di qui vengono inviati i soldati,
per saccheggiare i tuoi fertili campi e portar via uomini,
armenti e greggi. Nei pingui pascoli non si aggirano più
gli animali, nei campi non muggiscono i buoi e nei prati
non pascolano le capre. Il pastore tiene chiuse
le pecore nell'ovile. Niente rimane tranquillo; i nemici
rapiscono armenti e coloni. Alcuni cadono miseramente
trafitti da frecce veloci, altri con le braccia legate dietro

Attrahitur uinctis, infandum! capta lacertis.
Quod nequeunt auferre, cremant, atque hostica perdit
3v Flamma domus. Omnes cogunt discedere; nullis
Incustoditos uastant seruantibus agros.
Diripiuntur opes, pecus et stridentia plaustra,
Diuitiaeque aliae, quas incola pauper habebat.
Interea mens aegra uiri, quem Mantua iusti
Principis officium nouit seruasse decorum,
In uarias partis rapitur: meditatur in hostes
Vt queat irruere et forti deuincere bello;
Cogitat et seruare suos, quos ipse fideles
Nouerat esse sibi, nec iniquo cedere Marti.
Nox erat, et fessos homines nutribat inertis
Grata quies somni. Cum uix sua membra sopori
Addiderat constans unus Lodouicus in omnes
Marchio post uarios rerumque uirumque labores,
Caelitus ecce Iouis nutu Dea Pallas operta
Anguiferae thoraca comis, atque aegide sacra,
Principis ante oculos uisa est astare benigna
Fronte, pio uultu, sicque est affata repente:
«Marchio, caelicolum summo gratissime regi,
4r Stertis? Et in tanto dormis discrimine rerum?
Haud decet, immenso cuius gens plurima nutu
Voluitur, ad summam somnos deducere noctem.
Nunc Iouis imperio uenio, cui magna tuorum
Atque tui cura est. Qui te noctesque diesque
Extollit, referetque tuum super aethera nomen.
Iuppiter arma cito capias edicit in hostem,
atque tuas subito iubeas armare cohortes.
Perge! Dabit uires in proelia Iuppiter acris,
Quis poteris superare hostes. Tibi moenia cedent
Omnia. Murorum pinnae sternentur ad imum.
Nec poterunt Venetum uires obstare potenti
Auxilio, Lodouice, Iouis. Tibi terga uidebis
Vertere, et hostiles cernes trepidare phalangas.
Haec memori fac mente habeas, obliuio nulla
Auferat haec, cum grata quies secesserit inde».
His dictis celeri effulgens per inane uolatu
Aera, tellurem linquens delata Minerua est.
Nox pariter, somnusque ducem defecerat altus.
4v Cum tunica, attollens corpus, uelauerat artus,
Impiger et «Superum regis fidissima Pallas
Nuntia, quo properas?», inquit. «Cur nubila nostros
Impediunt oculos, ut non tua cernere semper
Ora queam, comitemque tibi me adiungere diuae?

3v: 15 coelitus M. 19 coelicolum M. 4r: 7 et 9 Iupiter GM. 4v: 1 uellauerat G. 3 nuncia GM.

la schiena lasciano, vergognoso!, le case e i campi paterni.
Bruciano quanto non possono portar via e il fuoco nemico
distrugge le case. Costringono tutti ad andar via, **3v**
devastano i campi incustoditi, senza difensori.
Vengono rubati i beni, il bestiame, i carri stridenti
e altre sostanze, possesso di poveri abitanti.
Intanto afflitta è la mente dell'eroe, e Mantova sa che
Il giusto Principe assolve al suo impegno
con onore, cerca diverse soluzioni: riflette come possa
irrompere contro il nemico e batterlo in coraggioso
scontro; pensa come conservare i suoi, dei quali aveva
sperimentato la fedeltà, e non cedere all'avverso Marte.
Era notte, e un piacevole riposo con l'inerzia del sonno
ristorava gli uomini stanchi. Il marchese Ludovico, verso
tutti benevolo, aveva appena abbandonato le membra
al riposo, dopo le varie fatiche dello stato e del popolo,
quando, per ordine di Giove, dal cielo la dea Pallade[14]
coperta di corazza anguicrinita[15] e dell'egida sacra,
si presenta davanti agli occhi del Principe con fronte
benigna, con volto amorevole, e così all'improvviso
gli parla: «Marchese, molto caro al sommo re dei celesti,
dormi tranquillo? dormi mentre lo stato è in un pericolo **4r**
così grave? Non è bene per te dormire fino a notte
fonda, perché un popolo sterminato obbedisce
ai tuoi ordini. Son venuta da te per ordine di Giove,
che ha grande cura di te e dei tuoi. Egli ti esalta
notte e giorno e innalza il tuo nome al di sopra del cielo.
Giove ti ordina di prendere subito le armi contro
il nemico, di mettere subito in assetto di guerra l'esercito.
Muoviti! Giove per lo scontro ti darà vigorose forze,
con le quali potrai superare i nemici. Tutte le mura
davanti a te cederanno, i merli dei muri cadranno
a terra. Le forze del Veneto non potranno resistere,
Ludovico, al potente aiuto di Giove. Davanti a te vedrai
le schiere nemiche voltare le spalle in preda alla paura.
Conserva ciò nella memoria e non dimenticare quanto
ti ho detto, quando il sonno ristoratore ti abbandonerà».
Ciò detto con celere volo attraverso l'aria Minerva
lascia la terra e si dilegua. Nello stesso tempo
la notte e il sonno profondo abbandonano il condottiero.
Mentre si alza, avvolge rapido il corpo con la tunica **4v**
e dice: «Pallade, fida messaggera del re degli dei,
dove vai così veloce? Perché le nubi ostacolano i miei
occhi, sì che io non possa vedere sempre il tuo volto
e unirmi a te, sebbene dea, come compagno? Eseguirò

Actutum tua iussa sequar, quae numine patris
Praecipis atque ducem te nunc sequar, et tua dicta
Implebo. Regique deum parebo libenter».
Iam roseis inuectus equis sua Phoebus Apollo
Praestabat terris noua lumina, luce reducta,
Cum iubet: «Horrisoni Martis praeconibus, omnes
Quam primum turmas equitum peditumque maniplos
Cogite. Concilium miles petat, altaque nostri
Limina conueniat. Sic stat sententia summo
Caelicolum patri». Celeres hi iussa facessunt,
Dantque tubae sonitum. Magnus ferit aethera clangor,
Conueniuntque uiri, quos pugna pedestris ad arma
Incitat, et latis pedites concurrere campis.
Postque duces equitum, densa comitante caterua,
5r Regia tecta simul subeunt, quos uincere nullos
Credideris iam posse uiros, ita pergere robur
Spirantes tacitum cuncti aspiciuntur inermes.
Sensit onus fecunda Ceres, signumque laboris
Reddidit et tota est strepitus tellure subortus.
Postquam intromissi ad regis penetralia cuncti,
Substitit excelsa Lodouicus sede refulgns,
Quale decus Titan radiis cum natus Eois
Mittit, et offuscat nimio splendore corucans
Sidera summa poli, tenebras fulgoribus omnes
Expellens, terras flammis atque aera lustrat:
Tale decus clari fulgebat principis ore.
Conticuere omnes, atque ampla silentia tectis
Surrexere. Tacent strepitus, atque atria nullo
Murmure turbantur. Veluti cum rector Olympi
Aurea tecta subit, surgunt de sedibus omnes
Caelicolae, dignoque patrem uenerantur honore,
Et taciti accipiunt intentis auribus alti
Verba Iouis; tanto nec quisquam ex agmine fatur.
5v Hic Gonzaga nitens solio sic orsus ab alto est:
«Iuppiter, o socii!, quos longa pericula caros
Effecere mihi, summo de culmine caeli
Pallada demisit, mea dum per membra quietus
Venisset depressa sopor. Quae iussit in arma
Surgere, et in bellum nostras armare cohortes,
Militis Euganei possem ut superare furorem,
Marte fugans, belloque domans hostilia castra,
Ne lacerare agros et dulcia praedia possit,
Moenia neu manibus miles uiolare cruentis
Pergat, et ut patriae cesset diuellere uires.
Quare agite, hinc omnes tergo componite uestro
Arma citi, gladiumque ferant in praelia quique.
Namque ego cum primum rutilis Aurora quadrigis

4v: 8. Regique Deum M. 14 conueniant GM. 15 coelicolum GM 5r: 4 honus foecunda GM. 8 aeois GM. 10 sydera G. 17 coelicolae M. 19 Iupiter GM. 5v: 2 Iupiter GM. 14 cumprimum G.

subito gli ordini, che tu, per volere del padre, riferisci;
ora seguirò te come guida e compirò il tuo volere.
Obbedirò volentieri al re degli dei». Già Febo[16] Apollo,
condotto da rosei cavalli, riportava la luce e donava
alla terra un nuovo giorno, quando ordina: «Per mezzo
degli araldi di Marte dalla voce terribile radunate
subito le torme dei cavalieri e i manipoli della fanteria.
I soldati vengano in assemblea e nell'ampia
mia casa si raccolgano. Questo è l'ordine del sommo
padre dei celesti». Essi veloci eseguono gli ordini
e danno fiato alle trombe. Un gran suono
si diffonde per l'aria, si raccolgono i soldati, che
la guerra incita alle armi e accorrono dai campi.
Quando i comandanti di cavalleria, accompagnati da folta
schiera, entrano tutti nella reggia, diresti che nessuno 5r
potrebbe vincere questi eroi, mentre si vedono tutti,
pur disarmati, sprigionare in silenzio il proprio vigore.
Sente il peso la feconda Cerere[17] e restituisce il premio
della fatica, mentre su tutta la terra scoppia
il tumulto. Quando tutti entrarono nella dimora del re,
Ludovico luminoso si assise sull'alto soglio, come
Titano,[18] nato in oriente, invia la sua luce radiosa
e scintillante con l'eccessivo splendore offusca
le stelle più luminose nel cielo, con il suo chiarore
respinge le tenebre e illumina la terra e con i bagliori
il firmamento, tale luce brillava sul volto del Principe.
Tutti tacciono. Nella reggia cupo si diffonde
il silenzio. Cessa il tumulto, e nessun brusio turba
la reggia. Come, quando il signore dell'Olimpo
entra nell'aurea sua dimora, tutti i celesti si alzano
dai loro seggi e riveriscono il padre con dovuto rispetto,
e in silenzio e attenti del sommo Giove accolgono
le parole, così in una folla tanto grande nessuno parla.
Luminoso allora il Gonzaga dall'alto del soglio 5v
così parla: «Compagni, che lunghi pericoli vi hanno
reso a me cari, mentre la quiete del sonno si diffondeva
per le membra stanche, Giove dall'alto del cielo
ha inviato Pallade, che mi ha ordinato di brandire
le armi e preparare le nostre coorti per la guerra, perché
vinca il furore dell'armata euganea, la metta in fuga
con la guerra e con le armi sottometta il campo nemico,
perché non devasti la serenità de campi e dei poderi,
con mani insanguinate non venga a violare le mura
e smetta di sfinire la potenza della patria.
Perciò, all'erta! D'ora in poi tutti rivestite svelti
le armi e ciascuno impugni la spada per la guerra.
Io, infatti, appena l'Aurora con la rossa quadriga,

Postera consurgens praebebit lumina mundo,
Educam instructas acies, armisque nitentes.
Quisque enses acuat, gladios, uolucresque sagittas:
Surae ocreis duraque caput sit casside tectum.
Hastam dextra ferat, tutetur corpora thorax,
6r Aere simul lorica rigens, atque arma lacertos.
Et cibus adsit equo celeri in praesepibus altis.
Dimittent non pugnam acies, non exuet arma
Intrepidus miles, nisi praelia Phoebus Ibero
Gurgite equos tingens dirimat, noctemque reducens,
Donec erit gladiis uictoria parta cruentis,
Donec terga dabunt hostes, turpique repente
Aufugient cursu. Densi rapiemus ab omni
Parte locum, Venetumque dolos superabimus arte.
Moenia qui primus conscenderit ardua miles,
Praemia digna feret. Non ullus in agmine uestro
Indonatus erit, manibus qui fortiter arma
Gestarit, neque pila timens discesserit hostis».
Dixerat. Innumerae gentes, quae regia tecta
Intrarant trepidae, uultuque animoque sereno
Assensere omnes; regis mandata superbi
Certatim accelerant, iussis parere paratae.
Consurgunt. Strepitus tectis sonitusque uirorum
Tollitur, ut scopuli, quos undique uerberat Auster
6v Et Boreas fremitu strident, pelagoque furentes
Increpitant fluctus, conuexaque sidera tangunt.
Discessere duces, et maxima turba uirorum.
Quisque domum repetit, propriae penetralia sedis
Grata petit. Parat arma ferox in praelia miles.
Ille parat Venetos celeri transfigere telo,
Atque arcus in bella habiles; hic cuspide longa,
Ense fugare acies, fugientum terga ferire;
Comminus expertus pugnae succedere fidit.
Arma capit sic quisque manu sollertia menti
Vt steterat, patriamque cupit defendere Marte,
Officioque satis miles facit. Omnia Mantus
Moenia iam resonant armis, clangorque tubarum
Insequitur sonitu neque cessat cogere cunctos.
Fessus ad antipodes iam iam properabat Apollo,
Oceano immergens, cum nec dare membra sopori
Festinant, stratique uiri deponere corpus
Nocte operi indulgent, uigilesque per oppida tendunt.
Nec minus ipse suos in praelia Marchio diuus
7r Instruit, et pugnae intendit, belloque futuro.
Insomnis noctem uidit, suaque agmina Marti
Apparat horrisono laetus, ne postera Phoebi

6v: 2 sydera GM. 9 cominus GM. 10 solertia M. 15 iamiam GM. 19 proelia M. 7r: 1 pugne G.

sorgendo, domani, inonderà il mondo di luce, condurrò
fuori le schiere, lucenti nelle armi, in assetto di guerra.
Ciascuno affili la spada, il pugnale e le frecce volanti,
gli schinieri coprano i polpacci e il duro elmo la testa.
La destra brandisca l'asta, la corazza difenda il corpo
con rigida fascia di bronzo e le armi il braccio. **6r**
Nelle greppie ai veloci cavalli non manchi lo strame.
Le schiere non cesseranno di combattere, il valoroso
soldato non si spoglierà delle armi, finché Febo,
immersi i cavalli nel mare d'Iberia, con la notte
non ponga fine allo scontro; non si consegua
la vittoria con le armi cruente; i nemici non voltino
le spalle e all'improvviso fuggano con vergognosa
corsa. Supereremo col valore l'inganno dei Veneti.
Degni premi riceverà il soldato, che per primo
salirà sulle alte mura. Nella vostra schiera non
sarà senza doni chi con valore combatterà, e,
pur temendo le armi nemiche, non arretrerà».
Così parlò. Un gran numero di uomini, che intrepidi
erano entrati nella reggia, con animo e volto sereno
tutti diedero il loro assenso. Si affrettano a compiere
a gara gli ordini del fiero Principe, pronti a obbedire
ai suoi comandi. Si alzano. Il tumulto e le voci degli uomini
si levano fino al soffitto, come gli scogli, quando sono
sferzati da Austro[19] e da Borea,[20] stridono con fragore, **6v**
sul mare furenti si increspano i flutti e sfiorano il concavo
cielo. Escono i comandanti con gran folla di soldati.
Ciascuno torna ed entra con piacere tra le pareti di casa.
Fiero il soldato prepara le armi per la guerra. Pronto
si appresta a trafiggere i Veneti con le frecce e l'arco
ammannisce per la guerra; con lunga lancia e spada
si prepara a mettere in fuga le schiere e ferire alle spalle
i fuggitivi: esperto nello scontro ravvicinato desidera
subentrare nel combattimento. Tutti impugnano solerti
le armi con impegno e, come stabilito, bramano difendere
la patria col valore. I soldati si adoperano in modo adeguato.
Le mura di Mantova risuonano di armi e il fragore
delle trombe incalza col suono e non cessa di eccitare tutti.
Stanco Apollo già volgeva al tramonto e si tuffava
nell'oceano, i soldati non abbandonano le membra al riposo
e non distendono il corpo sui pagliericci. Durante la notte
attendono alle incombenze e vigili si aggirano per la città.
Non ostante ciò il nobile Marchese schiera i suoi
in guerra e pensa allo scontro e alla guerra imminente. **7r**
Trascorre la notte insonne e lieto dispone le schiere
per l'orrenda guerra, per il giorno successivo,

Cum quadriga polum lustrasset tunc mora tarda
Vlla uiris fieret, quin cladem exercitus hosti
Exiret referens, Venetumque in castra ueniret.
Et iam prima torum Tithoni Aurora relinquens,
Luce noua terras spargebat et aethera summum;
Iamque hinnitus equum frendens per tota uagatur
Moenia, et armatus sacrata palatia regis
Miles adit, uisuntque omnes Gonzagia tecta.
Innumero ueluti formicarum agmine tellus
Tecta iacet, repetunt cum nigra cubilia densae,
Horrea sub terris statuentes, unde futura
Tempestate hiemis possint deducere uitam,
Sic ruit armatus miles, neque uocibus usque
Parcit, et assiduo Gonzagae nomina tollit
Principis aduentus alacres ad limina tecti
Expectantque duces equitum peditumque cateruae.
7v Progreditur tandem, densa comitante uirorum
Turba, alacris, omnes superans, atque ense decoro
Insignis, uultuque micans ceu numen Olympi.
Vt primum ad postes et regia limina tecti
Deuentum est, omnis citius conscendere iussit:
«Pergat equos, stimulisque suis terat ilia miles».
Et pedites, sumptis telis sumptaque pharetra,
Procedunt, rapidique simul tunc iussa sequuntur
Atque in uota Iouem poscunt, utque omine dextro
Res eat et possint uictricia signa referre.
Vota pater superum percepit, et annuit ultro,
Auxiliumque uiris summa promisit ab arce
Flumina per Stygii fratris. Quae fallere nulli
Caelicolum licitum est, per quae promissa resolui
Summum crede nefas omnique ex parte timendum.
Iamque adeo exierat portis hinc turma reclusis,
et peditum fulgens armis atque aere caterua.
Scandebantque uiri muros, oculisque sequuntur
Agmina per campos uolucri properantia cursu.
8r Ecce autem ut primum lapidem Lodouicus ab urbe
Attigit (ut peribent) pauidum per rura leonem
Currere lata, duces pedibus nec parcere cernunt.
Aethere quem missus sequitur Iouis armiger alis
Intrepidus. Iam iamque humeris haerere leonis,
Aspiciunt aquilam pedibusque erumpere curuis
Lumina et in pectus rostro saeuire cruento,
Vnguibus ora simul totumque obtundere corpus.
At leo nequicquam laniatus pellere tendit.
Illa nihil cessans miserum lacerare tenaci

7r: 7 thorum GM. 15 hyemis GM. 18 aduentuu M, alacris M. 7v: mlimina G. 7 sumtque M. 11 percaepit G. 14 coelicolum M, quam GM.

perché, mentre Apollo col cocchio illumina il cielo,
i soldati non incontrino ostacolo alcuno, anzi
sconfiggano il nemico e penetrino nel campo
dei Veneti. Già l'Aurora, lasciando per prima il letto
di Titone,[21] inondava la terra e il cielo di nuova luce;
già il nitrito e il fremito dei cavalli si diffonde
per le mura, quando in armi i soldati si recano al sacro
palazzo del re e ammirano tutti la casa dei Gonzaga.
Come infinita schiera di formiche copre la terra,
quando compatte tornano negli oscuri ricoveri
per riporre sotto terra le provviste, perché
il prossimo inverno possano vivere tranquille,
così avanza armato l'esercito, innalza grida,
invoca spesso il nome del principe Gonzaga
e aspetta impaziente l'arrivo di chi comanda
gli squadroni di cavalleria e le schiere di fanteria.
Quando, accompagnato da folta schiera di uomini, **7v**
esce, energico supera tutti, per singolare bagliore
della spada e, luminoso in volto, sembra un dio
dell'Olimpo. Appena giungono davanti alle porte
della reggia, ordina ai soldati di montar in sella,
di avanzare con i cavalli e spronarne i fianchi
con gli speroni. La fanteria brandisce le armi, indossa
la faretra, avanza e, mentre rapida esegue gli ordini,
con promesse solenni chiede a Giove che l'impresa
abbia esito favorevole e vittoriosa riporti indietro
le insegne. Il padre dei celesti ode i voti e annuisce,
dall'alta sede promette a quegli eroi il suo aiuto,
giurando sul fiume Stige,[22] suo fratello. Tale
giuramento a nessun nume è permesso violare,
perché, credimi, è il più grande atto d'empietà.
Tutti devono rispettarlo. Le torme erano già uscite
dalle porte spalancate, i fanti luccicavano nelle armi
di bronzo, i difensori salgono sulle mura e con lo sguardo
seguono le schiere, lanciate di corsa per i campi.
Quando Ludovico giunge a un miglio dalla città, **8r**
vede, come si narra, correre per i vasti campi
un leone spaventato e i comandanti inseguirlo
senza posa. Inviato dal cielo il guerriero di Giove[23]
lo insegue intrepido a volo. Già vedono l'aquila
avventarsi sulle terga del leone, lacerarlo con gli artigli
ricurvi, avventarsi col rostro cruento sul occhi
e sul petto e dilaniargli ad un tempo la faccia e il corpo.
Ma il leone, pur ferito, cerca di scacciarla. Quella
senza posa lacera il misero col rostro tenace,

Ore, premit dorsum, sequiturque rapacius hostem
Vnguibus opprimere, et saeuo consternere morsu.
Concidit ille aquila perfossus et undique caesus
Viribus exanimis tandem, mirabile uisu,
Omnibus. At superum diuina potentia regis
Maxima quaeque facit nostraeque incognita menti,
Et placet his signis crebro ostendisse futura.
Obstupuere omnes socii; sed Marchio summus
Intrepidus mansit, manibusque orasse supinis
8v Fertur multa Iouem supplex his uocibus usus:
«Iuppiter omnipotens, qui fulmina missa per auras
Detorques, iustoque regis moderamine caelum,
Aspice nos, coeptisque faue, atque haec omnia firma».
Tum Gonzaga suos oculos super agmina uoluens,
«O proceres! audite», inquit, «quid numina diuum
Ostendant caelique pater, spes discite uestras.
Stant Venetum depicta ducum uexilla leone;
Haec cunei turmaeque simul deprompta sequuntur.
Nostra aquilas uexilla gerunt. Nos Iuppiter ipse
Adiuuat, a cuius leo concidit alite caesus.
Vtque aquila e summo caeli demissa leonem
Vnguibus occidit, sic nos insignia bello
Vincemus, Venetumque dolos superabimus armis.
Fidite numinibus diuum. Nos omina caeli,
Summe deum, sequimur, tua iussa implemus ouantes».
Talibus egregii Lodouici uocibus omnis
Turba uirum exultant. Animi acceduntur ad omne
Hic facinus, mentemque uirum spes addita iuuit.
9r Iamque iter inceptum properant, laetaeque per arua
Procedunt turmae, dumos et opaca uiarum
Haud timide accelerant gressu superare citato.
Splendida per noctem iam pleno Cynthia cornu
Lustrabat tenebras. Mediumque emensa uiarum
Tendit densa cohors sublustri noctis in umbra,
Atque simul nascente die turrita cateruae
Moenia prospiciunt Venetum, quae dicere posses
Cyclopum fabricata manu, uel regis aquarum.
Namque coruscabant, positaeque ex ordine quercus
Iuncturas ualidas inter tellure serebant.
Agger erat lignis instructus et undique creta,
Quem uix marmorei lapides, non impetus hostis
Incumbens posset ruere et perfringere bello.
His geminae fuerant portae, quarum altera semper
Hostiles acies in praelia ferre solebat;
Altera militibus atque auxiliaribus armis

8v: 2 Iupiter GM. 3 coelum M. 5 summos M. 7 coelique M. 9 depromta M. 13 bello uincemus M. 15 coeli M. 9r: 1 incoeptum GM. 10 nanque G. 15 his M.

lo incalza sul dorso, crudele infierisce sul nemico,
lo serra con gli artigli e lo abbatte con morsi crudeli.
Cade il leone sopraffatto dall'aquila, coperto di ferite,
senza forza, senza vita, spettacolo miserabile
per tutti. Ma la divina potenza del re dei numi
compie i più grandi prodigi, ignoti alla nostra mente;
e le piace predire spesso con questi segni il futuro.
Il seguito tutto rimane stupito; ma il nobile Marchese
si ferma coraggioso e si dice che, distese le mani,
supplice abbia pregato molto Giove, con queste parole: **8v**
«Giove onnipotente, tu, che i fulmini vibri per l'aria
e reggi il cielo con giustizia, volgi lo sguardo su di noi,
sostieni la nostra impresa, le nostre forze rinsalda».
Il Gonzaga allora, volgendo lo sguardo sulle schiere, dice:
«Dignitari, udite, quanto il volere degli dei e del padre
del cielo ci mostrano, siate consci della vostra speranza.
Dei condottieri veneti si innalzano i vessilli fregiati
col leone, che, appena si muovono son seguiti da torme
disposte a cuneo; le nostre insegne hanno l'aquila.
Il nostro aiuto è in Giove, dall'aquila del quale ucciso
cadde il leone. Come l'aquila inviata dal cielo dilaniò
il leone con gli artigli, così noi con la guerra vinceremo
le insegne venete e con le armi ne supereremo gli inganni.
Abbiate fede nel volere dei numi. Noi, o sommo dio,
seguiamo i presagi del cielo ed esultanti i tuoi ordini
adempiamo». A tali parole dell'egregio Ludovico tutto
l'esercito esulta, l'animo si infiamma pronto ad ogni
impresa. L'inattesa speranza solleva l'animo dei soldati.
Imboccato il sentiero, già avanzano; baldanzosi **9r**
gli squadroni procedono per i campi; si affrettano
con coraggio a superare boscaglie e sentieri coperti.
Splendente la luna piena nella notte attraversa
le tenebre. Una fitta schiera avanza per metà percorso
nella penombra della notte, e allo spuntar del giorno
l'esercito scorge le turrite mura dei Veneti, che
potresti dire costruite dalle mani dei Ciclopi o dal re
delle acque. Erano, infatti, scintillanti e travi di
quercia, disposte in parallelo tra le potenti giunture,
erano cementate con terra. Il terrapieno era d'ogni
parte costruito di legno e di creta, che né massi
di marmo, né un violento assalto nemico
né la guerra poteva abbattere o forzare.
Le mura avevano due porte: attraverso
la prima uscivano le schiere per la guerra;
la seconda offriva ai soldati e alle armi alleate

Praebebat fidos aditus tutosque recessus.
Venerat hinc delecta uirum manus, incluta bello,
9v Quae uenientum acies propellere, moenibus hostem
Arcere, atque armis muros defendere posset.
Hinc Cereris fuerant et Bacchi munera uecta;
Hinc tormenta, pilae solito de marmore ductae,
Telaque et armorum quicquid, cum praelia miscent,
Intrepidae rapiunt gentes, ut corpora possint
Tutari, haud iaculum ferro trepidare repulsum.
At Gonzaga nihil timidus, cui bellica Pallas
Suppeditabat opem, tumulo quam forte reductam
Vidit in excelsas sedes. Fulgentia pugnae
Signa iubet ferri, niueis tentoria uelis
Extendi, et circum uallo fossaque patenti
Cingere castra citos, uenientis ut impetus hostis
Tuto expectari possit, belloque repelli.
Signa locant homines, patulis ubi quattuor alis
Fulgebant agiles aquilae rostroque minaci.
Tristia credideris Venetum portendere fata.
Lignea testudo radiantis Apollinis ora,
Et cataphracta fremens et spicula rubra ferebant.
10r At Venetum uexilla necis portenta futurae
Pendebant. Veluti cum flos excisus aratro,
Demisit capitis fastigia summa recuruans;
Seu cum uulneribus percussus ab arbore multis
Ardua colla cadens reflexit ad infima ramus;
Et leo ceu domitus tristis facieque gementi
Adriacum secum cladem secumque suorum
Fata uidebantur contraria flere sub auras.
Postera lux, quatiens diuini stemmata solis,
Igniferis nostrum repetebat curribus axem.
Strenuus hic animo primum, manibuque potentes
Excitat ad pugnas acies equitumque phalangas
Marchio, et armato procedant ordine cuncti
Hinc pedites in bella iubet. Cecinere tubarum
Vndique clangores: sonitu nemus omne repletur.
Nec mora. Confestim sumptis in paelia telis,
Armati fulgent in equis, et spicula torquent.
Pars gladios in castra ferunt durasque bipennes,
Post peditum globus ille micans furit; arma capessit,
10v Exultatque animo fidens et pectore forti.
Lancea quorum alios decorat longissima pulchra
Cuspide prosiliens, alios in praelia ducit
Scorpio, quo possint hostilia terga ferire
Eminus, et rigido loricam frangere iactu.

9r: 19 inclyta GM. 9v: 9 quem ... reductum GM. 15 quatuor GM. 19 catafracta G. 10r: 16 sumtis M. 10v: 2 pulcra M.

sicuro accesso e ripari per la difesa. Di qui, inclita
in guerra, esce una scelta schiera di soldati,
perché scacci le schiere che sopraggiungono, **9v**
allontani il nemico dalle mura e le difenda
con le armi. Da quel luogo erano stati portati i doni
di Bacco e di Cerere, le macchine per la guerra, le dure
palle di pietra, dardi e armi d'ogni genere, che, quando
infuria la guerra, il difensore afferra con coraggio,
perché difenda il corpo e non tema il dardo allontanato
con la spada. Per nulla impaurito era il Gonzaga, al quale
forniva aiuto la bellicosa Pallade, che vide ritirata
nell'alta sua sede. Ordina di portare le luminose insegne
di guerra, di stendere i bianchi veli delle tende
e ai più svelti di cingere il campo con palizzata
e ampio fossato, perché possa, al sicuro, attendere
gli assalti del nemico, che avanza, e respingerlo
con la guerra. I soldati collocano le insegne, sulle quali
con le ali aperte quattro aquile snelle brillano con rostro
minaccioso. Avresti creduto che annunciassero tristi
presagi ai Veneti. Testuggini di legno, scricchiolanti
cotte e rossi dardi portavano il volto luminoso di Apollo.
Presagio di futura sconfitta, afflosciate pendono le insegne **10r**
venete. Come il fiore, reciso dall'aratro, piega la ritta
corolla e si curva verso il suolo; come un ramo
da numerosi colpi staccato dall'albero cade
e piega a terra l'aerea cima e come un leone
domato, afflitto e con volto gemente, così gli Adriesi[24]
sotto il cielo piangevano fra sé la sconfitta, il destino
avverso dei propri. Il giorno successivo, riportava
il volto del sole divino e ripercorreva il cielo col carro
infocato. Il valoroso Marchese incita alla guerra
le truppe e le torme dei cavalieri, forti d'animo
e di mano; ai fanti ordina di avanzare armati,
in assetto di guerra. Da ogni parte si leva il suono
della tromba. Al suono i boschi rimbombano
tutti. Nessuno Indugia. Impugnate subito le armi
per la guerra, i cavalieri rifulgono nelle armi,
scagliano frecce. Alcuni vanno nel campo
con spada e dura bipenne, alle spalle dei fanti,
la schiera sfavillante infuria, brandisce le armi
ed esulta, fiducioso nell'animo e nella forza **10v**
del petto. Balzando avanti conduce in guerra
gli uni armati di lunghe lance con la punta
scintillante, gli altri muniti di scorpione, per ferire
da lontano i nemici alle spalle e con duri colpi

Emittunt alii pilulas et in aera summum
Contorquent hostemque petunt, atque arma cruentant.
His instructus erat peditum globus, inclutus armis,
Statque manum conferre simul, propriaeque priclum
Omne subire necis, patriae uexilla tueri.
Inde ruunt omnes, animisque in bella feruntur
Intrepidis, et signa ducis sublata sequuntur.
Horrendum dant aera sonum, creberque uirorum
Increpuit strepitus. Veluti cum grandine missa
Intonuit caelum, terraeque procacibus Austris
Vndique miscentur, reboat clamoribus aether.
Iamque propinquabant fossis, et spicula in auras
Torquebant tenues, exordia maxima pugnae,
Prospiciunt Veneti tenebras insurgere campis,
11r Atque nigram subito glomerari puluere nubem.
Tollitur in caelum clamor, cunctique repente
Hostiles cernunt acies procedere campis.
«Ferte citi ferrum! Muros conscendite! Portas
Claudite», conclamant. Gonzagia turba uirorum
Accelerat rapide sumptis in moenia telis.
Haud mora iunguntur postes, murosque per omnes
Procedunt Venetum gentes, et moenia complent.
Primus ibi ante omnes miro Gonzaga cateruas
Robore praefulgens, animos ad bella uirorum
Hortatur, laudisque uiros accendit amore:
«O socii!, quos longa mihi dulcisque per omnem
Cognita fortunam pietas coniunxit amore
Protinus ingenti, solitis nunc uiribus usus,
Quas ego per multos casus expertus adesse
Intrepidas noui. Patriae nunc iura tueri
Est opus, et timidas acies superare necesse.
Sunt fortes quaecunque animi per praelia nobis.
Miles at Euganeus latis concurrere campis
11v Extimet, atque hostis penitus fugit ora ferocis;
Haud patitur propius uenientis cernere turmas,
Extemplo sed terga fugae committit, et hostem
Territus, ut longe uenientem prospicit, horret.
Quare agite, o socii, laetis in praelia quisque
Exultans animis pergat, properetque timentes
Vincere, et in praedam Venetum diuertere gazam.
Nam mihi nil posco, dum praesim; cetera uobis
Largior, exuuias, aurum quodcumque cadenti
Castello fuerit raptum capietis, amici.
Iuppiter ipse polo demisit signa futurae
Omnipotens palmae: uidistis terga leonis
Vnguibus atque aquilae rostro cecidisse cruento».

10v: 8 inclytus GM. 15 coelum M. 11r: 6 sumtis M. 10 animosad M. 15 permultas G. 11v: 11 Iupiter GM. unquam GM.

frantumare la corazza. Altri scagliano piccole palle in alto, aggrediscono il nemico e bagnano le armi di sangue. Lui, inclito nelle armi, era così dotato d'uno stuolo di soldati, pronti a combattere e ad affrontare ogni pericolo, anche la morte, per salvare i vessilli della patria. Si lanciano compatti e, spinti alla guerra dall'animo coraggioso, seguono le insegne del comandante. Orrendo suono emettono le armi di bronzo, insistenti degli eroi rimbombano le grida. Come quando grandina il cielo rimbomba di tuoni e la terra dalla violenza di Austro, così l'aria risuona di grida. Già si avvicinavano al fossato e i dardi, esordio di sanguinosa battaglia, leggeri volavano per l'aria. I Veneti vedono alzarsi le tenebre dai campi e subito si addensa un nero nugolo di polvere. **11r** Si levano al cielo le grida e tutti all'improvviso vedono ovunque avanzare nei campi le schiere nemiche. Insieme gridano: «Forza con le armi! Scalate le mura! Chiudete le porte!». L'esercito del Gonzaga con le armi in pugno si precipita verso le mura. Senza indugio si chiudono le porte, i Veneti si appostano in ogni parte sulle mura e riempiono la città. Davanti a tutti il Gonzaga, spiccando per l'inclito valore, per primo i suoi uomini esorta alla guerra, e bramosi di lodi li infiamma con tali parole: «Compagni, una grande devozione, da me sperimentata in varie circostanze, ci ha subito uniti con grande affetto, trovando in voi solide forze; e io, dopo averle sperimentate in varie occasioni, so che sono valorose. Ora bisogna difendere i diritti della patria. Ho uomini valorosi per qualsiasi guerra. L'esercito euganeo crede di azzuffarsi sui nostri campi, ma alla vista del valoroso nemico subito fugge; **11v** non ardisce vedere da vicino le torme che avanzano, ma subito volge le spalle, fugge e, spaventato, teme il nemico, appena lo vede venire da lontano. Perciò, compagni, coraggio! Ciascuno affronti la guerra con gioia, con animo lieto si affretti a vincere quei timorosi, a trasformare in bottino gli averi dei Veneti. Finché sarò vostro capo, per me non chiedo niente; a voi, amici, elargisco tutto: le spoglie, l'oro e quanto sarà portato via dal forte, caduto in vostro possesso. Giove onnipotente, proprio lui, dal cielo ha inviato il segno della futura vittoria: avete visto il leone, assalito alle spalle, cadere sotto gli artigli insanguinati dell'aquila». Appena il valoroso Gonzaga pronunciò queste parole, si dice che la cavalleria sia partita da sé all'attacco, si sia

Haec ubi dicta sagax dederat Gonzagius heros,
Cornipedes se sponte ferunt in bella tulisse,
Et celeres gressus contra duxisse furentis
Moenia, et inuitos homines in margine fossae
Sistere. Praecipitis, quos nec retinere, uolantes
nec loris cohibere umquam potuere phalanges.
12r Omnis in Adriacum discurrit moenia miles,
Et fossas implere parat, uallumque lacertis
Vellere, seu positis scalis ascendere muros;
Atque aditus circumlustrant, et tela retorquent,
Tristia pars mittit curuato spicula cornu.
Scorpioque infremuit, liquidumque per aera tendit
Viribus immensis catapulta immissa per hostes.
Ast alii torquent pilulas, atque omnia saeui
Instrumenta uolant belli, feralia multis.
Nec minus interea tenues pila missa per auras
Saxea constrepuit, quae tandem lapsa ruinam
Cum sonitu traxit, murorum summa uirosque
Consternens. Horrent Veneti tormenta uidentes,
Vt siluis cum cerua canes strepitusque uirorum
Aspicit instantes, gelida formidine prorsus
Territa discurrit, resonat latratibus aer,
Illa magis trepidat, neque se defendere contra
Lassa potest, sed crura fugae commissa uagantur
Haud aliter uallo inclusi timuere, nec ausi
12v Tutari quassata pilis sua moenia fusi;
Sed terrore nouo stupidae per castra cohortes
Currebant; nec quid faciant (timor altus in omnes
Iuerat, atque pauor superarat robora mentis)
Scire satis possunt; omnique ex parte laborant.
Interea Adriacum ductor Benzonus equorum
Guido manu praestans ingenti atque inclutus armis,
Militibus deserta uidet loca summa fuisse,
Atque intus trepidare omnes, hostemque ferocem
Insultantem armis, cladемque afferre paratum,
Conuocat armatos cuneos, quos bella timentis
Viderat, et breuiter dictis ita fatur amaris:
«Pristina num uirtus, socii, de pectore uestro
Excidit aufugiens, penitusque extincta resedit?
Nonne pudet ualidos stupefacta in praelia ferre
Corda pauore uiros? cur sic trepidatis ut agna,
Plurima cum cursu peragrauerit arua, labore
Fessa dein nullum sentit praecordia robur
Mittere, nec uires surgunt per membra timentum?
13r An prope uenturas acies, et bella manetis

12r: 7 Catapulta M. 9 faeralia GM. syluis M. 12v: 4 mentes M. 8 inclytus GM. timentes M.
13r: 1 manentis M.

diretta contro le mura con andatura veloce; che i soldati
posti sul ciglio del fossato resistessero contro voglia.
Le armate non riuscirono a trattenere gli assalitori, che
correvano a capofitto, né a frenare la corsa con le corregge.
I soldati si lanciano contro le mura di Adria, **12r**
si preparano a riempire il fossato, a divellere i pali
a forza di braccia o a salire con scale sulle mura;
ispezionano gli ingressi, scagliano giavellotti,
alcuni con l'arco ricurvo lanciano frecce funeste.
Lo scorpione sibila e per l'aria limpida
la catapulta si apre con violenza la strada tra
i nemici. Altri lanciano pallottole e nella crudeltà
della zuffa vola ogni tipo di armi, per molti fatali.
Intanto per l'aria limpida volano anche palle
di pietra, che cadono con strepito, provocano
crolli, abbattono la sommità delle mura, uccidono
uomini. Tremano i Veneti nel vedere le macchine
da guerra. Come nei boschi quando una cerva
si vede assalita dai cani e dalle grida di uomini,
presa da gelido terrore fugge qua e là; l'aria risuona
di latrati, quella trema di più e, stanca, non riesce
a difendersi; ma in preda alla fuga corre or qua or là,
così i Veneti, chiusi nella trincea, tremano, né vinti
osano difendere le mura scosse dalle armi da getto; **12v**
ma stordite da nuovo timore le schiere si aggiravano
per l'accampamento, non sapevano come comportarsi
– una grande paura si era impadronita di tutti
e il terrore dominava il vigore della mente – e cadevano
da ogni parte. Intanto il comandante della cavalleria
adriese Guido Benzoni, forte per l'agguerrita torma
e valoroso nelle armi, vede deserta la sommità delle mura
e tutti all'interno in preda alla paura, scorge il valoroso
nemico incalzare con le armi e pronto a infliggere
la sconfitta; raccoglie in armi i cunei, che aveva visto
tremare per la guerra, e con amare parole, in breve, dice:
«È caduto o, forse, è fuggito, compagni, dal vostro petto
l'antico valore e, del tutto estinto, langue? Voi, che pure
siete uomini valorosi, non vi vergognate di andare in guerra
in preda alla paura? Perché tremate come un'agnella,
che, dopo aver corso qua e là per i campi, stanca
per la fatica nessun vigore le rimane in cuore,
le forze non risorgono nelle vostre membra
tremanti? o aspettate che le bellicose schiere **13r**

Comminus, horrisono srepitu dum moenia saeui
Intrabunt hostes, gladiis dum nostra cruentis
Agmina diuellent, et inertia corpora fundent?
Surgite, et indomitas pugnando promite uires,
Et canam seruate fidem! Sunt brachia nobis
Atque manus, totidem telorum copia magna est,
Quis homines caeco uel aperto laedere Marte
Possumus instantes, atque omnia rite tueri».
Sic memorans, pugnae pauidos accendit amore
Atque in bella trahit. Neque iam formidine sanguis
Cogitur, aut trepidant murorum insistere pinnis.
Deuoluunt hinc saxa uiri, uolucresque sagittas
Immittunt, omnique parant defendere muros
Telorum genere, et propellere moenibus hostem.
Sanguine complentur fossae, miserandaque caedes
Vtrimque exoritur. Sternuntur plurima passim
Corpora pugnantum. Iaculo cadit ille uolanti
Ictus, et ille pila prostratus, sanguine fuso,
13v Oppetit ante diem, et morientia lumina claudit.
Ac ueluti pecudes in curuo litore caesae,
Sanguine cuncta luunt, atro madefacta colore
Lympha fluit, multoque rubent de sanguine ripae,
Haud aliter fuso manabat terra cruore,
Quem Venetus miles simul et Gonzagius ense
Hauserat, aut iaculis gererent cum Martia bella.
Non tamen ulla mora est pugnae, non arma quiescunt,
Sed magis accendunt animos. Mars impius omnes
Excitat Adriacos, et uires suggerit acris.
Quem procul inspiciens oculis Tritonia saeuis,
Conuocat horrisonum Pallas, dextraque prehensa
Alloquitur: «Mars, saeue uirum populator et ora
Semper caede madens regnis et moenibus altis
Exitium crudele, decet nos cedere pugnae:
Non animos uiresque nouas afferre paratis
Militibus pugnae, Iouis ut uitare furorem
Possimus superi. Propriis sed uiribus omnis
Irruat in bellum miles, uibretque sagittas».
14r Haec dicens bello eduxit Tritonia Martem.
Semiuir interea bis septem sidera Chiron
Duxerat, et toto cirumfulgebat Olympo.
Herculis hunc quondam squalentia tela uenenis
Fixerunt; neque tunc potuit medicamine doctus
Pellere, centauri quae sanguine tincta sagitta
Fecerat, in laeuam cecidit cum uulnere plantam.
Sed cum nona dies nitido caput extulit ore,

13r: 2 cominus GM. 8 ledere G. 17 utrinque GM. 13v: 2 littore GM. 12 praehensa GM. 14r: 2 sydera GM. 7 uulnera G.

si avvicinino e crudeli i nemici con fragoroso
tumulto entrino tra le mura, annientino con la spada
cruenta le nostre schiere e disperdano noi inerti?
Svegliatevi! E combattendo mostrate l'indomito
coraggio e intatta mantenete la promessa. Le braccia
non ci mancano, non le armi, altrettanto abbondanti
sono i dardi con i quali o in agguati o in scontri aperti
incalzando, possiamo colpire gli aggressori e difendere
tutto». Con tali parole infonde nei pavidi ardore
per la guerra e li trascina nella zuffa. Non si fermano
alla vista del sangue, né temono d'attendere tra i merli
delle mura. Da qui i difensori precipitano sassi, scagliano
veloci frecce, si apprestano a difendere le mura con ogni
genere di armi e ad allontanare i nemici dai bastioni.
I fossati si riempiono di sangue, comincia una miserevole
strage dall'una e dall'altra parte. Qua e là giacciono
i corpi di molti combattenti. Quegli cade ferito da celere
dardo, quegli, colpito da una palla, perde sangue,
muore anzitempo e, morendo, chiude gli occhi. **13v**
Come le pecore sgozzate sul lido ricurvo impregnano
tutto di sangue e l'acqua scorre tinta di rosso e le rive
per il molto sangue rosseggiano, così la terra trasuda
per il troppo sangue, che insieme Mantovani e Veneti
avevano versato, mentre con la spada o il giavellotto,
si affrontavano con coraggio. Nessun indugio frena
lo scontro, non stanno inoperose le armi, ma accendono
ancor più gli animi. L'empio Marte incita gli Adriesi
e violento ne accresce il vigore. Appena la Tritonia[25]
Pallade da lungi vede lui dalla voce cupa,
con truce cipiglio lo afferra con la destra e gli dice:
«Marte, rovina crudele d'eroi, hai gli occhi sempre
assetati di sangue; sei rovina nefasta dei regni e delle
mura, dobbiamo ritirarci dalla battaglia: non possiamo
noi aggiungere coraggio e nuovo vigore alle truppe
schierate per lo scontro, perché anche noi superi
evitiamo lo sdegno di Giove. Ogni soldato nello scontro
si batta e scagli i dardi con le proprie forze».
Mentre così diceva, la Tritonia trasse via Marte **14r**
dalla guerra. Intanto il centauro Chirone[26] aveva
condotto le quattordici stelle e avvolgeva l'Olimpo
di luce. Lo trafissero un giorno le fecce
di Ercole intrise di veleno; ma lui, pur esperto
di medicina, non riuscì a svellerle; aveva intriso
le frecce col sangue del centauro, quando si imbatté
nella dannosa genia. Quando il nono giorno

Corpore bis septem stellis clarissimus, altum
(Vt perhibent) fato meliore ascendit Olympum.
Continuo Gonzaga uocans in bella cohortes
Excitat, et dictis heros ita fatur amicis:
«O iuuenes, solitis incumbite uiribus omnes.
Non pater ille deum, qui primi foedera sacrae
Fregerunt pacis, Venetis Venetumque cateruae
Porriget auxilium. Quorum lacerata feroci
Corpora uultur edet rostro, seu garrula cornix.
Nos patriae laeti sedes, natosque loquaces,
Vxoresque simul caras uisemus ouantes.
14v Non prius in tenebras lux haec mutabitur ullas,
quam nostris sit opima armis uictoria parta».
Talibus accendit uerbis Lodouicus in arma
Agmina dura uirum. Subito delecta iuuentus
Surgit, et in Venetum spisso ruit ordine portas.
Densa canum ueluti loca per dumosa luporum
Terga sequens, hortata diu uenantibus ipsis
Turba premit, sequitur trepidos, et robore toto
Nititur impasti uentris satiare furorem,
Sic densae accurrunt acies et mollibus omnis
Viminibus complent fossas; neque tela nec ignes
Terrorem incutiunt. Veneti se e turribus altis
Defendunt, nec tela manu demittere frustra
Adriaci cessant, hostesque repellere tendunt.
Nec minus incumbens animo Gonzagia forti
Turba pilis certat iaculisque uolantibus hostem
Pellere. Pars ingens euulsis moenia uallis,
Dum timidi aufugiunt Veneti, dum spicula uitant,
Ingreditur, sociisque aditum uenientibus offert.
15r Iamque oritur clamorque uirum strepitusque furentum,
Agmine condenso, terrent clamoribus hostes.
Haud aliter, cum turba gruum super aethere nimbos
Aufugiens, pluuiasque graues ad litora magno
Oceani clangore uolat, caedemque minatur
Pygmaeis nanisque feram per uulnera mortem,
Irrumpunt omnes aditus, multosque trucidant,
Moenia dirumpunt atque omnia milite complent.
Postquam spes Venetum et sumptae fiducia pugnae
Concidit hostili gladio, cessitque superbae
Mentis opus, penitus trepidi per strata uiarum
Aufugiunt cuncti, neque iam defendere telis
Contendunt, neque tela manu super aethera torquent.
Sed fuga sollicitis spes sola relicta salutis:
Ordine per campos uario cursuque feruntur

15r: 4 littora GM. 5 occeani G[1] em. 9 sumtae M.

fulgido sorse, col corpo illuminato da quattordici stelle, ascese, come si dice, con migliore sorte sull'alto Olimpo. Subito Gonzaga chiama in guerra le coorti, le incita e si rivolge loro con parole amiche: «O giovani, correte tutti all'assalto col solito ardore. Il padre degli dei non offrirà aiuto ai Veneti e alle loro schiere, perché per primi hanno violato i sacri vincoli della pace. I loro corpi trafitti divorerà il rostro del feroce avvoltoio o la garrula cornacchia. Noi lieti vedremo le paterne dimore, i loquaci pargoli, le care mogli, che ci accolgono con grida di gioia. Prima che a questo giorno succeda la notte, le nostre **14v** armi riporteranno una spendida vittoria». Con queste parole Ludovico infiammò allo scontro le agguerrite schiere. Subito si leva un corpo scelto di giovani e, compatto, si avventa contro le porte dei Veneti. Come una muta di cani, a lungo incitata dai cacciatori, insegue tra folti cespugli un branco di lupi, li attacca alle spalle e li incalza impauriti, mentre cerca di saziare gli stimoli della fame, così serrate corrono le schiere e riempiono le fosse di flessibili vimini: né i dardi né il fuoco incutono paura. I Veneti si difendono dalle torri, e gli Adriesi non cessano di scagliare invano i dardi e cercano di respingere il nemico. L'esercito del Gonzaga, accostandosi con animo forte, combatte e con dardi allontana il nemico. Una parte consistente, scardinata la palizzata, abbandona le mura; e, mentre timidi i Veneti fuggono ed evitano i dardi, entra e mostra il varco ai compagni che lo seguono. Già si innalzano le grida tumultuose dei soldati **15r** furenti, che, compatti, atterriscono con urla di guerra i nemici. Come uno stormo di gru apportatrici di pioggia, levandosi in alto, evita i nembi, con strida vola sull'oceano e ai Pigmei strage minaccia e morte crudele in seguito alle ferite, così quelli irrompono nei varchi, uccidono molti nemici, abbattono le mura e riempiono ogni dove di soldati. Quando nei Veneti la fiducia e la speranza nello scontro intrapreso cade sotto la spada nemica, e viene meno l'orgoglio nella mente superba, presi dalla paura fuggono per le vie lastricate; non cercano di difendersi con le armi né scagliano più in aria i giavellotti. Nello scompiglio la speranza di salvezza è nella fuga: in ordine sparso, e di corsa, si diffondono nei campi

Festino timidi. Tenebrosus puluis in arua
Erigitur turbatque oculos caligine nubes.
Martius at posito captis in moenibus heros
Praesidio, insequitur fugientum terga, uirosque
15v Increpat: «O Phrygio Veneti de sanguine nati,
Quos neque Gradiuus docuit Mars praelia telis,
Nec gladiis in bella acies duxisse cruentis,
Linquite tela uiri molles et cedite ferro.
Vos remis contisque rates impellere rector
Aequoris instituit; uos per mare lata carina
Ducit inexpertes belli pugnaeque furentis.
Non Notus hic madidus, Boreas Zephyrusue tepenti
Expetitur flatu; non Eurus turbine nigro
Hic fremit horrendo crepitu pila saxea rumpens.
Hic opus est iaculis, non hic siphonibus usus,
non natat uncta uadis abies, non aequora turgent.
Haud decet Adriaci gentes in bella togatas
Tendere. Vos uestris decet indulgere choreis,
Seu merces uectare nouas, non fidere ferro».
Talibus increpitat Venetum languentia corda;
atque simul cum uoce sua comitante caterua
prosequitur trepidos. Iam iamque hostilia terga
attigerat, pauidosque quati formidine cernit.
16r Atque renitentes multi capiuntur, et illis
Profuit haud fugisse solo: neque cursus equorum,
Seu rapidum uentosa pedum uis abstulit hosti.
Nec turbam memorasse uelim, quam uersibus omnem
Non mihi, si centum resonarent pectora linguis,
Voxque foret penitus nullo cessabilis aeuo,
complecti possem, neque tanta est corde cupido.
Ductoresque canam primasque ex ordine gentes.
Ipse uirum ductor Venetum, quem exercitus omnis
Extimuit, coluitque ducem, cui paruit ultro.
Benzonus capitur Guido, neque profuit illi,
Innumeras habuisse manus. Benzonus et alter
Franciscus capitur, neque se defendere contra
Richardus, pulchrisque potens Antonius armis.
Flaminia de gente sati ualuere, nec hostem
Vngarus aufugit. Paulus, quem Brixia carum
Edidit, instantes tergo praelabitur hostis,
Nec fugisse tamen potuit: sed casside tentus
Haesit, et hostilis sequitur uestigia turmae.
16v Bergomeique duo capiuntur ab hoste: Ioannes
Paganusque sagax, praestansque Georgius armis,
Teutonicusque simul Iulianus et Angelus acer,
Paulus et a multo capitosus uertice dictus.

15v: 2 gradiuus M. 18 iamiamque G. 16r: 14 Ricardus GM, pulcrisque M. 17 hostes M. 16v: 1 Iohannes GM. Iŭlianus m.c. 4 capitosus hapax.

spaventati. Nei campi si alza un nero nugolo di polvere
e una nube caliginosa ne impedisce la vista. L'eroe
bellicoso, raccolti i prigionieri in un presidio
dentro le mura, insegue i fuggitivi, e così
li rimprovera: «O Veneti, nati da sangue frigio, ai quali **15v**
Marte Gradivo[27] né insegnò a combattere, né a condurre
le schiere all'assalto con dardi insanguinati, deponete
le armi; e, imbelli, consegnate la spada. A voi il dio
del mare ha insegnato a spingere le navi con i remi
e a governarle col timone; per il vasto mare la nave
porta voi, non nati per la guerra né per lo scontro feroce.
Qui non Noto piovoso, non Borea o Zefiro vi viene
incontro con tiepido soffio, non imperversa Euro con nero
turbine, frangendo con cupo rimbombo le dighe di pietra.
Qui si maneggiano le armi, non le pompe per gli incendi;
non galleggia la nave arenata nelle secche, il mare
non si rigonfia. Non devono gli Adriesi muovere guerra
a gente pacifica. Voi dovete attendere alle danze,[28]
trasportare nuove merci, non riporre fiducia nella spada».
Con queste parole biasima lo spaventato petto dei
Veneti; e, mentre, seguito dalle schiere, li rampogna,
incalza i fuggitivi atterriti. Era già alle spalle dei nemici,
quando si accorge che quelli, sbigottiti erano scossi
dalla paura. Molti sono catturati mentre resistono; **16r**
e fu la loro salvezza l'aver tenuto il posto: né l'assalto
della cavalleria né il veloce attacco dei fanti li avrebbe
sottratti al nemico. Non vorrei ricordare la schiera, che tutta
nei versi non potrei contenere, anche se nel petto cento
lingue vibrassero e intatta mi rimanesse la voce per tutta
la vita. Nel petto non mi arde desiderio sì grande.
Canterò i condottieri e, in ordine, i popoli più importanti.
Viene catturato Guido Benzono, comandante dei Veneti,
che tutto l'esercito temeva e considerava suo capo
e gli obbediva con piacere; ma non riuscirono le molte
schiere a salvarlo. Viene catturato anche Francesco,
il secondo Benzono; non riuscì a difendersi
Riccardo e Antonio, pur forti per uno scelto corpo di armati.
Nati dalla famiglia dei Flamini ebbero la meglio,
ma non l'Ungaro. Non si sottrasse al nemico Paolo, caro
a Brescia: mentre i nemici lo incalzano, scivola
e non riesce a fuggire; ma, trattenuto dall'elmo,
rimane bloccato e segue la schiera nemica.
Sono catturati due Bergamaschi, Giovanni e Pagano **16v**
durante le fuga; Giorgio, valoroso nelle armi
con Giuliano Teutonico, l'agguerrito Angelo e Paolo,
detto il testone per l'eccessiva grandezza del capo.

Cornipedem stimulis premeret cum Antonius, hostem
Sensit adesse, manusque humeris imponere latis,
Et galeae conum deprehendere. Misit ab annis
In Veneta regione satum Vincentia primis.
Captus ab hoste, dedit quem pulchra Nouaria fortem,
Magnanimus Brascheta fuit. Passimque per agros
Innumeri capiuntur equi, capiuntur et arma;
Quaeque feri curuo ponuntur ephippia dorso,
Multaque gaza uirum. Quorum si dicere prorsus
Ipse uelim numerum, citius quot uicerit Hector,
Aeacidesque uiros, quot Punicus Hannibal una
Luce uiros iuxta Cannas superauerit et quot,
Expediam, conuexa polo dent sidera lucem.
Forsitan e tanto numero non ullus abisset
Nuntius immensae cladis, cunctique dedissent
17r Colla iugo, captique simul traherentur ab hoste,
Ni palmas caelo tendens utrasque supinas
Turba, preces regi superi fudisset Olympi
atque in uota Iouem supplex trepidansque uocasset.
«Iuppiter omnipotens, tibi si mortalia curae
Existunt, si quid pietas antiqua labores
Respicit humanos, hostilem euadere turmam
Da, pater, et tenuis Venetum res eripe leto».
Dixit. Et effusis tempestas imbribus atra
Defluit actutum, subitis, mirabile dictu,
Arua teguntur aquis, pelagusque increuit aquarum.
Iamque nihil nisi pontus erat, iamque omne timebat
Alituum pecudumque genus, tellure subacta
Ne foret, unde sibi possint assumere uictum.
Tum captus nouitate rei Lodouicus in unum
Colligit armatos, atque in dirupta reducit
Moenia, iam tenebris toto surgentibus orbe.

LIBER SECVNDVS INCIPIT FELICITER

17v Martius, ut primum terris lux alma refulsit,
Conuocat armatos princeps operumque labori
Colligit omne genus: sternuntur moenia passim,
praecipitesque parant trabibus, tellure cohortes
Et fossas complere cauas et sternere quidquid
Liquerat intactum stridentum missa pilarum
Aera per liquidum uis saxea. Diruta cedunt
Cuncta solo, sonituque trahunt euulsa ruinam,
Instaurare iterum Veneti ne moenia possent

16v: 9 pulcra M. 15 peragros M. 17 sydera GM. 19 nuncius GM. 17r: 5 Iupiter GM. 8 tenues M, loeto G.

Mentre con gli speroni incitava il cavallo, Antonio
avverte il nemico alle spalle, mentre le mani sulle
ampie terga già afferravano la cima dell'elmo.
Nato nel Veneto, giovanissimo era venuto da Vicenza.
Fu catturato il valoroso Brascheta, venuto dalla
bella Novara. Qua e là nei campi numerosi cavalieri
vengono catturati, sottratte le armi; sulla schiena
ricurva degli animali sono posti come basto
i molti beni degli uomini. Se volessi enumerare
tutti i morti, sarebbe più facile dire quanti ne vinse
Ettore, quanti Achille, quanti il cartaginese Annibale
in un sol giorno ne uccise a Canne[29] e quante
stelle brillano nel cielo convesso. Di un numero
così grande, forse, non sarebbe giunto messaggero
alcuno dell'immane strage e tutti avrebbero accolto
il giogo e catturati sarebbero stati trascinati dal nemico, **17r**
se i prigionieri, con le palme rivolte in alto,
non avessero rivolto preci al supremo re dell'Olimpo,
innalzato voti e, supplici, pregato Giove in preda
alla paura: «Giove onnipotente, se ti sta a cuore
la sorte dei mortali, se l'antica pietà ti piega alle umane
sofferenze, concedici, o padre, di sfuggire all'esercito
nemico, e strappa alla morte le deboli schiere
dei Veneti». Così pregarono. Un violento acquazzone
all'improvviso cadde giù e, mirabile a dirsi, coprì
d'acqua la distesa sconfinata di campi.
Già tutto era un mare, gli uccelli del cielo
e, sommersa la terra, il bestiame temevano
che non ci fosse più luogo onde prendere il cibo.
Sbalordito allora per l'inusitato evento, Ludovico
raccolse l'esercito e lo ricondusse tra le mura
diroccate, mentre sulla terra scendevano le tenebre.

LIBRO SECONDO

Il bellicoso Principe, appena proprizio spunta il giorno **17v**
sulla terra, raccoglie tutti i mezzi necessari per l'assalto.
In più luoghi sono rase al suolo le mura, precipitoso
l'esercito si prepara a colmare con travi e terra
i profondi fossati, ad abbattere quanto avevano lasciato
in piedi le palle di pietra, che, scagliate con violenza,
sibilavano per l'aria serena. Colpito il muro crolla e,
schiantandosi al suolo con fragore, provoca varchi, che
i Veneti non possono rimettere di nuovo a posto le mura

Semiruta atque iterum structo confidere uallo.
Postquam cuncta uidet manibus prostrata uirorum
Marchio magnanimus, turmas atque agmina castris
Educit, properatque alio traducere gentes.
Haud procul hinc colitur Godium, quod Mincius usque
Abluit, hinc tendens atque undis moenia fulcit.
Hinc limosa palus luctus Venetumque doloris
Causa frequens; tantae castellum cladis origo.
18r Huc armis instructa manus numerosa meabat,
Imperiis parere sui promptissima regis.
Ibat et egregiis praestans Tibertus in armis
Brandolinus equi similis, qui signa tubarum
Crebrius accipiens, huc atque huc uoluitur auras
Calcibus insultans atque ictibus aera pulsat.
Hunc pius Insubrium dux illis forte diebus
Miserat auxilio Gonzagae Marte potentem.
Hunc delecta manus iuuenum comitata, ferebat
Pectore magnanimo non segnis aequore gressus.
Exultantque animis, et magna pericula rerum
Expertae tolerare acies nulla arma tremiscunt.
Accelerantque hilares, tacitum spirantia robur
Agmina per campos properant, animisque parata
Tutarique suos, et opem praebere uicissim.
Ille dies aderat, populi quem Roma potentis
Publica sacrarat tibi, Fors, coluere Quirites
Atque aram posuere tibi. Nunc moenia Martis
Desere et huc adsis regi pede, diuua, secundo,
18v Inuicti ueniat donec Iouis atque Mineruae
Laeta dies; felix oritur post ales adunco
Grata Ioui rostro, suaque haec insignia dextro
Sidere prospiciet. De uertice nata parentis,
Ante pedes tunc prona Iouis, sic ferre memento
Fulmine, qui indomito fixisti terga Gigantum,
Iuppiter, et dignas hausisti sanguine poenas.
Per tua quae celeri praepes super alta uolatu
Fulmina porrexit, tanto quis magnus honore
Victor in orbe micas. Inuictaque nomina regis
Caelicolum, dextramque tuam, qua concutis orbem,
Perque tuos oculos, iuste quibus omnia cernis,
Arce sedens summa, precor ut decorata ferentes
Effigie uexilla aquilae, des uincere fausto
Fine triumphantis alacri clamore cateruas.
Iamque propinquabant Godio, iam strata uiarum
Complerant, latos superarant agmina campos,
Ligneus hic turmas pons excipit, inde cateruae
Moenia perceleres discurrunt ordine denso.

17v: 13 deducere M. 18r: 12 experta M. 14 martis M. 18v: 4 sydere GM. 7 Iupiter GM. 11 coelicolum M. 17 superant M.

semidistrutte e fidare nei bastioni ricostruiti. Quando
il magnanimo Marchese vede tutto al suolo ad opera
dei suoi soldati, conduce dal campo cavalleria
e fanteria e si prepara a condurle in un altro luogo,
contro altri nemici. Poco lontano si trova Goito, lambito
dal Mincio, che protegge le mura con le acque; forma
una limacciosa palude, per i Veneti causa frequente
di lutti dolorosi; e c'è il castello, origine di così grave
disfatta. Contro Goito si schiera in armi l'esercito **18r**
e avanza, pronto a obbedire agli ordini del re.
Fiero nelle splendide armi, procede Tiberto
Brandolino,[30] simile ad un cavallo, il quale
al suono continuo delle trombe balza qua e là,
s'impenna e sferra calci per aria. In quei giorni,
per caso, il devoto Duca degli Insubri[31] aveva
inviato quest'uomo in aiuto del Gonzaga; questi,
forte in guerra, guidava una scelta schiera di giovani
e con grande coraggio avanzava attraverso la palude.
Le schiere gioiscono nell'animo e, pratiche
nell'affrontare i pericoli, non temono davanti a nessuna
arma. Avanzano contente le schiere e, mentre il valore
spira silente, procedono per i campi pronte a difendere
i propri, a soccorrersi a vicenda. Era il giorno,[32]
nel quale il popolo potente di Roma e i Quiriti
a te, Fortuna, aveva pubblicamente innalzato
un'ara e ti veneravano. Ora abbandona
le mura di Marte[33] e qui, o dea, assisti propizia il re,
finché lieto non giunge il giorno dell'invitto Giove **18v**
e di Minerva; felice poi, a Giove gradita, l'aquila
dal rostro adunco si leva e con occhio propizio
dal cielo guarda questi stendardi. Nata dalla testa
del padre,[34] prona ai piedi di Giove, ricordati di venire;
e ricordati, o Giove, di venire col fulmine, col quale,
colpisti alle spalle gli indomiti Giganti,[35] e col loro sangue
assaporasti giusta vendetta. Col tuo aiuto attraverso
l'aria scagliò fulmini veloci, grazie ai quali
e per gli onori così grandi vincitore domini sul mondo.
Per l'invitto del re dei Celesti, per la tua destra,
con la quale scuoti la terra, per i tuoi occhi, con i quali
vedi tutto con giustizia, seduto sull'alto seggio,
ti prego di concedere ai vessilli effigiati con l'aquila
di vincere al fine le caterve nemiche, che senza posa innalzano
grida di trionfo. Già si avvicinavano a Goito,
l'esercito aveva già riempito le vie e superato
gli ampi spazi, quando imbocca un ponte di legno,
da dove a file serrate celere corre verso le mura.

19r In primis fulgens princeps, cui fortius intus
Cor manet intrepidum, nullo terrore pauescens.
Indomita ut ligni medio transfixa securis,
Excidensque trabes, manet inconcussa nec ullo
Robore corripitur, tenditque in uiscera semper,
Hic primum exultans altam Lodouicus in arcem
Progreditur, paruo numero comitante suorum.
Atque una Tibertus opus mirabile Martis,
Rimaturque locos, et circum lumina uoluit,
Quid sit opus facto, quaque et ratione ruentes
Despiciant hostes, Venetum neque bella repente
Aufugiant trepidi, facto munimine saepti.
Inspicit esse locum post moenia, quem satis ipsa
Reddiderat tutum natura fluentibus alma
Fontibus et riuis. Quem Marchio diuus et arte,
Captus amore loci, tutum mage mente uolutat
Reddere, quam in cerebro docuit Iouis edita Pallas.
Interea iubet agricolas hunc cingere sulco,
Munirique locum uallis, atque aggere denso.
19v Instant agrestes, scrobibus fastigia circum
Ima locant, fodiunt segetem, fossaeque replentur
Vndique fluminibus, discurrunt undique lymphae,
Vt cum praecipiti nimbo grauibusque procellis
Terra madet. Quod si conuallem cursus aquarum
Inuenit, huc toto pelagus ruit agmine magnum.
Nox erat, et tenebrae caeca caligine mundo
Instabant, et membra uirum sopor altus habebat,
Cum deus ecce loci fluuio se erexit amoeno
Mincius, et glauca uelatus arundine circum
Tempora cana, comas, madefactus et undique rore;
Regia magnanimi Lodouici tecta subiuit,
Tunc sic alloquitur: «Princeps, quo sospite, diuum
Gaudet uterque parens, recti quem semper et aequi
Semita nulla fugit, superis, gratissime, cunctis
Expectatus ades: namque hunc tibi fata secundum
Esse locum statuunt. Hic dextro bella uidebis
Omine, et hic hostis penitus superare furorem
Caelicolum pater ipse dabit, praedaque potitus
20r Ingenti, referes summos, Lodouice, triumphos.
Hanc ego seruabo uasto cum gurgite sedem,
Cingere quam fossa muniriue aggere duro
Iussisti agricolis; atque hac intrare potestas
Haud erit Adriacis, neque me sententia fallet.
Tu mox nec Venetas in praelia poscere turmas,
Nec dubites pariter latis concurrere campis».

19r: 1 in primis M. 12 septi GM. 19v: 9 Deus M. 19 coelicolum M.

Nella prima fila si distingue il Principe, nel petto 19r
del quale intrepido rimane il cuore, non sfiorato mai
da paura. Come la dura scure, conficcata nel legno,
per tagliare una trave, rimane salda e nessuna forza
riesce a divellere, anzi penetra sempre più dentro,
così per primo Ludovico esultante avanza verso l'alta
rocca, seguito da uno sparuto drappello. Solo Tiberto,
degno figlio di Marte, lo segue, scruta i luoghi
e volge intorno lo sguardo, per vedere quale azione
intraprendere, conoscere per quale motivo i nemici
veneti disprezzino gli aggressori e, pur paurosi,
non evitino subito la guerra, protetti dalla trincea.
Al di là delle mura vede un luogo, reso abbastanza
sicuro dalla natura con fonti e ruscelli. L'illustre
Marchese spinto dal talento e dall'amore per il luogo,
medita di renderlo più sicuro di quanto gli ha ispirato
Giove e la divina Minerva. Ai contadini intanto
ordina di cingerlo con una trincea e di fortificarlo
con palizzate e uno spesso e alto terrapieno.
I contadini avanzano, circondano di profondi fossati 19v
i luoghi più bassi, scavano la terra, riempiono
i fossati d'acqua, che scorre da ogni parte; la terra
è inzuppata come quando un acquazzone si rovescia
tra violente tempeste e il flusso delle acque precipita
là dove trova avvallamenti e forma vasti laghi.
Era notte, le tenebre con impenetrabile oscurità
scendevano sulla terra e un sonno profondo avvolgeva
gli uomini, quando il dio del luogo, il Mincio, esce
dal ridente fiume incantevole, con le canute tempie
cinte di verdi canne, con le chiome madide e stillante
rugiada da ogni parte; si reca nella reggia del nobile
Ludovico e gli parla: «Principe, la tua salvezza
rallegra entrambi i genitori degli dei, tu che non hai
mai perso di vista né il retto né il giusto, molto gradito
a tutti gli dei, aspettato vieni: il fato benigno, infatti,
ha stabilito che questo luogo sia tuo. Qui con presagi
favorevoli combatterai e qui il padre dei celesti
ti concederà di annientare il furore dei nemici
e con un ricco bottino, Ludovico, riporterai grandi 20r
trionfi. Con l'ampia mia corrente ti conserverò questa
sede, che i contadini per tuo ordine hanno cinto
di fossato e protetto con solido terrapieno. Qui
gli Adriesi non avranno potere, e io non sbaglio.
Tu non esitare ad assalire subito le truppe venete
né a scontrarti sui vasti campi». Detto ciò, il padre

Sic memorat, fluuioque pater se condidit alto
Mincius ima petens. Gonzagae noctis opacae
Deseruit caligo oculos, somnusque refugit.
Nec mora membra toro leuat, et sic rite precatur:
«Qui terram caelumque regis, qui foedere certo
Cuncta elementa ligas, hominum sator atque deorum:
Tuque pater sancto cum flumine adeste fauentes,
Et propius firmate dei sacra numina». Dixit.
Ecce autem ut primum tectis Mauortius heros
Egreditur, spectans opera et noua moenia uisens,
Impletas cernunt fossas humentibus undis
Astantes socii, quas gurgite Mincius addit.
20v Miranturque duces, miratur et inclutus armis
Marchio: nam tanto manabant flumine fossae.
Tunc oculos palmasque leuans ad sidera laetus:
«O superum princeps, o magni rector Olympi!
Quique Giganteos domuisti fulmine fastus,
Aspice nos, scelerumque luant hostilia poenas
Agmina, da nobis Venetos superare superbos».
Talibus ora modis soluit, belloque potentem
Tibertum alloquitur: «Dux inclute, summa deorum
Numina nempe fauent, nec abest Saturnia proles.
Di mihi promittunt palmam clarosque triumphos.
Nec simulata loquor. Victoria parta recenti
Accendit mentes bello, munimine fossae
Mincius hic aggerque fauet. Non impetus hostis
Terrorem incutiet. Rapido seruabimur amni,
Nec minus armatis manibus loca reddere tuta
Haec decet, haud usquam feruenti cedere pugnae.
Quod si fata deum poscent concurrere gentes
Instructamque aciem campis et frendere telis,
21r Non deerit uirtus, non longa peritia durae
Militiae, grauitasue ducum, aut fortuna secunda.
Sunt alacres nobis iuuenes, sunt fortia bello
Pectora, nec numero sequitur nos copia paruo.
Praeterea fortisque locus, magnaeque salutis
Expetit auxilium. Nam si caperetur ab hoste,
heu quanta nos clade acies quantisque ruinis
Afficeret Venetum miseros. Quod ne ruat ulla
Sorte, cauete uiri, neque uos timor occupet ullus».
Dixerat. Assensu cuncti pia dicta probarant.
Impiger at placido Tibertus reddidit ore:
«Magnanime heroum duri Mauortis alumne!
Accipe quid ualeas, sociis confidere telis.
siue aciem struxisse uoles et credere campo,

20r: 11 thoro GM. 12 coelumque M. 15 Dei M. 16 utprimum G. 17 uiscens GM. 20v: 1 inclytus GM. 3 sydera GM. 9 inclyte GM, Deorum M. 11 dij G, dii M. 18 Deum M.

Mincio si immerge nelle profondità delle acque.
Le scure tenebre della notte abbandonano gli occhi
del Gonzaga, il sonno si dilegua. Senza indugio
si alza dal letto e così prega: «Tu, creatore degli
dei e degli uomini; tu, che reggi il cielo e la terra
che con stabile legge leghi tutti gli elementi;
tu insieme con il santo fiume siate a noi propizi
e confermate che ci assiste il sacro volere del dio».
Subito il bellicoso eroe esce dal palazzo, per vedere
e ispezionare le opere e le nuove mura. I compagni
del seguito vedono i fossati pieni d'acqua, che la
corrente del Mincio vi riversava. Si meravigliano
i comandanti, inclito nelle armi si stupisce **20v**
il Marchese che i fossati trabocchino d'acqua.
Lieto allora leva le palme e gli occhi al cielo e prega:
«Principe dei celesti, grande sovrano dell'Olimpo,
tu che col fulmine hai domato l'alterigia dei Giganti,
volgi lo sguardo su di noi; l'esercito nemico paghi
il fio della sua scelleratezza e concedici di piegare
la superbia dei Veneti». Così si esprime e, rivolto
al bellicoso Tiberto, dice: «Inclito duce, ci protegge
il sommo volere degli dei e non è da noi lontana la prole
di Saturno.[36] Gli dei mi promettono vittoria e trionfi
splendidi. È, questa, la verità. La vittoria ottenuta
di recente infiamma le menti, col riparo del fossato
ci protegge il Mincio e questo terrapieno. Non incute
paura l'assalto del nemico. Saremo difesi dal rapido
fiume; non di meno, armi alla mano, dobbiamo rendere
sicuri i luoghi e non cedere all'impeto della battaglia.
Se il volere degli dei chiede di affrontare i nemici,
di schierare l'esercito nei campi e sgominarlo con le armi,
non ci manccherà il valore, né la lunga esperienza **21r**
della milizia né la possanza dei comandanti, né il favore
della Fortuna. Abbiamo giovani ardenti, vigorosi
petti per la guerra e non ci segue uno sparuto
esercito. Ci viene poi incontro il luogo fortificato,
valido aiuto per la salvezza. Se il nemico avesse
tutto questo, quale sconfitta, ahimè!,
infliggerebbero a noi e alle nostre schiere
i nemici veneti! Perché la sorte non precipiti
e nessun timore vi prenda, state all'erta». Così parlò.
Alle sentite espressioni tutti diedero il loro
assenso. Ma il solerte Tiberto sereno risponde:
«Magnanimo eroe, alunno del crudele Marte,
sii consapevole del tuo valore e confida nelle armi

Teque tuosque iuuat, seu tutos aggere muros
Iusseris armatos seruare, et turribus hostem
Expectare cauis, atque ordine cingere fossas,
Nostra manus, princeps, aderit, tua iussa facessens.
Di faciant potius Venetum nos tela chorusque
21v Excipiant campis, atque hic discernere detur,
quantum armis atque ense ferum ualeamus in hostem».
Sic ait, et breuibus contra sic Marchio fatus:
«O Tiberte, uirum ductor clarissime, quantus
Ardor habet mentem, quaeque est immensa cupido
Quod petis, ut ueniat, neque me timor ullus habebit.
O utinam pater ipse deum, Pallasque Minerua,
Arcitenensque deus talem in praecordia mentem
Omnibus afflaret ducibus! Namque ocius omnes
Adriacum fractae caderent in praelia uires».
Sic memorans, simul ingentes in regia ducit
Tecta manus, aptasque parat Gonzaga locorum
Militibus sedes, et equis stabula alta parantur.
Interea Veneti, quorum pudor iraque mentes
Sollicitant, magnas struxerunt rite phalangas,
Magnanimumque uirum bello delecta futuro
Corpora sortiti, statuunt decernere ferro,
Innumeris fisi turbis et fortibus armis.
Pabula iam fecunda Ceres gramenque ferebat,
22r Et grauidis segetum culmis florebat arista,
Et noua Pleiadibus comitata inceperat aestas;
Torrida iam Phoebus Geminorum signa fouebat,
Cum turmae hostiles fecunda Bianoris arua
Vastabant uariis huc atque huc cursibus, omnes
Agrorum fructus et pabula tota uehebant
Adriaci, uicis Mauortia damna ferentes.
Sol rutilis medium iam iam lustrauerat axem
Curribus, atque alta spargebat lampade terras,
Curuaque Delphini pars effulgebt Olympo,
Cum patria residens Cyllenius arce, potentis
Moenia Gonzagae, Venetum non inscius artis,
Spectabat, statuitque dolos aperire latentis.
Iuppiter huic alto descendat ab aethere regi
Et uentura iubet Lodouico nuntiet. Ille
Approperat complere fugax praecepta parentis,
Et cito subnectit pedibus talaria diuis
Aurea, quae celerem super aequora flamine semper
Seu terram rapido portant, tegmenque capillis
22v Imponit; manibus uirgam, qua nubila tranat,

21r: 19 dij G, dii M. 21v: 1 discere M. 7 Deum M. 8 Deus M. 9 ocyus GM. 14 solicitant M. 19 foecunda GM. 22r: 2 incoeperat GM. 4 foecunda GM. 14 Iupiter GM. 15 nunciet GM.

alleate. Se vuoi, schiera l'esercito e affidati al campo, e ciò giova a te e ai tuoi; se invece ordini di aspettare il nemico all'interno delle torri, il mio esercito, Principe, eseguirà subito i tuoi ordini. Gli dei piuttosto incitino le armate venete ad affrontarci sul campo e qui sia dato discernere quanto grande **21v** è contro il fiero nemico la nostra possanza nelle armi». Così dice e, di rimando, risponde il Marchese: «O Tiberto, famoso condottiero d'eroi, quanto è grande l'ardore nell'animo, quanto è grande il desiderio, perché avvenga quanto chiedi! Non avrò paura alcuna. Magari il padre degli dei, Pallade Minerva e il dio armato d'arco[37] in tutti i comandanti infondessero tali sentimenti! Subito, infatti, tutte le forze dei Veneti infrante cadrebbero in guerra». Mentre così dice, il Gonzaga conduce nella reggia il grande esercito, prepara idonei alloggiamenti per i soldati e grandi stalle per i cavalli. Nel frattempo i Veneti, sollecitati dalla vergogna e dalla collera, dispongono nel modo dovuto una consistente armata; dopo aver estratto a sorte una scelta schiera di valorosi uomini per la guerra, decidono di confrontarsi con le armi, fidando nelle innumerevoli schiere e nelle forti armi. Già la feconda Cerere faceva spuntare erba per il foraggio, nei campi turgida la spiga biondeggiava sugli steli **22r** e, accompagnata dalle Pleiadi,[38] era cominciata un'altra estate; già Febo scaldava l'ardente segno dei Gemelli, quando le torme nemiche qua e là devastano i campi fecondi di Bianore[39] con diverse irruzioni; gli Adriesi portavano via dai campi frutti e alimenti, arrecano danni ai borghi con incursioni. Già il sole col luminoso carro splendeva in mezzo al cielo e dall'alto illuminava la terra e la parte curva del Delfino[40] brillava sull'Olimpo, quando Mercurio, cui non sfuggivano le arti dei Veneti, decide di svelarne gli occulti raggiri, mentre dal monte paterno osservava le potenti mura del Gonzaga. Giove gli ordina di scendere dall'alto del cielo e di riferire al re gli eventi futuri. Quegli svelto si affretta a eseguir gli ordini del padre; subito calza ai piedi divini gli alari d'oro, che lo portano veloce come il vento sia sull'acqua sia sulla terra e pone l'elmo sui capelli; **22v** prende in mano il caduceo, che diffonde sonno

Somniferam sumit, uolucrique per aera cursu
Desilit in terras praeceps, ut miluus ab alto
Aethere despiciens cristatae pignora matris
Incustodite latis errantia campis;
Hinc agili praedae cupidus petit arua uolatu.
Vt pedibus Minci siccae connixus arenae
Constitit, atque oculis Ocneas aere micantes
Conspexit turmas, mediumque in millibus acri
Mente ducem, cuius cingit latus aurea zona.
Ensis et auratus fulgebat iaspide fulua,
Sidereisque oculis manabat lucidus ardor,
Atque his alloquitur delapsus ab aethere uerbis:
«O patriae spes magna, tuae columenque uetustae
Perpetuum prolis, quo sospite Mantua gaudet!
En ego, quem genuit Maia Saturnius alma,
Interpres diuum summo de culmine caeli
In tua tecta feror, magno percussus amore
Imperii, Lodouice, tui, ne forte ruentes
23r Incautum exuperent Veneti, tuaque agmina bellis
Non instructa, sibi neque iam metuentia perdant.
Accipe nunc Venetum mentem, cordique repone
Quae tibi ueridica narrat Cyllenius arte,
Imperio patris huc ueniens demissus Olympo:
«Postera cum primum tenebris Aurora fugatis
Signa dabit lucis, tollent uexilla cateruae
Hostiles atque arma manu, campoque patenti
Descendent instructae acies, et bella ciebunt,
Tu pariter campis incede instructus apertis,
Et pugnare para, castrisque armata uirorum
Prodeat atque hosti concurrat in aequore turba.
Ne trepida: nam palma ingens tua signa sequetur».
His animum arrectus uerbis diuumque benignis
Auspiciis gaudet princeps, tanta omina cernens.
Nec mora iussa dei properat, belloque parari
Imperat omne genus, cunctasque ad praelia turmas
Hortatur, peditumque animos accendit ouantes,
Vt solet antra colens pastor, quem saeuus ab omni
23v Cingit parte lupus, magnis hortatibus acres
Inflammare canes, atque in fera terga luporum
Irritare, suo pecori dum consulit astu.
Iam radios surgens stillabat Apollo micantis
Ornatus lauro crines et lampade sacra.
Inuictique Iouis pariter glaucaeque Mineruae
Fausta dies aderat, uario qua tibia cantu
Ad ueteres deducta modos resonabat in urbe,
Ingenti dum Roma deos ornabat honore.

22v: 5 incustodita M. 12 sydereisque GM. 17 coeli M. 23r: 6 aurora M. 17 Dei M. 23v: 6 inuicti M. 9 Deos M. uanãque m.c.

e con il quale attraversa le nubi; con rapido volo
per il cielo balza frettoloso sulla terra, come
il nibbio quando dall'alto vede aggirarsi nei vasti
campi i pulcini non custoditi dalla chioccia; bramoso
dall'alto con agile volo si dirige verso il campo
sulla preda. Quando con i piedi tocca l'arida sabbia
del Mincio, vede sfavillanti di bronzo le schiere
di Mantova, e in mezzo a un folto numero di soldati
l'accorto condottiero cinge i fianchi con una fascia d'oro
e di fulvo diaspro la spada d'oro manda bagliori.
Un luminoso scintillio emanava dagli occhi e, sceso
dal cielo, gli rivolge queste parole: «Grande speranza
della patria, perpetuo sostegno dell'antica stirpe,
per l'incolumità del quale Mantova gioisce! Io, che
Saturno generò da Maia datrice di vita, dal luogo
più alto del cielo vengo nella tua casa, preso,
o Ludovico, da grande amore per il tuo regno,
perché i Veneti non ti sorprendano all'improvviso,
non sbaraglino il tuo esercito non ancora schierato **23r**
per la guerra e inoffensivo lo distruggano. Questo
è il piano dei Veneti e serba nel cuore quanto
il Cillenio,[41] disceso qui per ordine del padre, ti espone
in piena verità: "Domani, appena l'Aurora scaccia
le tenebre e porterà i primi raggi di luce, l'esercito
nemico leverà le insegne e, armi alla mano, in assetto
di guerra, avanzerà in campo aperto e ingaggerà
battaglia. Anche tu con l'esercito schierato avanza
nel campo aperto e preparati a combattere; i soldati
armati escano dall'accampamento e affrontino
il nemico nella pianura. Non aver paura: le tue
insegne riporteranno una grande vittoria"».
A queste prole e ai presagi così favorevoli di Giove
l'animo si riprende, il principe gioisce all'auspicio
propizio. Subito si affretta a eseguire gli ordini, comanda
di preparare tutti i reparti per la guerra, esorta tutte
le schiere alla guerra, infiamma l'animo dei soldati
esultanti, come il pastore, che circondato da ogni
parte da lupi feroci, sollecito aizza i cani **23v**
e li incita ad aggredire i lupi alle spalle, mentre
scaltro cerca di proteggere il gregge. Apollo, sorgendo,
con i capelli lucenti ornati di alloro e della sacra
lampada, già diffondeva la luce. Si avvicinava il fausto
giorno dell'invitto Giove e della glauca Minerva,
nel quale il flauto, eseguendo antiche melodie,
risuonava per la città, mentre Roma tributava
agli dei grandi onori. L'immenso esercito dei

Cum sese innumerae gentes per prata ferebant
Adriacum, palmamque sibi clarosque triumphos
Pollicitae, uanaque animis sunt gaudia mixta.
Ecce autem sonitus et murmura magna pilarum
Quinque Paris dederat Ceresarius optimus armis
Miles et intrepidus, cui (nam uicina tenebat
Hostibus arua) sagax bello praeceperat heros.
Quinque fremens sonitus pila saxea redderet, agris
Adriacum si forte manus properare uideret.
Continuo princeps equitum peditumque cateruas
24r Cogit, et instructas acies educit in hostem.
Signa capit miles. Haec agmina cuncta sequuntur,
Ordinibus partita suis, clarique cohortum
Ductores, tanto nec cessit ab ordine quisquam.
Non sic in Phrygios excelluit Hector et almae
Aeneas Veneris natus, dum tela per hostes
Vibrabant densos, Dolopum cum terga frequentes
Sternebant manibus turmas, et tela rotabant.
Inclutus ut Gonzaga armis belloque superbus
Brandolinus equis mira grauitate ruebant,
Et cupidi conferre manum socia agmina iungunt.
Iamque propinquabant campis, iamque arua tenebat
Lata acies, cum pulcher equo Tibertus et armis
Prospiciens, gladios atque aera micantia cernit,
Eugneumque manus celeri contendere gressu,
Atque ait: «O princeps, diuinae prolis imago,
Hostis adest! uideo Venetos densasque cohortes
Irruere, et rapido strepitu super arua sonare.
Quid sit opus facto, tu consule, iussa sequemur».
24v Impiger ut nouit uenientes Marchio turmas,
Laetitiam pectus fundens, gestibat aperte.
Vt leo, quem siluis pressit lucisque uagantem
Longa fames, gaudet, fessus si forte iuuencum
Viuacemue iugis ceruum per deuia montis
Conspicit errantem, quem, si contingere detur,
Deuorat, et rabiem uentris depellit acerbi,
Sic pius exultat princeps, et mente reuoluit
Nunc uenisse diem, quo bellica gloria diuum
Omine promissa est, placidae quo longa quietis
Sit tibi parta salus, referatque ex hoste triumphos,
continuo tali est contra sermone locutus:
«Bardoline, decus Martis, quod saepe precati,
Attulit ipsa dies, uotisque optauimus omnes,
Quod si nos aciem caelestia numina diuum
Posse darent Venetum latis offendere campis,
Hic nullo terrore citi rueremus in hostem.

24r: 4 quisque M. 8 telae M. 9 inclytus GM. 12 propinquebant M. 13 pulcer M. 14 aere M. 24v: 2 laeticia G, laetitia M. 3 syluis G. 15 coelestia M.

Veneti si diffondeva per i prati, bramoso di vittoria e illustri trionfi. Vane gioie si intrecciano negli animi. Si ode allora lo scoppio e l'assordante sibilo dei proiettili. Ne esplose cinque Paride di Ceresara,[42] ottimo combattente e valoroso soldato, cui, perché era vicino ai campi nemici, il bellicoso eroe aveva impartito ordini. Sdegnato avrebbe risposto con altrettanti colpi e proiettili di pietra, se avesse visto l'esercito di Adria avvicinarsi ai campi. Subito il Principe ordina alla cavalleria e alla fanteria di avanzare e, dopo averle schierate, le conduce **24r** contro il nemico. I valorosi condottieri dei reparti seguono compatti con le schiere divise nelle varie mansioni; nessuno si sposta dal suo ordine perfetto. Tra i Frigi neppure Ettore si distinse tanto né Enea, il figlio di Venere, quando scagliavano i dardi contro la calca dei nemici e sotto le loro mani cadevano colpite alle spalle le fitte schiere dei Dolopi,[43] e la spada roteavano. Il Gonzaga allora, inclito nelle armi, e Bardolino, valoroso in guerra, con la loro possanza avanzano a cavallo e, bramosi di combattere, uniscono le schiere. Già l'esercito si avvicinava ai campi, già era padrone del terreno, quando Tiberto, bello per il cavallo e per le armi, guardando avanti, scorge le spade, le armi di bronzo scintillanti e le schiere avanzare svelte: «O Principe», dice, «incarnazione della prole divina, il nemico è vicino! Vedo avanzare le fitte coorti dei Veneti e la loro corsa fragorosa risuona nei campi. Tu pensa la soluzione. Noi obbediremo ai tuoi ordini». Quando il solerte Marchese viene a sapere che le torme **24v** avanzavano, effonde gioia dal petto, esulta. Come un leone, che lungo digiuno spinge a vagare nei boschi e nelle selve, gode se vede stanco per il giogo un giovenco o un agile cervo si aggira per luoghi solitari sul monte, se gli è concesso di raggiungerlo lo divora e allontana la fame dal ventre impietoso, così il devoto Principe esulta e pensa che è giunto finalmente il giorno, nel quale dal volere degli dei gli era stata promessa la gloria della guerra, nel quale gli viene data la sicurezza di una pace lunga e serena e di riportare il trionfo sul nemico, subito gli si rivolge con queste parole: «Bardolino, il giorno ci ha portato l'onore della guerra, che spesso abbiamo chiesto e tutti abbiamo invocato. Se il celeste volere degli dei ci concedesse di scontrarci

Nunc sunt dicta quidem rebus firmanda, nec ulla
Causa fugae est: aequo descendere Marte licebit.
25r Non uallum, non fossa frequens, atque arbor opaca
Impediet pugnam; non hic retinebit equorum
Incursus obiecta trabes, erectaue moles.
Eia age! rumpe moras omnes, turmasque furentes
Irrue, et auxilio saeptus tutusque Georgi
Pelle manus diui Venetum, fortique fugato
Adriacos animo. Summa est hic gloria rerum!
Mox tua terga sequar, nec ab ordine cedere quemquam
Permittam, roburque uiris animumque ciebo».
Talia magnanimo referebat pectore princeps.
Ecce autem Veneti propius per aperta meantes
Arua propinquabant, strepitu uicina replentes.
Vt primum hostiles in se contendere telis
Instructas uidere manus, atque agmina magni
Obuia facta ducis, subito clangore tubarum
Belli signa canunt, atque aethera murmure complent.
Sub pedibusque gemit tellus, sonat undique caelum.
Partitas Venetus magnis praemittit in hostem
Ordinibus turmas, campoque repellere temptat,
25v Desuper existens hostes, quos edita campi
Semita lassabat, plano neque calle iacebat
Accliuis, supera incumbens regione uiarum.
Primus in Euganeos ualidis Tibertus adactus
Irruit armatis, atque ardua nititur agri
Scandere. Quem sequitur rapidus per bella Fidelis
Boldrinusque sagax, uolucri comitante caterua.
Altior at cunctis subito uocat agmina, pulchra
Insignis galea, Gonzaga e stirpe creatus
Accius. Hunc sequitur praestans Moneginus in armis.
Mox subeunt alii, quos diuus Marchio cunctos
Instruit, et uerbis accendit ad arma cohortes:
«Ite, uiri!, uos, ite duces, quos dextera siue
Sors aduersa mihi summo coniunxit amore,
In manibus nunc uestra salus, nunc gloria pendet!
Sit patriae, sit nostra simul ueterumque parentum!
sit cordi pietas, et mentem gloria tangat.
Vos decus, imperium, gazam, patriamque potentem
In pugnam trahitis. Si uincimus, omnia nobis
26r Tuta aderunt. Quod si timidi fugiemus iniqua
Sorte, eadem nobis fient aduersa repente,
nec locus aut quisquam socius tutabitur arma
Quos fuerint tutata minus discrimine belli.

25r: 5 septus GM. 8 quenquam GM. 17 coelum M. 19 tentat GM. 25v: 2 callo M. 8 pulcra M. 17 tanget M.

con l'esercito veneto nei vasti campi, ora bisogna
confermare le parole con le gesta, motivo di fuga
non c'è e dobbiamo affrontare alla pari lo scontro.
Non i bastioni, non le molte fosse, né gli alberi ombrosi **25r**
impediranno lo scontro; non tratterranno l'assalto
dei cavalli né le travi messe di traverso né gli argini.
Orsù! Rompi ogni indugio e avventati con le torme
furenti e, difeso e forte dell'aiuto di San Giorgio,[44]
respingi l'esercito dei Veneti e con animo indomito
volgi in fuga gli Adriesi. La gloria dell'impresa è
grande! Io ti seguirò subito e non permetterò a nessuno
di uscir di schiera e nei soldati infonderò forza e coraggio».
Mentre il Principe emetteva dal petto queste parole,
i Veneti dilagavano per i campi aperti, si avvicinavano
e riempivano di schiamazzi i luoghi circostanti. Come
vede l'esercito nemico venirgli contro schierato, cone le
armi in pugno, e le schiere del comandante supremo
parate davanti, subito con il suono delle trombe danno
il segnale della battaglia, riempiono l'aria di fragore.
Sotto i piedi geme la terra, il cielo risuona dappertutto.
I Veneti inviano contro il nemico le torme divise in robusti
schieramenti e cerca di respingere dal campo i nemici,
sbucando dall'alto su di loro, affaticati dalla via **25v**
in salita, perché non c'era nel piano un sentiero
in pendenza, perché un alto pianoro sovrastava le vie.
Irrompe per primo contro gli Euganei[45] Tiberto,
seguito da valorosi soldati, cerca di inerpicarsi
sul campo scosceso. Lo seguono nella guerra
il veloce Fedele e con rapida schiera il vigile Boldrino.
Ma più alto di tutti e insigne per il bel cimiero,
Azzo, nato dalla stirpe dei Gonzaga, raduna subito
le schiere. Lo segue, insigne nelle armi, Monegino.
Tosto subentrano gli altri, che l'illustre Marchese tutti
dispone, e le armate con le sue parole infiamma:
«Orsù, eroi! Orsù comandanti, che la Sorte, benigna
o avversa, ha unito a me con immenso amore, nelle armi
ora è riposta la vostra salvezza e la gloria! Sia insieme
ora nel nostro cuore l'amore per la patria e per i vecchi
genitori! La gloria vi tocchi la mente! Trascinate
con voi nella mischia il decoro, il potere, i beni,
la potenza della patria. Se vinciamo tutto per noi
sarà sicuro. Se invece, timidi, fuggiremo l'iniqua sorte, **26r**
tutto all'improvviso ci sarà avverso; e nessun luogo,
nessun alleato difenderà quanti le armi non hanno

Non hostes eadem, quae nos impellit in arma,
Causa mouet. Nos uita, salus, patriaeque labantis
Libertatis amor patriaeque accendit imago,
Ante oculos dudum facie uersata dolenti.
Non hostes patriam, non propria iura tuentur:
Sed pugnare satis Venetum pro uiribus hosti est.
Quocirca solitae memores uirtutis inite
Bella, uiri. Non ulla fugae commissa salutis
Spes moueat mentem, neque uos timor occupet ullus:
Nam qui bella timent, his summa pericula semper
Incumbunt. Muros audacia porrigit armis.
At cum uos uideo, cum fortia gesta uoluto,
Spes tenet impauidum palmae pulcherrima pectus.
Nos animus, nos uestra iuuat iam cognita uirtus
Florida nos aetas iuuenili in corpore feruens».
26v Haec dicens, in bella duces atque agmina mittit
Ordinibus diuisa suis, in uota deorum
Quemque uocans, superosque rogans in praelia tanta.
Parte alia Venetum pulchris exercitus armis
Irruit instructus, magnisque repellere tendit
Viribus Ocneas acies, ne ualle tenerent
Erectas sedes superata, et credere campo
Atque loco turmas aequo considere possent.
Certatimque omnes obstant, primusque Ioannes
Ora comes soluens animosus blanda locutus:
«Ductores, fortesque uiri, quos longa ferocis
Instituit Martis dura experientia, bella
Haud horrere, citi gladio telisque coruscis
Tendite in armatos, et tingite sanguine ferrum.
Si solitae uirtutis amor, laudisque cupido,
Copiaque egregiis ducibus decorata subibit:
Nil erit indomitis manibus quod possit obesse.
Per medios hostes dabitur uia: nulla potestas
Obstabit. Tanti decoris uos excitet aura:
27r Nam si parua manus bello superabitur, agri
Parti aderunt uobis, instructaque tecta columnis,
Sunt plures numero turbae. Delectaque bello
Nos inuicta manus sequitur, fortisque iuuentus.
Quare agite, o socii! Nunc tempus promere uires,
Mittite tela manu!». Dixit. Cunctique repente
Dant strepitum, magnis reboat clamoribus aether,
Atque repercusso fulserunt lucida sole
Arma. Velut populat cum siluas uertice montis
Ignis ad alta uolans, et summa cacumina laedit,
Eminus ardentis tunc lumen cernitur ignis,

26v: 2 Deum M. 4 pulcris M. 9 Iohannes G. 10 Comes M.

difeso nel pericolo della guerra. I nemici non hanno
gli stessi motivi, che costringono noi a prendere
le armi. La vita, la salvezza, l'amore per la libertà
della patria in pericolo ci infiamma con l'immagine
della patria, che si aggira davanti ai nostri occhi con volto
addolorato. Non difendono la patria né i propri diritti
i nemici: ai nemici basta combattere in difesa dei Veneti.
Perciò, memori del solito valore, affrontate la guerra
da eroi. Non sperate di salvarvi con la fuga, tale pensiero
non muova la vostra mente e nessun timor vi prenda,
perché si abbattono grandi pericoli su chi teme la guerra.
i forti innalzano muri con le armi. Ma quando vedo voi
e rimembro le gesta valorose, la bella speranza
della vittoria alimenta il coraggioso petto. In nostro
aiuto viene il coraggio, il vostro valore sperimentato,
la fiorente età, che ferve nel vostro giovane corpo».
Mentre così dice, divisi in ranghi invia in guerra **26v**
i comandanti; invoca tutti gli dei, perché esaudiscano
i voti; chiede l'aiuto dei celesti per una guerra così
grande. Dall'altra parte irrompe l'esercito veneto,
fornito di belle armi, e cerca di respingere con grandi
mezzi la potenza di Mantova, perché, superata la valle,
non tengano il campo in alto e possano fidare
nel terreno e sistemare le truppe in luogo pianeggiante.
Tutti a gara si oppongono e per primo il coraggioso
conte Giovanni e con blande parole così parla:
«Condottieri, invitti eroi, che la lunga prova del duro
Marte ha insegnato a non temere la guerra, svelti
correte con la spada e i dardi scintillanti contro
gli armati e tingete le armi di sangue. Se l'amore
dell'usitato valore, la brama della gloria e i beni,
che adornano gli egregi comandanti, subentrerà, niente
ci sarà che possa resistere alle nostre indomite schiere.
Si aprirà la via nel mezzo dei nemici e nessun ostacolo
si opporrà. Vi sproni il desiderio di così grande onore:
se, infatti, lo sparuto esercito sarà vinto in guerra, i campi **27r**
saranno divisi fra voi, le case costruite con colonne,
più numerose sono le folle. Scelto per la guerra ci segue
un esercito invincibile, una valorosa gioventù. Perciò
coraggio, amici! È giunto il tempo di metter fuori
il coraggio! Scagliate i dardi!». Così disse. Subito tutti
innalzano grida, il cielo risuona di forti schiamazzi,
le lucide armi brillano al riverbero del sole. Come
il fuoco brucia i boschi sulla vetta del monte vola
verso l'alto, danneggia le altissime cime e la fiamma

Sic splendor caelum rutilis complebat ab armis,
Luce micans solis campoque nitebat aperto.
Hinc Venetus densis uerrucam detinet armis
Ocneasque acies depellere nititur inde.
Parte alia fremitu temptant ferroque cateruae
Hostiles super alta citae se tollere campi.
Pro se quisque facit, quantumque potestque ualetque
Edit, et ense hosti, gladiis, teloque resistit.
27v Inclutus ut princeps Venetum conspexit in armis
Egregias ualidis gentes incumbere summo
Viribus e campo, fessis submittit et usque
Agmina suppeditans integro robore ducit.
Praecipuumque putat belli nunc affore tempus,
quo deceat pugnare, quies quo longa paretur.
Hortaturque omnes, longo ne fracta labore
Pectora succumbant, cedantque hostilibus armis,
Spicula franguntur, uolitantque per aera tela
Stridula, nec rapidae cessant resonare sagittae.
Subsidio tandem trepidi magnisque repulsi
Viribus aufugiunt Veneti, dorsoque repente
Insiliunt hostes, et in aequum ducitur omnis
Copia, et hic campo pariter contenditur aequo.
Ingruitur spissis manibus, multique per arua
Vulnere caeduntur. Tunc igneus aequore princeps
Instituit pedites geminis occurrere telis
Ordinibus, quos bella sagax immittit ouantes.
Quorum habuit primus thorace atque ense decorum
28r Intrepido Franciscum animo, semperque frementem
Viribus indomitis ductorem. Proruit ille
In medios Sicca genitus de prole uetusta.
Alter Balnorum nato de stirpe frementi,
Francisco ductore, ferum prorumpit in hostem.
Quem peditum sequitur numerosa caterua tremendis
Viribus et medios graditur uiolenta per hostes.
Cynthius interea medium scandebat Olympum,
Cornipedes fodiens calcaribus undique terras,
Cum spectans oculos pugnantia ad agmina torsit,
Palladaque et Martem diuerso numine uidit
Praelia miscentes: Gradiuus in arma uocabat
Adriacos, roburque uiris et tela ferebat;
Parte alia Pallas uires animosque cateruis
Addidit impauidos et tela per aera rexit.
Hos breuiter uultu compellat Apollo rubenti:
«O soror armipotens! Mars, o crudele deorum
Numen! quid tantum studiis animosque uicissim
Certatis? quid si superi contraria curant?
28v Dedecus hoc nostro generi est! Non lancibus aequis
Omnia sortitur caelo Saturnius alto?

27r: 16 tentant GM. 27v: 1inclytus GM. 28r: 17 Deorum M.

del fuoco che arde si scorge da lontano, così il vivace
luccichio delle armi riempie il cielo, riflette
i bagliori del sole e splende nell'aperta campagna.
Da questo momento i Veneti occupano l'altura con fitto
stuolo e cercano di respingere l'esercito di Mantova.
L'esercito nemico poi col fragore delle armi tenta
di portarsi svelto nella zona più alta del campo. Ognuno
agisce da sé e per quanto lo consente il valore in avanti
balza e resiste al nemico con la spada, il pugnale, le frecce.
Come il Principe vede che le egregie genti del Veneto **27v**
in armi incombono dalla sommità del campo con salde
forze, alle schiere stanche manda subito in aiuto
truppe fresche e avanza con un esercito integro. Ritiene
che sia giunto il tempo propizio per la guerra, nel quale
bisogna combattere, per procurarsi la lunga pace.
Esorta poi i suoi, perché il petto, spossato dalla fatica,
non soccomba, ma balzi con armi ostili, i giavellotti
non si infrangano, le stridule fecce volino per aria,
i rapidi dardi non cessino di sibilare. Spaventati
dagli aiuti e respinti da grandi forze, i Veneti
fuggono, rapidi i nemici balzano alle spalle e tutte
le schiere sono sospinte in pianura. Si azzuffano
a ranghi serrati e molti per i campi muoiono
per le ferite. Fulmineo allora il Principe ordina
ai fanti, che sagace invia in guerra con grida,
di correre con le armi contro i due schieramenti.
Il primo di questi aveva come comandante Francesco,
d'animo intrepido e sempre fremente per le indomite **28r**
forze. Quegli, nato dall'antica prole di Sicco, si getta
nel mezzo della mischia. L'altro nato dalla stirpe
fremente dei Balni, sotto la guida di Francesco,
irrompe contro il feroce nemico. Una numerosa
e tremenda schiera di fanti lo segue e violenta si
apre la via attraverso i nemici. Il Cinzio[46] intanto
ascendeva nel mezzo del cielo, mentre con lo sprone
incitava i cavalli e guardava dappertutto sulla terra,
volge lo sguardo sulle schiere che si azzuffavano,
vede Pallade e Marte scendere in guerra con intenti
opposti: il Gradivo incitava alla guerra gli Adriesi
e forniva ai combattenti forza e armi; Pallade dall'altra
parte infonde vigore e coraggio alle impavide schiere
e i dardi sostiene attraverso l'aria. Col volto
acceso d'ira Apollo così li rampogna: «Bellicosa
sorella! Marte, espressione crudele degli dei, perché
vi combattete con tanta animosità? che avviene
se i Celesti prendono parte a disegni opposti?
Questo per noi è un disonore! Nell'alto del cielo **28v**
il Saturnio[47] non ha stabilito tutto con imparzialità? Empio

Impie Mars, nostras acies, insignia nostra
Cur teris auxiliis? odio cur agmina tanto
Nostra premis? Furias patrias, iramque potentis
Caelicolum regis uita, bellumque relinque».
Obstupuit Mauors Phoebi sermone cruentus,
Attonitus, Venetum maerens decessit ab armis.
Delius at splendens simul et Tritonia Pallas,
Inclusi nimbo, pugnantia tela uidebant.
Siccus ut ante uolans pedites praecesserat omnes
Per medios fidens animi, quem pulcher in hostem
Portat equus, nullo fertur terrore. Sed ense
Hunc modo nunc illum perturbat arundine saeuus.
Sicut aper, quem multa canum iuuenumque sequuntur
Agmina, nunc armo nunc ilibus excitus, acri
Dente canes iugulat, uenatoresque proteruus
Setiger incautos ictu prosternit acerbo.
Et pedites longis hastis per densa feruntur
29r Arma equitum, quinisque obsistunt fortiter omnes
Ordinibus, nec terga usquam uertere fugati.
Tantus inest propriae uirtutis mentibus ardor.
Ast equites aut ense fero sternuntur in agris.
Cornipedes aut hasta ferit, glomerataque multo
Sanguine lapsa cadunt et terram uiscera foedant.
Tum Venetis mixtus, galeam cui bellica uirgo
Crinibus ornatam dederat Forcinidos, hostem
Perturbat Balnus: magno se corpore pulcher
Corripit in medium. Quanti Cyclopes in antro
Balantes seruant pecudes, properantque per aequor,
Et uelut alta lupus tendens per saepta ferarum
Irruit in densas pecudes, et stragis aceruos
Implicat, ora rubro tingens madefacta cruore,
Sic hostes tendit seu uulnere sternere diro,
Seu captos retinere iuuat. Volat ocior aura,
Et pedites in bella uocat, pugnaeque maniplos
Pro re quenque monens, alacres praemittit in hostem.
Alipedes sternuntur equi, multique per arua
29v Confixi telis obeunt per uulnera mortem
Eminus et iaculis Venetum seu comminus ense
Ore petunt terram per Martia uulnera multi.
Ibat in aduersos claris Fridericus in armis,
Cui caput insigni galea cristaque rubenti
Obtectum, forti pectus thorace micabat.
Intrepidusque hosti miscetur, et agmina longe
Perturbat. Timidi fugiunt, ac terga timore

28v: 6 coelicolum M. 8 moerens M. 29r: 6 foedant G. 11 ballantes G. 12 septa GM. 16 ocyor GM. 18 acres M. 29v: 2 cominus GM. 4 Fredericus G.

Marte, perché col tuo aiuto fiacchi le nostre schiere,
pieghi le nostre insegne? perché con odio così grande
sgomini le nostre truppe? Evita le furie del padre,
l'ira del potente re dei Numi; abbandona la guerra».
All'aspro discorso di Febo Marte rimane stupito,
attonito e triste lascia le armate venete. Nascosti
in una nube, il luminoso Delio intanto e la Tritonia
Pallade assistono allo scontro. Come prima Sicco
vola nel mezzo e giunge in testa alla fanteria
su un focoso destriero contro il nemico, senza
paura alcuna. Ma fiero ora con la spada abbatte
ora l'uno ora l'altro con la lancia. Come un cinghiale,
che, da muta di cani assalito e una frotta di giovani,
ferito ora alla spalla ora all'inguine, con l'aguzzo
dente sgozza i cani, inferocito atterra con violenti assalti
gli incauti cacciatori, così i fanti con lunghe aste
si portano attraverso i fitti squadroni di cavalleria.
Tutti resistono con coraggio ai cinque schieramenti **29r**
e, pur indietreggiando, non voltano le spalle. Tanto
grande è nella loro mente la fiducia nel proprio valore.
I cavalieri nei campi sono trafitti con la spada,
i cavalli con la lancia. Le viscere aggrovigliate cadono
in un lago di sangue e contaminano la terra. Mescolato
tra i Veneti, Balano, cui la vergine guerriera[48] aveva
donato un elmo con i crini di Medusa, scompiglia
i nemici. Bello nel fisico possente si scaglia in mezzo
alla mischia. Come gli smisurati ciclopi custodiscono
nell'antro le pecore belanti e si disperdono per la pianura,
come il lupo si dirige verso gli alti recinti degli animali,
si scaglia nel folto delle pecore, causa grande strage
e gli gronda la bocca di sangue, così quegli si avventa
contro i nemici, dei quali alcuni abbatte con crudele
ferita altri prende prigionieri. Vola più veloce dell'aria,
incita i soldati alla guerra e, mentre esorta le schiere
e ciascuno alla battaglia per la patria, infiammati
li scaglia contro il nemico. I veloci cavalli
stramazzano, trafitti da lontano dai molti dardi **29v**
dei Veneti sui campi, vanno incontro alla morte
o, feriti da presso con la spada, mordono la terra.
Contro i nemici con splendide armi andava Federico,
con il capo coperto con elmo crestato di rosso
e il forte petto di lucida corazza. Intrepido si getta
nella mischia e scompiglia le schiere nemiche.
Spaventati fuggono e, presi da timore, attoniti

Attoniti uertunt, ut cum fulgentibus armis
Hectora pugnantem Danaumque exercitus omnis
Myrmidonum Dolopumque tremens fugiebat in agris.
Ordinis at ductor Parmensis bella subintrat,
Per mediosque hostes gressum petit. Irritus ensis
Nusquam erat, et longa sternuntur arundine multi.
Obuia quaeque metit ferro, ceu rusticus albos
Incidit calamos et falce recuruat aristas.
Necnon bella mouens, animoque et pectore forti
Guido subit Balnus, Venetos iam perdere certa
Spe putat. Et ueluti leporem cum uidit ab alto
30r Aere praecipiti penna Iouis armiger illum
Insequitur, plumasque mouet pernicibus alis,
Seque potiturum praeda iam sperat adepta.
Haud piger irrumpit, nec iam formidine sanguis
Cogitur, at ualidis incumbit uiribus hosti.
Postquam bella uidet rapidis commixta cieri
Ordinibus princeps, ceu fulmen ab aethere missum
Proruit in medios, regisque et militis una
Officium exsequitur. Cuneis non obuius ullis
Ire timet, claua turmas aut ense fugare.
Et conferre manum iuuat, et pugnare per agros.
Nec minus Adriaci rapiebant aere cateruas
Instructas in bella duces, latisque ruebant
Innumerae gentes campis, densusque uirorum
Pugnabat numerus. Tellus stridebat et aer,
Agglomerantque simul, nec cedit ab ordine miles.
Pars iaculo, pars ense ferox ruit; obuia telis
Spicula torquentur; fremitu catapulta per hostes
Ingreditur; pilulaeque uolant et uulnera miles
30v Sentit uterque, madent diffuso prata cruore.
Quin etiam memorant hastilia missa per auras
Obuia facta duo Venetum: quod dextera misit,
Cessit et in terram curuata cuspide uenit;
Ast aliud uexilla petit, fuluique leonis
Ora ferit, lacerat uultus et lumina telum.
Obstupuere animi tantorum, omenque uolutant.
Forte alii cecidisse ferunt, non numine diuum;
Ast alii, potior quorum sententia cordi est,
Cladis signa sui ducunt praenuntia luctus.
Non tamen a pugna cessant, ducibusque coacti,
Incumbunt omnes, quos cum Fridericus iniquo
Prosequitur gladio. Dum brachia tollit in altum,
Hasta subit, nigrumque hausit transmissa cruorem.
Dumque manu mouet arma ferox Parmensis, ab hasta
Dextera fixa tepet, multo quae sanguine tincta

29v: 12 necnon G.   30v: praenuncia GM. 12 Fredericus G.

voltano le spalle, come quando l'esercito dei Danai,[49]
dei Mirmidoni[50] o dei Dolopi nei campi tremante
fuggiva Ettore, che combatteva con splendide armi.
Ma con le schiere subentra nella guerra il condottiero
di Parma e s'apre la via attraverso i nemici. La spada
invano non scende e molti cadono sotto la lunga lancia.
Col ferro miete chiunque incontra, come con la falce
il contadino taglia i bianchi steli e piega le spighe.
Muove guerra Guido Balano e, forte d'animo
e di petto, spera fermamente di disperdere i Veneti.
Come l'aquila, quando dall'alto del cielo vede
la lepre, la insegue con volo precipitoso, **30r**
insieme con le rapide ali agita le piume e spera
di ghermire la preda ormai vicina, così
risoluto irrompe e, con coraggio e sangue freddo,
si scaglia sul nemico con tutte le forze. Quando
il Principe vede che la guerra, ingaggiata dalle rapide
schiere, ferve, come fulmine scagliato dal cielo
irrompe nel mezzo ed esegue a un tempo il dovere
di soldato e di re. Non teme d'affrontare schiera alcuna
e metterla in fuga con la mazza[51] o con la spada. Non
esita ad avanzare con l'esercito e azzuffarsi sul campo.
Non di meno i condottieri di Adria sgominano
con le armi l'esercito schierato per lo scontro e un gran
numero di popoli si lanciano per i vasti campi,
un folto numero di eroi combatte. Rimbomba
la terra e l'aria, si stringono insieme, nessun soldato
lascia il posto. Alcuni muoiono di spada, altri di freccia;
i dardi nemici sono respinti con le frecce; tra i nemici
con strepito avanza la catapulta; volano palle di pietra,
in entrambi gli eserciti i soldati lamentano ferite, i prati **30v**
grondano sangue. Anzi le aste vibrate per aria ricordano
due eventi dei Veneti: ciò che la destra scagliava veniva
meno e cadeva a terra con la punta curvata;
un dardo raggiunge il vessillo, ferisce alla bocca
il fulvo leone, gli lacera il volto e gli occhi. A tanto
oltraggio stupiscono e pensano al presagio. Alcuni
dicono che era accaduto per volere degli dei;
ma altri, il parere dei quali era di maggior peso,
lo ritengono segno premonitore di luttuosa sconfitta.
Continuano tuttavia a combattere e, spinti dai comandanti,
avanzano tutti; con spada ostile li accompagna Federico.
Mentre leva in alto le braccia, un'asta sopraggiunge e,
penetrata nel corpo, beve il nero sangue. Mentre
il coraggioso Parmense con la mano scuote le armi,
la destra trafitta dall'asta illanguidisce, perché, bagnata

Haud umquam potuit primas admittere uires.
Tum quoque magnanimo Franciscus pectore Siccus
Dum fugat Euganeos, crudeli lancea dextra
31r Inguina transadigit medioque in uulnere ferrum
Haesit. At intrepidus Venetos mucrone corusco
Insequitur, multosque domat, uelut Hector Achiuos.
Vulnera dura cadunt, atque undique tela per auras
Strident, et totis pugnatur comminus armis.
Certatim ualidis incumbunt uiribus omnes.
Denique turbatis Venetae cessere cohortes
Ordinibus, pauidaeque fuga uertuntur inani,
Adriacaeque solo gentis uexilla trahuntur,
Nec potis instantes trepidans praeferre tumultus.
Additus est animus, Venetis fugientibus, hosti,
Corpora complebat telis atque aequore toto
Instabat, latis Veneti discurrere campis.
Non tamen hostiles cursu celerique uolatu
Vitauere manus, sed passim multa uirorum
Turba quidem capitur, neque se defendere contra
Est potis, aut saltem festino cedere lapsu.
Ductores equitesque simul pugnaeque ministros
In praedam rapuere uiri, quos Marchio diuus
31v Duxerat indomitis praestantes uiribus omnes.
Primus Romana comitum de stirpe Ioannes
Progenitus capitur, dum campo pungit aperto
Quadrupedis cursum spumantiaque ora ciebat.
Proximus excelso natus dum lora Gauardo
Laxaret Sanctus calcaribus ilia tundens;
Frena tamen dantem circumstant undique turmae,
Oppresumque simul rapiunt, et plurima frustra
Conantem, manibusque uolentem euadere densis.
Nec fugere hostilem (quamuis percurreret aequor
Iam medium) potuit turmam gladiosque Rigettus.
Profuit haud Ïacobe tibi Garrola per arua
Cursibus ire citis: strepitus dum et signa sequuntur
accipis, et cogit trepido sub pectore sanguis,
Duceris in praedam. Teque, o Torelle, cohortes
Pugnantem aduersis captiuum ducere telis
Haud cessant, et te socium nulla arma tuentur.
Parte alia timidos dum pugnae hortare maniplos,
Attice mensque cupit bella instaurare Georgi,
32r Heu miseris captus fatis, hostile coactus
Agmen prosequeris. Neque te Tritonia iuuit
Hinc quem Bergomeae misere in praelia rupes.
Inclusus rapidis Ïacobus concidit armis.

30v: 17 unquam GM. 31r: 5 cominus GM. 31v: 7 fraena G.2 Iohannes G.

di sangue, non riesce a mostrare il primitivo valore.
Anche Francesco Sicco, mentre con grande coraggio
mette in fuga gli Euganei, con la destra crudele
viene ferito all'inguine e l'arma gli rimane conficcata **31r**
nella ferita. Ma intrepido insegue i Veneti col pugnale
luccicante e ne ammazza molti, come Ettore gli Achei.
Le ferite sono mortali e i dardi stridono da ogni parte
per l'aria, si combatte da vicino con ogni tipo di armi.
Tutti a gara muovono all'assalto con tutte le forze.
Alla fine l'esercito veneto si ritira scompigliato,
intimorito volge in un'inutile fuga,
le insegne venete sono atterrate
e impaurito non sopporta il tumulto che incalza.
Con la fuga dei Veneti il nemico riprende coraggio,
riempie di dardi il nemico e lo insegue per tutta
la pianura. I Veneti si disperdono sui vasti campi
e, sebbene corrano e volino veloci, non evitano
le schiere nemiche. Ma qua e là è catturato
un gran numero di uomini, che non riescono a difendersi
né a ritirarsi con celere corsa. Tutti i soldati, che,
superiori per le indomite forze, l'illustre Marchese
aveva condotto, nel bottino trascinano i comandanti,
i cavalieri e gli aiutanti di campo. Tra i conti viene **31v**
catturato per primo Giovanni, originario di Roma,
mentre in campo aperto sprona il cavallo alla corsa
e lo incita con la bocca coperta di schiuma. Secondo
è Sante, nato dal nobile Gavardo, mentre allenta
le briglie e con gli speroni colpisce all'inguine il cavallo.
Le schiere lo circondano da ogni parte, mentre allenta
le briglie; lo chiudono e portano via, mentre invano
tenta molti atti di valore e vuole sfuggire alle dense
schiere. Non riesce ad evitare lo squadrone nemico
e le spade Rigetto, sebbene abbia attraversato metà
pianura. Non ti è giovata, Giacobbe Gavòla, la veloce fuga
per i campi. Mentre lo strepito incalza, prendi le insegne
e nell'altero petto ti spinge il coraggio, vieni trascinato
prigioniero. Mentre, o Torello, combatti contro le armi
nemiche, le schiere non esitano a catturarti, senza che un
compagno ti difenda con le armi. Dalla parte opposta tu,
Giorgio, proveniente dall'Attica, esorti alla zuffa i timidi
manipoli e la mente desidera riprendere la guerra, preso,
ahimè, dall'avverso fato, segui costretto l'esercito nemico. **32r**
Neppure la Tritonia aiutò te, che le rupi di Bergamo
avevano inviato in guerra. Circondato Giacobbe cade
ucciso dalle rapide armi. Non lontano da qui Melchiorre

Nec procul hinc tremefactus equo, dum Melchior hosti
Terga sedens uertit, glomerati comminus hostes
Perturbant, captumque trahunt. Huic Angelus, alta
Quem misit Venetae gentis Vincentia, campis
Currere par denso deprenditur agmine saeptus.
Quosque fugit trepidus, uehitur pars maxima praedae.
Quoque magis fugiunt, animus magis additur hosti.
Insequitur timidos, quos inter Siccus ab hoste
Inclusus capitur Firmus, cingente corona;
Et Crassus Baptista simul, Cimarostus et acer,
Quem sequitur ueterana cohors expertaque bellis.
Anglicus atque equitum passim peditumque cateruae
Innumeri rapiuntur equi, rapiuntur et arma.
Atque omnes pariter captae traherentur ab hoste
Adriacum turmae, ni se intra moenia fessas
32v Dispersasque simul clausissent, aggere denso
Tuta satis, muro et patula circumdata fossa.
Ceu timidus pastor, specula cum uidit ab alta
Ire lupum, aut auido uenientes ore leones,
Quem neque turba canum circumstat, cogit in unum
Dispersas pecudes, latoque includit ouili,
Hic et oues furiamque lupi rabiemque leonum
Accipiunt, terrorque tamen nec corde recedit,
Haud aliter Venetum pauidae quae in moenia turbae
Intrarant, timuere hostes; neque protinus illis
Excussus de corde timor. Clausaeque pauebant,
Ne uel tormentis muri ruerentur, et hosti
Hinc ingens aditus patulo cirum ore pateret,
Viribus aut densa peditum testudine adacta
Effoderent, peterent murorum aut culmina summa.
Sed postquam hostiles fossis atque aggere tutas
Conspexit Gonzaga manus, quem bellica semper
Pallas agit, Godium uersus Mincique fluentum
Multa mouens animo uersansque in pectore multa
33r Ocius auertit gressum: comitatur euntem
Turba uirum. Gradiensque duces supereminet altus
Ipse oculos princeps clarumque simillimus alto
Caelicolum regi caput et thoraca micantem,
Mauorti, pectusque tibi moderator aquarum.
Taurus in armento longe ut pulcherrimus extat,
Exuperatque boues, atque omnes praestat euntis,
Talem luce illa Lodouicum Iuppiter orbis
Instituit rector, facie uultuque decoro.
Phoebus iter medium superauerat, ardua caeli

32r: 6 cominus GM. 9 per M. 9 septus GM. 12 hostis G 33r: 1 ocyus GM, comitantur GM. 4 coelicolum M. 8 Iupiter GM. 10 coeli M.

a cavallo volge le spalle al nemico, che si raccoglie, getta
scompiglio intorno, lo cattura e lo porta via. A questi
pari, Angelo, che la grande Vicenza aveva inviato,
si aggira per i campi; ma una folta schiera lo circonda
e lo cattura. Da quelli, che impaurito fugge, è portato via
come la parte più importante del bottino. Quanto più
fuggono, tanto più il nemico prende coraggio. Insegue
quelli spaventati, tra i quali Sicco Firmo viene circondato
e catturato dai nemici, pur accompagnato da folta schiera.
Crasso Battista, nel contempo, e il valoroso Cimarosto,
seguito da veterani esperti nella guerra, Anglico
e schiere di fanti qua e là e cavalieri; sono catturati
gran numero di cavalieri, son portate via le armi.
Sarebbero state parimenti catturate anche le torme
adriesi, se stanche e alla spicciolata non si fossero
chiuse a un tempo dentro le mura, tenute al sicuro **32v**
dal saldo terrapieno, dal muro e dagli ampi fossati.
Come un pastore spaventato, quando vede dall'alto
d'un riparo venire il lupo o gli avidi leoni, che la muta
di cani non riesce a circondare, raccoglie insieme
le pecore disperse e le chiude nell'ampio ovile,
dove affrontano la furia del lupo e la ferocia dei leoni,
la paura tuttavia non sgombra dal loro cuore, così
timoroso l'esercito veneto per timore dei nemici
si rifugia nelle mura; ma il timore non aveva lasciato
il loro cuore. Pur al chiuso temeva che i muri
non fossero difesi dalle macchine da guerra, e si aprisse
per l'ampia breccia un consistente varco;
temeva che i soldati con le proprie forze o compatti
con la testuggine sfondassero i muri e vi salissero.
Ma quando il Gonzaga, che la bellicosa Pallade ispira,
vede l'esercito nemico difeso da terrapieno e fossati,
muove verso Goito e la corrente del Mincio, agitando
molti progetti nell'animoso petto, veloce inverte la marcia.
Mentre avanza, lo accompagna una folla di valorosi. **33r**
Il grande Principe supera tutti con lo sguardo e per il capo
ritto è simile al re dei numi, per il coraggio e il fulgore
della corazza a Marte e a te, signore delle acque.
Come in un armento s'erge il toro, di gran lunga
il più bello, supera i buoi e tutti mentre avanzano
precede, per lo splendore, per la nobiltà dell'aspetto
e del volto, così Giove come guida del mondo ha scelto
Ludovico. Febo aveva già percorso metà del cammino
e lasciava la parte più alta del cielo, quando il corteo

Iam linquens, Godium magno cum turba triumpho
Ingreditur, captosque omnis in moenia ducit.
Gaudia quis memoret? Quis signa immensa secundi
Explicet euentus? Fremit omnis murmure campus
Laetitiae, flammis collucent undique turres.
Exultant alii. Veneti sua funera maerent.

LIBER TERTIVS INCIPIT FELICITER

33v Postquam laeta Ducem uultu Fortuna secundo
Res Venetum populata, manu fudisse cateruas
Tradidit innumeras parua, succurrere pressis
Adriacum dicione suis, parat inclutus heros
Insubrium dum clara duci socia agmina iungit,
Dumque aliena gerit Lodouicus praelia, magno
Captus amore ducis, Veneti, quibus undique uastae
Affuerant uires, multis cum milibus armis
Diripiunt castella duo, quae Tartarus amnis
Diuidit angustus, mediaque interluit unda.
Nec durum superare fuit, cum rustica plebes
Moenia seruaret, cui nulla peritia duri
Martis erat. Mens fida tamen, regisque uetustus
Inflammabat amor, tacitumque in pectore robur
Principis addebat clementia cognita summi.
Parte alia Venetumque minae, Venetumque cruenta
Vexabat penitus uictoria, saeuaque regni
34r Condicio. Quid agat tanto in discrimine rerum
Turba rudis, neque quid capiat discernere nouit,
Ceu lepus in mediis, quem terruit undique saeua
Turba canum, siluis, geminis si forte tenetur
Hinc atque hinc fossis, haeret tremebundus, et ipsos
Quippe canum morsus trepidat fossasque patentis.
Principis armatas acies et mente uolutat
Hinc distare procul, miseris succurrere rebus
Haud posse, et Venetum turmas longoque maniplos
Ordine rimatur, propriae quam magna salutis
Spes ciet, et mentem exagitat molesque ruinae,
Excidiumque loci, si ui sit palma recepta,
Et quae condicio miseris sit reddita uictis?
Nam rapitur uirgo, pueri caeduntur et infans
A patris trahitur complexu. Templa domosque
Expoliat uictor, surgitque miserrima caedes,

33r: 14 campu M. 15 laeticiae G. 16 moerent M. 33v: 4 inclytus GM. 8 millibus M. 11 plaebs G. 15 claementia G. 34r: 6 parentes M. 13 conditio M, mseris M.

entra in Goito con grande trionfo e conduce i prigionieri
dentro le mura. Chi potrebbe ricordare la gioia? Chi
potrebbe narrare le manifestazioni di affetto per l'evento
favorevole? Per tutto il campo si aggira un fremito
di gioia. Sulle torri ardono fiaccole da ogni parte.
Altri esultano. I Veneti piangono i loro morti.

LIBRO TERZO

Quando lieta e con volto sereno la fortunata Repubblica **33v**
di Venezia, pur sconfitta, tramanda che il Doge con sparuta
schiera aveva sconfitto immense caterve e soccoreva
i suoi, oppressi dal potere di Adria, l'inclito eroe
si prepara a unire le forti schiere con quelle del Duca
di Milano.[52] Mentre Ludovico, preso da grande amore
per il Duca, combatte con esito sfavorevole, i Veneti,
ai quali da ogni parte erano giunte considerevoli forze,
con migliaia di uomini saccheggiano due castelli, divisi
dall'angusto Tartaro,[53] le cui acque scorrono nel mezzo.
La vittoria fu facile, perché difendevano le mura rudi
contadini, senza alcuna esperienza della dura guerra.
Il loro animo era saldo, perché presi da grande amore
per il re e la sperimentata clemenza del grande Principe
aggiungeva tacita forza nel petto. Dall'altra parte
le minacce dei Veneti, la loro sanguinosa vittoria
e le crudeli condizioni del regno lo tormentavano
profondamente. La rude folla non sa né come **34r**
agire in tal frangente, né prende una decisione, come
un lupo, che la muta i cani atterrisce da ogni parte
in mezzo ai boschi, si trova per caso chiuso da doppio
fossato da una parte e dall'altra, tremante si blocca,
perché teme i morsi dei cani e gli ampi fossi. Il Principe
intanto fra sé riflette che l'esercito in armi dista
molto e nell'infelice situazione non può correre in aiuto.
Con una lunga schiera si apre la via tra i reparti e gli
squadroni veneti. Più che la ferma speranza della sua
salvezza, lo muove e gli agita la mente l'immane rovina,
la distruzione del luogo e, se alla vittoria subentra
la violenza, quale è la condizione dei miseri vinti?
Sono, infatti, rapite le donne, uccisi i bambini, strappati
dalle braccia del padre i lattanti. Il vincitore spoglia
le chiese e le case, si compie una miserevole strage,

Maenia flamma rapit; luctu fusoque cruore
Omnia complentur, cum saeuit in oppida miles.
Post multos igitur luctus ac multa uicissim
34v Consilia, ut demum quassata furentibus armis
Praesidii uenisse uidet nil turba, uocatis
Hostibus et positis armis, sua moenia dedit,
Se Venetum fidei tribuit, pacemque reposcit
Lege sub hac, ut salua forent quaecunque. Nec hostis
Haec furor arripere aut ueteres pepulisse colonos
Posset, et ut placida fruerentur moenia pace.
Pacta placent. Intrant hostes ac tota pererrant
Moenia et ardenter palma laetantur adepta.
Iura tamen fidei spernunt, patriisque fugati
Sedibus (infandum) miseri pelluntur agrestes.
Non pietas, non sancta fides, horrorque deorum
Commouet Adriacos, sed sola potentia tollit
Horum animos, siue iniuste sit parta uel aequo.
Huc igitur princeps uictricia signa referre
Instituit Venetosque suis depellere regnis.
Dumque ea magnanimus tacito sub pectore uersat
Marchio, purpureas surgens patefecit ab ortu
Diua fores Aurora suas, celeresque coruscis
35r Quadrupedes flauus bigis iungebat Apollo,
Imperat, ut peditum, quas Ocnus condidit arces
Atque manus equitum repetant captosque sequentes
Ductores Venetum secum in sua moenia ducant.
Iussa uiri celeres peragunt, praesepibus altis
Educuntur equi. Primus Lodouicus habenis
Torquet equum ornatis contectum uestibus auro,
Insequitur nubes equitum, scutataque campis
Agmina descendunt peditum, puluisque per arua
Spargitur, et tenebris uelantur lumina caecis
Puluerulenta, uelut cum montis uertice cogit
Inuisam timidis nebulam pstoribus Auster,
Nocte tamen furi meliorem. Cernere tantum
Quisque potest, quantum lapidem torquere lacertis,
Iamque equitum peditumque manus superauerat arua
Laeta ducem comitans, urbis iam moenia pulchrae
Intrabat, crebros sonitus caua bucina reddit.
Aera sonant. Populus gaudet. Laetantur et urbis
Moenia, et in plateis ciues longo ordine cernunt
35v Victricesque manus, hostilia signa, fugatis
Hostibus, erepta, et pueri castaeque puellae
Culmina uel tecti scandunt uel colla fenestris
Emittunt. Fortemque ducem spectare iuuabat,

34v: 5 quaecunque GM. 12 Deorum M. 19 corruscis M. 35r: 12 auster M. 13 fueri M. 16 buccina M. pulcrae M.

le città sono date alle fiamme; quando i soldati
infieriscono contro i paesi, pieni di sangue
e di lutti. Dopo molti danni e piani, presi a turno,
alla fine gli assediati, incalzati dalla furia delle **34v**
armi, siccome non vedono nessun aiuto, chiamano
i nemici, depongono le armi, consegnano la città,
si affidano alle promesse dei Veneti, chiedono
la pace a patto che tutto rimanga salvo, la furia
nemica non porti via niente, non scacci i vecchi
coloni e la città, tranquilla, goda la pace. Accettano
le proposte. I nemici entrano, si aggirano per la città,
si rallegrano per la vittoria, ma vengono meno
agli obblighi della parola data e i miseri contadini,
inenarrabile!, sono scacciati e messi in fuga dalle loro
sedi. Né la pietà, né la santa fede, né il timore
degli dei muove gli Adriesi, ma solo la vittoria,
conseguita in modo giusto o ingiusto, esalta
il loro animo. Il Principe stabilisce allora
di raccogliere qui le insegne vittoriose e scacciare
i Veneti dal regno. Mentre il magnanimo Marchese
riflette fra sé in silenzio su ciò, la divina Aurora,
sorgendo, spalanca le sue porte e il biondo Apollo
aggioga alla biga luminosa i veloci destrieri, ordina **35r**
alle schiere dei fanti e dei cavalieri di dirigersi
verso le rocche fondate da Ocno e di condurre con sé
nelle proprie città i comandanti veneti e i molti
prigionieri. Solleciti eseguono gli ordini dell'eroe
e dalle grandi stalle portano via i cavalli. Ludovico
indossa vesti trapunte d'oro; per primo sprona
il cavallo, segue i nembi sollevati dai cavalli,
armata di scudi irrompe la fanteria, dai campi
si levano nugoli di polvere, e impenetrabili
tenebre velano gli occhi, come quando sulla
cima del monte l'Austro porta la nebbia, invisa
ai paurosi pastori, ma più propizia della notte ai ladri.
Non si vede oltre il tiro d'un sasso. Al seguito
del Duca la cavalleria e la fanteria, superati i fertili
campi, già varcavano le mura della bella città,
la cava tromba emette suoni frequenti. Il popolo
esulta. La gioia corre per le mura della città
e il popolo nelle piazze in lungo ordine vede
l'esercito vittorioso, le insegne strappate ai nemici **35v**
in fuga. Ragazzi e caste fanciulle in silenzio
salgono sui tetti o sporgono la testa dalle finestre.
È una gioia vedere il valoroso Duca, mentre

Laetitiaeque sonos geminant. Ipse arduus omnes
Marchio, quem peditum circum numerosa caterua
Cingebat, laeto uultu facieque serena
Excipit ingrediens ciues, aulamque superbam
Ingreditur, captosque omnes sub regia duci
Tecta iubet, praeclara locis aulaea parari,
Atria componi, thalamosque tapetibus altis
Consterni, et mensis caelata imponere uasa.
Iam neque captiuos credas: nam luxus et omnis
Regalis decorat cultus, ciuesque uicissim
Deducunt, gressusque uirum comitantur ubique.
Nec mora longa fuit: fortem cui maxima Pallas
Mentem afflat, Lodouicus equo pulcherrimus heros
Fatidicae linquit Mantus ingentia uatis
Moenia, pulchra equitum peditumque sequente caterua,
36r Et celer incumbit, qua semita dirigit ambo
Ad castella, necem Venetis clademque minatus.
Iamque quater denis stadiis uictrice peractis
Quippe manu comitante ducem, sub margine sulci
Marchio considens, iaculum contorsit in hostes,
Principium pugnae, turbamque hortatur in arma,
Atque ait: «O socii, quis erit, qui in praelia mecum
Primus eat, fortisque uelit succedere pugnae?».
Hic legit armatisque domos et commoda pulchro
Tegmina equo; nitidis alii tentoria uelis
Extendunt, honerosa locis hic sarcina tutis
Ponitur et multis tormenta euecta quadrigis.
Sed temptanda prius putat omnia maximus heros
Consilio quam dura uelit committere bella.
Deligit ex omni numero, quos nouerat ipse,
Calliditate uiros reliquis praestare fideque
Militibus Venetum legat, mentemque reposcit
Ferre suam, Adriacum quae sit sententia patrum,
Si sine ui castella uelint sibi reddere rapta,
36v Atque suis cessisse agris, sese agmina primum
Structa remissurum, neque uim cedentibus ullam
Affore, sed tuto hinc discedere posse cohortes.
Sin aliter malint, nec reddere, quae petit ipse,
incipiant, magnis se uiribus undique totos
obsessurum aditus, pugnamque parare ferocem.
Haec ubi senserunt Venetum uirtute cateruae
Insuper et magnis confisae uiribus, omnes
Increpitant uerbis legatos, atque ita reddunt:
«Quae uos, o miserae gentes, insania adegit?

35v: 5 laeticiaeque G. 7 laeto G. 10 aulea G. 13 Nam M. 14 decorat lux cultu G[1] lux del. 17 pulcerrimus M. 19 pulcra M, equitumque caterua M. 36r: 3 quaterdenis G. 8 fortique G. 9 pulcro M. 11 honorosa MG. 13 tentanda GM. delegit G[1] em. 36v: 2 remisurum G[1] em. 10 infania GM.

si intrecciano canti di gioia. Ritto il Marchese,
circondato da una folta schiera di soldati,
lieto nell'aspetto e sereno nel volto,
mentre entra accoglie i cittadini, varca
lo sfarzoso palazzo, ordina di condurre tutti
nella reggia, di esporre preziosi tendaggi,
di adornare gli atri, di stendere nei talami tappeti
suntuosi e porre sulla mensa vasi cesellati. Non
crederesti neppure ai prigionieri: dappertutto
si vede il lusso e lo sfarzo regale, lo mostrano
a loro volta i cittadini, che accompagnano l'eroe
dovunque avanzi. Non è lunga l'attesa: il prestante
eroe Ludovico, cui la divina Pallade ispira la vigorosa
mente, col cavallo lascia le grandi mura della fatidica
Mantova e con un'agguerrita schiera di fanti e cavalieri
imbocca veloce la strada, che conduce verso entrambi **36r**
i castelli, per minacciare morte e strage ai Veneti.
L'esercito vincitore aveva percorso già quaranta stadi
insieme col comandante, quando il Marchese si ferma
ai margini del canale e scaglia un dardo contro
i nemici. Dà inizio alla battaglia e così esorta i soldati
alla guerra: «Compagni», dice, «chi sarà colui, che primo
viene in guerra con me e valoroso desideri subentrare
nella zuffa?». Sceglie allora alloggi per i soldati e buone
armature per i cavalli; altri innalzano tende con bianchi
tessuti, si pongono in luoghi sicuri i pesanti bagagli
e dai carri si levano molte macchine da guerra.
Ma il grande eroe ritiene che si debba porre in atto
ogni tentativo con prudenza, prima di intraprendere
la dura guerra. Da tutto l'esercito sceglie quelli, che
lui aveva conosciuto, uomini superiori agli altri soldati
veneti per sagacia e fedeltà e chiede loro di esporre
il proprio pensiero, qual è il parere dei patrizi adriesi,
se vogliono restituire pacificamente i castelli sottratti,
ritirarsi dai territori occupati, promette di recedere **36v**
per primo, pur con l'esercito schierato; non avrebbe
inferto nessun castigo a chi andava via e l'esercito
poteva ritirarsi tranquillo. Se poi preferivano
il contrario, non rispondano alle sue richieste, li
informa che con grandi forze chiuderà tutte
le entrate e preparerà uno scontro feroce. Sentito ciò
l'esercito veneto, fidando nel valore e ancor più nelle
grandi forze, oltraggia i legati e così risponde:
«Quale pazzia, genti miserabili, vi ha spinto? quale

Quis menti tam caecus amor? quae corde libido est
Huc conferre gradum? trepidas huc ducere turbas?
Num superare uiros fastu, uerbisque superbis
Pellere, et hos muros pugnando intrare putatis?
Ductori uos haec uestro responsa referte:
“Non capreas, non hic lepores ceruosue fugaces
Esse, neque hic damas, quae, cum latratus ad aures
Ipse canum uenit, fugiunt longeque sequentes
Exhorrent; trepidant non uisos turpiter hostes.
37r Spicula non Venetis, non nobis aspra deesse
Arma, non horrenti nutare in pectore sensus”».
Haec ubi legati referunt, tormenta parari
imperat inuictus princeps, quae saxa tremendo
Emittant stepitu, quae diruta moenia terrae
Protinus aequarent, atque omnia uertere crebris
Ictibus, atque hosti possent afferre ruinam.
Turbidus huc atque huc muros et moenia circum
Lustrat equo, quaeritque uiam, si forte uideret,
Qua facilis foret ingressus mage. Copia muros
Tutatur, seruatque uices. Fremit ocior aura
Indomitus Gonzaga, uelut cum plena bidentum
Ambit saepta lupus, cautus quae pastor acernis
Muniuit trabibus, pecoris deprensus amore.
Nox ruit interea, et fessi praesepibus altis
Solis equi ambrosiae mandunt sub dentibus herbam,
Imperat arma, parent taciti, pugnaeque futurae
Marchio constituit turbas: nam luce reducta
Instituit tentare aditus in moenia ferro.
37v Iamque locis patulo tormenta parantur hiatu,
Vnde uolans muros, tabulataque saxea passim
Sterneret ignifero stridens pila cita furore.
Haec circum tabulas figunt, ut ab impete denso
Telorum, admotor tuto se duceret ignis.
Dumque ea certatim fieri iubet impiger heros,
Cui uiget intrepidum duro sub pectore robur,
Ductores blandis affatur uocibus ultro:
«Fida manus procerum, comites quos dextera nobis
Sidera iunxerunt, quis nil mihi carius usquam
Iuppiter ipse dedit, patriae nunc tristis imago
Voluitur ante oculos, cuius gens impia pennas
Abstulit, ut nubes alis atque aera maerens
Vix tranare queat, fessae succurrite demum.
Annuit ipse quidem laeta Sturnius aure,
Dextera signa ferens: melior nam causa secundos
Hortatur sperare deos. Flos ipse iuuentae

37r: 2 non M. 11 ocyor GM. 13 septa GM. constituent G. 19 tentare GM. 37v: 4 impetu M. 5 admotor hapax. 10 sydera GM. 11Iupiter GM. 13 moerens M. 16 secumptos G. 17 Deos M.

desiderio così cieco vi offusca la mente? quale piacere vi ha spinto a marciare fin qui? Non avete paura di condurre l'esercito fin qui? Credete di superare gli eroi in nobiltà e scacciarli con aspre parole? credete di varcare queste mura con le armi in pugno? Al vostro Duca così rispondete: "Qui non ci sono né capre, né lepri, né cervi impauriti, né daini, che quando sentono il latrato dei cani, fuggono, temono chi li insegue da lontano e hanno paura senza aver visto il nemico. Non mancano armi ai Veneti, il valore delle armi **37r**
a noi non manca; non ondeggia il coraggio nei petti valorosi"». Appena riferiscono ciò, l'invitto Principe ordina di allestire le macchine da guerra, per scagliare sassi con spaventevole sibilo, radere al suolo le mura già lese, abbattere tutto con colpi frequenti e rovina apportare al nemico. Sconvolto ispeziona a cavallo qua e là le difese e le mura, cerca un varco, per vedere dove più agevole è l'ingresso. L'esercito protegge le difese, le custodisce a turno. Indomito il Gonzaga corre qua e là, più veloce dell'aria, come quando il lupo si aggira intorno ai recinti pieni di pecore, che il pastore cauto ha rinforzato con pali d'acero per amore del gregge. Scende intanto la notte e stanchi i cavalli del Sole nelle suntuose stalle tritano l'ambrosia con i denti. Il Marchese ordina di impugnare le armi, obbediscono in silenzio e dispongono l'esercito per la futura battaglia, perché ha stabilito che, allo spuntar della luce, si aprano la via verso le mura col ferro. In più luoghi le macchine da guerra aprono ampi **37v**
squarci, dai quali le palle di pietra, volando verso i muri con stridore, abbattono i tavolati col furore del fuoco. Annientano i tavolati circostanti, per avvicinarsi col fuoco al riparo dal denso assalto di dardi. Il solerte eroe, nel duro petto del quale alberga indomita forza, mentre ordina che ciò si compia nel migliore dei modi, si rivolge ai comandanti con seducenti parole: «Fida schiera di nobili, che le stelle propizie mi hanno aggiunto come compagni, dei quali Giove non mi ha dato mai niente di più caro, ora davanti agli occhi vedo la triste immagine della patria, cui un'empia gente ha tolto le penne, sì che con le ali a stento può volare nell'aria verso le nubi, venite in suo aiuto, perché spossata. Anche il Saturnio annuisce con lieto volto e invia segnali favorevoli, perché una causa migliore esorta a sperare nel favore degli dei. Il fior fiore

Indomitae uires ornataque copia palmam
Affore promittunt, animus super omnia fortis.
38r Quare agite, o proceres, ualidissima pectora, suetas
Hic uires, acrem bellis accingite mentem».
Assensere omnes, acuuntque furoribus iras
In Venetos, patriae clades ulciscier optant.
Ecce autem immenso radiantia Lucifer orbe
Sidera pellebat surgens, lucisque futurae
Signa dabat, se quisque armis fulgenibus ornat.
Omnia bellorum sonitu et clangore tubarum
Arua fremunt circum, resonatque hinnitibus aer.
Miles ut accepit Venetus stridentia passim
Tela foris, uidit structis procedere turmis
Armatos, subito muros cinxisse corona
Dicitur, et summis murorum tela parasse.
Vt tuba principium belli dedit aere sonoro,
Certatim accelerant iuuenes, quos Marchio fortis
Iusserat accingi pugnae, quo robora primo
Congressu Veneti temptaret militis ipse.
Horrisonos strepitus mittit pila saxea, feruent
Arma, fugat summis catapulta e moenibus hostem.
38v Euganei contra telis uolucrique sagitta
Moenia tutantur. Quaque et densissimus urget
Parte globus, Veneti pilulas rapidoque rotatu
Saxa ferunt. Trepidi telorum effundere contra
Omne genus pergunt, et totis uiribus obstant.
Acer et indomitus princeps ut nouit aperte
Esset quanta manus Venetum pugnare parata,
Signa cani iussit. Quibus agmina cuncta redirent
Auditis redeant missa ad tentoria pugna.
Iussa uiri faciunt, et laeti castra petentes
Clamorem ingeminant, fortis celebrata canentes
Nomina ductoris, tremuit quem pontus et aer.
Alto turris erat suspectu ducta sub auras
Opportuna loco, quem praeterlabitur amnis
Gurgite caeruleo, liquidaque immurmurat unda,
Marchio quam totis euertere uiribus acer
Cogitat, unde cauis torquebant tela fenestris
Adriaci, poterantque hostes detrudere saxis.
Hic tomenta iubet figi, lapis unde rotatus
39r Excuteret turrim, et Venetos propelleret hostes.
Continuo tormenta solo ponuntur, in altos
Quaeque ruant muros, et quae consternere turrim
Exitiosa queant, atque omnia uertere tecta.

38r: 6 sydera GM. 10 accaepit G. 15 forti GM. 17 tentaret GM. 38v: 14 praeter labitur G. 15 ceruleo G, coeruleo M. 39r: 1 excureret G.

dei giovani, le indomite forze, l'esercito armato
e sopra tutto l'animo forte promettono la vittoria.
Perciò, coraggio, valorosi e nobili petti! Destate ora **38r**
il consueto valore e la mente pronta alla guerra!». Tutti
plaudono; indignati acuiscono l'ira contro i Veneti
e desiderano vendicare le sconfitte della patria.
Mentre luminoso Lucifero nell'immenso cielo
scaccia le lucide stelle e annuncia il nuovo
giorno, tutti indossano le armi scintillanti. Al suono
fragoroso delle trombe di guerra tutti i campi
circostanti sobbalzano, l'aria risuona di nitriti. Quando
i soldati veneti vedono piovere dappertutto i dardi
stridenti e le truppe avanzare in assetto di guerra,
si dice che cingessero le mura di armati e ponessero
difese sulla sommità. Quando il suono bronzeo
della tromba dà inizio allo scontro, a turno avanzano
i giovani, ai quali il Marchese aveva ordinato
di prepararsi con coraggio alla battaglia,
per sgominare al primo assalto le forze venete.
Le palle di pietra emettono spaventoso fragore, ferve
La battaglia, la catapulta caccia i nemici dalle mura.
Gli Euganei a loro volta con frecce e giavellotti **38v**
difendono le mura. I Veneti con rapida rotazione
scagliano palle di pietra là dove più denso urge
l'esercito in armi. Trepidanti si affrettano a scagliare
ogni tipo di arma e resistono con tutte le forze.
L'energico e valoroso Principe appena viene a sapere
la vera entità dell'esercito veneto pronto a combattere,
ordina di dare il segnale. Appena lo ode tutto l'esercito
si schiera e, finito lo scontro, torna nell'accamamento.
I soldati obbediscono e, mentre lieti ritornano
al campo, raddoppiano le grida, osannano
il famoso nome del valoroso comandante, all'ordine
del quale trema cielo e mare. Adatta al luogo,
lambito dall'acqua cerulea del fiume e dal mormorio
dell'onda fluente, alta fino al cielo si leva una torre,
che il Marchese pensa di distruggere con tutte le forze.
Dalle sue cave feritoie gli Adriesi scagliavano dardi
e potevano allontanare i nemici con sassi. Ordina
di piazzare qui le macchine da guerra, perché le pietre,
roteando, scuotano la torre e allontanino i nemici **39r**
veneti. Si installano subito le macchine da guerra,
per poter assalire i muri, abbattere la torre
e distruggere il tetto di tutti gli edifici. Le palle

Saxea grandisono crepitu pila missa per auras
Aduolat, atque latus turris modo percutit, illam
Mox mediam attingit pertusamque undique pulsat.
Saxa ruunt, tabulata tremunt, concussaque nutat
Vertice, et ostendit turris commota ruinam.
Astra ferit sonitus, magno ut cum turbine uenti
Hinc Zephyrus Boreasque furens, hinc humidus Auster
Confligunt, Eurusque gemit, percussa ruenti
Turbine uentorum tellus; maris unda tumescens
Profluit, et strepitu caelum surgente remugit.
Aera turbabat fumus, puluisque uirorum
Insurgens fremitu nigra caligine uoluens.
Vix poterant spectari oculis castella, nec ipsi
Adriaci hostiles feruentis cernere turbas.
Ecce autem aspiciens dum Bartholotus inermis
39v Hic manet, et laetis gaudet successibus acer,
Incerta demissa manu catapulta per hostes
Hinc sonitum dedit et magno cum murmure fugit.
Conuertere omnes oculos ad principis ora,
Quem prope cernebant, ueniens nec ab aethere telum
Conspiciunt, donec catapulta sub inguina uenit,
Bartholote, tua atque alte bibit acta cruorem,
Defluit extemplo croceus de uulnere sanguis.
Vt cum Puniceo mulier perdocta colore
Tingit ebur, quo mala quidem decorentur equorum,
In thalmo iacet, hoc equites cupiere uetusti
Cornipedique decus pulchro aurigaeque futurum.
Inguina mananti sic sunt infecta cruore,
Et femur et totum foedabat sanguine corpus.
Obstupuit primo uisu Mauortius heros,
Obstupuere alii, croceum ut uidere cruorem
Vulnere manantem. Timuit uir maximus armis,
Inguina letali ut uidit transfixa sagitta.
Hunc autem apprendens dextra Lodouicus, ab imo
40r Pectore deducens suspiria, dixit: «Amice!
Nunc tibi bella necem tribuunt. Quantoque redenta
Haec pretio castella aderunt. Sed uincula sacrae
Non impune ferent ausi confundere pacis.
Quod si lenta uiris ueniet uindicta deorum,
Nec credunt curare Iouem mortalia quemquam,
Poena erit is grauior, natis capitique suorum,
Coniugibusue suis maiores affore poenas

39r: 11 hin G, zephirus G^{1} em. 18 hostes G^{1} em., superadditis litteris *il.* 39v: 10 decoretur GM, male M. 12 pulcro M. 13 infecti M. 18 loetali G, laethali M. 40r: 3 precio G. 4 impuně m.c. 5 Deorum M. 6 non M, quenquam GM. 7 ijs G, iis M.

di pietra, scagliate per aria, volano con rumoroso
fragore e la torre, colpita ora agli spigoli ora al centro
e lesionata da ogni parte, ondeggia. I sassi precipitano,
i tavolati tremano, la cima scossa traballa
e indebolita mostra qualche crepa. Il fragore giunge
alle stelle, come quando con grande turbine
si azzuffano Zefiro e Borea furiosa o imperversa
il piovoso Austro. Euro geme, la terra è percossa
dall'impetuoso soffio dei venti; l'acqua del mare
ribolle, si gonfia; si leva il fragore, il cielo muggisce.
Il fumo offusca l'aria e la polvere sollevata dallo
scalpiccio dei soldati involve tutto di nera caligine.
A stento si riescono a vedere i castelli e gli Adriesi
non scorgono l'avanzata dell'esercito nemico.
Ecco allora Bartoloto, mentre guarda disarmato
e gode nel suo vigore per i favorevoli successi, **39v**
rimane qui. Una schiera inesperta conduce una
catapulta attraverso i nemici; ma, quando questa
emette il sibilo, fugge con grande fragore. Tutti
si voltano a guardare il volto del Principe,
che era lì vicino, ma non scorgono nessun dardo
venire dal cielo, finché non giunge, o Bartoloto,
tra le tue gambe e dalla profonda ferita beve il tuo
sangue, che rosso sgorga subito dalla ferita. Come
una donna provetta tinge di color rosso l'avorio,
per decorare le guance del cavallo, che poltrisce nella
stalla. Questo non augurano i vecchi cavalieri né
a un bel cavallo né all'auriga. Il sangue si diffonde
sulla coscia e su tutto il corpo. Appena vede ciò,
rimane stupito il bellicoso eroe, anche gli altri
alla vista del sangue sgorgare dalla ferita rimangono
sconcertati. Il valoroso eroe ha paura, quando vede
l'inguine mortalmente trafitto dalla freccia.
Ludovico allora lo prende con la destra, trae dal petto
un profondo sospiro e dice: «Amico mio, la guerra **40r**
ti ha portato la morte. A quale prezzo saranno
riscattati questi castelli! Ma chi osa gettare scompiglio,
chi osa violare vincoli della pace non vivrà impune.
Se agli uomini lenta verrà la vendetta degli dei,
e credono che Giove non si prenda cura di nessuno,
più grave per quelli sarà la pena, per sé e per i figli,
e sulle loro mogli vedranno abbattersi pene più gravi;

Aspicient, iramque dei nouisse pigebit.
Ast ego uenturum tempus, quo fracta lababit
Vis Venetum, pereat quo strata potentia, noui.
Omnipotens iusta moderatur at omnia lance
Iuppiter, atque aequa cunctis quatit aegida sorte
Hostibus iratus pacis qui scindere iura
Primum ausi, crudele nefas, et praelia ferre.
Inuida si rapient uiridem tibi fata iuuentam,
Pectora nostra dolor maerentia quantus habebit!».
Dixerat. Hunc iussit Mantus ad moenia ferri,
Doctus ut horrendum medicus curare ualeret
40v Vulnus, et arte sua magnos auferre dolores.
Hunc cito sublatum tergo portabat ad urbem
Turba gemens peditum. Iam maesta subiuerat aedes,
Bartholote, tuas, per totam quaeritur urbem,
Qui te adeat medicus, transfixaque uulnera curet.
Extemplo medicum quaesita aduenerat ingens
Turba simul, saeuumque ruunt ex inguine telum.
Vulnus ubi uisum est, in quo transmissa sagitta
Haeserat, apponunt terso medicamina primum
Sanguine, ceu quondam fecisse Machaona dicunt
Pandarus ut flauum iaculo Menelaon acuto
Fixerat, ingenti replens Agamennona luctu.
Hoc letale tamen medicina repellere uulnus
Haud ualuit: Martis telum insanabile uulnus
Fecerat, atque herbis curandi amota potestas
Tunc fuit, et uanis usa est medicina uenenis.
Occidit infelix crudeli uulnere, fortis
Dum natura dedit membrorum maxima robur;
Bartholotus, honos patriae, superumque petiuit
41r Tecta Deum, patria pro libertate necatus.
Heu miseras rerum sortes! nihil inuida fati
Esse diu laetum series sinit, aspera cursu
Instabili fortuna ruit. Te, Croese, tremendum
Horruit ingenti regno gens Lydia clarum,
Diuitiasque tuas miratur Delphica plebes
Muneribus cum templa dei uenerare, futura
Cui dederat nouisse pater, felicia uitae
Tempora credideras semper tibi, Croese, futura.
Persarum tu rege tamen deprensus in igni
Poneris, atque animo uerissima uerba Solonis
Tractas, terque Solon magna cum uoce uocasti.
Nam quondam Sardis, habuit quos Graecia doctos,
Conuenere uiri; quem mirabantur Athenae,

40r: 9 Dei M. 13 Iupiter GM. 15 nephas G. 16 iuuentum M. 17 moerentia M. 40v: 3 moesta M. 13 loetale G, lethale M. 41r: 1 Deum M. 6 plaebs G. 9 tempore M.

si pentiranno d'aver sperimentato l'ira del dio. Ma io
conosco il futuro, nel quale la forza infranta dei Veneti
vacillerà, perché la loro potenza, già prostrata, perisca.
Ma l'onnipotente Giove regola tutto con imparzialità
e giusto con l'egida irato colpisce i nemici, che
per primi hanno osato violar il diritto della pace
e, infamia crudele, dare inizio alla guerra. Se il fato
crudele rapisce la tua fiorente giovinezza, perenne
dolore rimarrà nel mio petto sconvolto». Ciò detto,
ordina che sia condotto tra le mura di Mantova
e, appena giunto, un medico possa curargli
la brutta ferita e con la sua arte gli lenisca i dolori. **40v**
I soldati in lacrime lo sollevano e lo portano
a spalle in la città. Mentre mesti si avviano,
o Bartoloto, verso la tua casa, per tutta la città si
cerca un medico, che venga a curarti le mortali ferite.
Accorre subito un gran numero di medici, i quali
estraggono dall'inguine il micidiale dardo. Mentre
esaminano la ferita, nella quale la freccia si era
conficcata, dapprima detergono il sangue e poi
la medicano, come si dice che una volta abbia fatto
Macaone, quando Pandaro[54] con un'acuta freccia
trafisse il biondo Menelao, riempiendo di grande dolore
Agamennone. Ma la medicina non riuscì a sanare la
letale ferita: il dardo, in guerra, aveva provocato una
ferita insanabile ed era stato allora tolo alle erbe il
potere curativo e al veleno fu vano ogni rimedio.
L'infelice morì per la ferita, sebbene la natura
avesse posto nelle sue membra grande vigore.
Bartoloto, onore della patria, vola nella casa suprema
di Dio, ucciso per la libertà della patria. O misera sorte **41r**
degli eventi umani! L'avverso destino con le sue vicende
non permette di essere a lungo felice e la sfortuna
si abbatte con l'instabile suo corso. Te, o Creso,[55]
terribile e noto la gente di Lidia disdegnò per l'esteso
regno; per le tue ricchezze si stupì l'oracolo di Delfi
mentre nel tempio con doni veneravi il dio, cui il padre
aveva dato il dono di vaticinare il futuro, credevi,
o Creso, che saresti stato felice per tutta la vita. Ma,
catturato dal re di Persia, fosti gettato nel fuoco
e, mentre meditavi la verità insita nelle parole
di Solone, lo chiamavi ripetutamente, a gran voce.
Un giorno a Sardi si raccolsero gli uomini, che
la Grecia riteneva saggi; ammirato dagli Ateniesi,

Ipse Solon uenit, patriae qui maxima legum
Vincla dedit. Videt hunc Croesus, gaudetque Solonem
Cernere, et hunc magno non dedignatur honore.
Tertia cum primum roseo surrexit ab ortu
Pulchra dies, iussit famulis, ut tota Soloni
41v Gaza ostendatur. Spectat quaecumque thesauri
Copia erat. Tum Croesus ait: «Te fama perennis,
Attice, praeclarum nobis iam reddidit hospes.
Erroresque tui simul et sapientia fulgens
Vndique te celebrant. Nam dum specularis, in omnes
Philosophans pergis terras et circuis ultro,
Nunc igitur me cepit amor scitarier ingens,
Si mage felicem quemquam me noscis in orbe».
Dixerat haec Croesus, sperans sibi prospera multo
Esse magis, faciunt hominem quaecumque beatum.
Verba Solon sapiens quaerenti talia reddit:
«Caecropia de gente satus felicior omni
Vixit in orbe uiro Tellus». Stupet inscius huius
Quippe hominis Croesus, quoque et felicior esset,
Postulat, et ueluti turbatus pecore toto est.
«Natorum fuerat soboles pulcherrima Tello,
Moribus e decorata bonis ingensque nepotum
Turba, nihilque umquam sensit nouisse sinistri.
Haec igitur cum laeta uiro fortuna faueret,
42r Occidit ob patriam, magnoque in honore sepultus
Publico ab aere fuit, pgnans ubi lumina clausit».
Dixerat. Et Croesus, quem post hunc esse beatum
Censeat ipse, rogat. Subiunxit maximus ille
Ille Solon, cuius leges uenerantur Athenae,
Et Romana potens rerum uirtute propago,
«Argiuum Bitona», inquit, «Cleobinque, parentem
Qui collo uexere suo, dum festa deorum
Reginae instarent, atque hanc deducere curru
Argiuae ad templum Iunonis rite necesse est.
Nam, qui debuerant plaustrum uexisse, iuuenci
Tempore non aderant, ne, si defluxerit hora,
Indigna afficeret felicem poena parentem,
Hancque quater denis stadiis et quinque peractis
In templo posuere bonae Iunonis anhaeli.
Hos Argiua uirum passim collecta probabat
Turba pios, matremque frequens Argiua beatam
Femina dicebat, quod talia pignora felix
Ediderit, natum felix pietate putatur.
42v Haud ingrata parens, ut debita praemia natis

41r: 19 pulcra M. 41v: 1 quaecunque GM. 7 coepit G. 8 quenquam GM. 10 quaecunque GM. 14 homine M. 16 pulcerrima M. 18 unquam GM. 42r: 8 Deorum M. 14 quaterdenis GM. 18 foemina GM. 42v: 1 proemia M.

venne Solone, che aveva dato alla patria
un'importante raccolta di leggi. Creso lo nota,
gode nel vedere Solone e lo colma di grandi onori.
Appena bello e cinto di rosa spunta il terzo giorno,
ordina agli schiavi di mostrare a Solone[56] tutte
le sue ricchezze. Dopo che ebbe guardato l'immenso **41v**
tesoro, Creso gli dice: «La fama imperitura, ospite
greco, ai miei occhi ti ha reso famoso. I tuoi viaggi
e insieme lo splendore della saggezza ti hanno reso
famoso dappertutto. Difatti, mentre scruti e ti dedichi
alla filosofia e ti rechi in tutte le parti del mondo,
da un luogo all'altro, mi ha preso il desiderio
di chiederti se nel mondo conosci uno di me
più felice». Così aveva parlato Creso, nella speranza
di avere in abbondanza quei beni che rendono l'uomo
felice. Alla sua richiesta Solone così rispose: «Nato
dalla stirpe di Cecrope, ad Atene, visse Tello,[57] più
felice d'ogni altro uomo». Creso non conosceva questo
uomo; stupito e profondamente turbato nel petto,
chiede perché fosse felice. «Tello», risponde Solone,
«ebbe bellissimi figli, tutti a modo e ben costumati,
nonché una folta schiera di nipoti; ebbe la fortuna
di non aver mai sperimentato nessun male.
Mentre la fortuna lieta gli forniva questi beni,
morì per la patria e fu sepolto con grandi onori **42r**
a spese dello Stato, perché aveva chiuso gli occhi
combattendo». A ciò Creso, cedendo che dopo questi
il più felice fosse lui, gli porse un'altra domanda.
Il grande Solone, le cui leggi erano venerate ad Atene
e dai potenti e forti discendenti di Roma, «Tra
gli Argivi», soggiunge, «sono famosi Cleobi e Bitone,[58]
i quali nella festa della regina degli dei, portarono
con le proprie forze la madre e la condussero col carro
al tempio dell'argiva Giunone, secondo il rituale.
I giovenchi, infatti, che avrebbero dovuto tirare il carro,
non erano giunti in tempo e, perché la madre felice
non si addolorasse, se non fosse giunta in tempo,
la trascinarono per quarantacinque stadi e, trafelati,
la deposero nel tempio della buona Giunone. La folla
degli Argivi, che si era raccolta, lodava la pietà dei
giovani; numerose donne argive la dicevano una madre
beata, perché colei che aveva felicemente generato tali
figli, è ritenuta felice per l'amore dei figli. **42v**
La madre riconoscente per dare il dovuto premio

Redderet, ante deae simulacrum prona rogauit:
“Da, superum regina, precor, si grata fuerunt
Sacra tibi, nostra cecidit cum uictima dextra,
Quod melius possit homini contingere, natis
Eueniat: digno nam me uenerantur honore”.
Vota Iouis coniunx audiuit et annuit ultro:
Nam sacris per templa deae de more solutis,
Grata quies iuuenum uigilantia lumina clausit.
Illi ut erant somno pressi sua lumina numquam
Erexere oculos, nam nox aeterna ligarat.
His autem Argiui Delphis simulacra locarunt».
Indoluit Croesus, subitoque accensa furore
Pectora sunt regis, quod ubi cognouit in omnes
Qui rerum expertus laqueos, penetrauerat urbes,
His iterum affatur regem: «Te, Croese, beatum
Appellare quidem nequeo. Tibi plurima regna
Diuitiaeque adsunt. Quod si feliciter aeuum
Duxeris omne tuum, morientia lumina donec
43r Clauseris, atque animum felici e corpore mittes,
Aduersa non sorte citus, censere beatum
Tunc potero. Nam cum per multos longa uirorum
Vita dies uideat, nihil est, quod protinus uni
Altera lux simile adducat, similique rotatu.
Quam uarias Fortuna uices improuida ludit!
Pompeio nil Vrbe fuit praestantius. Hostis
Hoc decus arripuit, quem post numerosa tropaea
Extinxit misera fati Sors inuida morte».
Venerat interea Gaspar Mercatus ab alta
Stirpe satus, tua castra petens, Lodouice, decora,
Sphortia, quem Insubrium princeps legauerat istuc,
Vt tua Cenomanum gradiens, quos Brixia campos
Pinguis habet, ferrata ageres tunc agmina primum,
Et Gaidum peteres, Venetum quo frangere posset,
Ac penitus delere aciem, roburque uirorum.
Maestus ait princeps: «O uir clarissime, Gaspar!
Si mea caelicolae spectassent uota benigni,
Non hic bella quidem gererem, nec niterer armis
43v Vincere, quod magna tenuit cum laude uetustum
Nostra domus regnum. Sed postquam turbida ademit
Sors mihi, quid magis est, pro quo pia bella parare
Me deceat? patriae effigies atque urbis imago
Ante oculos est uisa meos; maerentia tollens
Ora, suumque gerens laceratum uulnere pectus,
Me, quotiens operit tenebris nox frigida terras,

42v: 2 Deae M. 10 nunquam GM. 12 simulachra G[1] em. 43r: 9 inuita M. 8 trophaea GM. 12 Sfortia GM. 17 moestus. 18 coelicolae M. 43v: 5 moerentia M.

ai figli, in ginocchio davanti alla statua della dea,
prega: “Regina degli dei, se il sacrificio è stato
a te gradito, mentre la vittima cadeva sotto la mia
destra, ti prego di concedere ai miei figli ciò che
è meglio per l’uomo, perché mi venerano e onorano”.
La sposa di Giove udì i voti e diede il suo assenso:
compiuti gli usuali e aviti sacri riti nel tempio in onore
della dea, un piacevole riposo chiuse gli occhi
dei giovani. Essi, mentre dormivano, non aprirono
più gli occhi, perché li aveva avvinti la notte eterna.
In onore di questi gli Argivi innalzarono a Delfi due
statue». Creso si addolora e un’improvvisa inquietudine
prende il suo cuore, mentre ode ciò. E lui, che, esperto
degli inganni della vita e si era recato in molte città,
così ancora si rivolge al re: «Io, Creso, non posso
chiamarti beato. Tu hai un grande regno e molte
ricchezze. Se vivrai felice tutto il tuo tempo,
finché non chiuderai gli occhi alla morte e
felice non lasci andare via l’anima dal corpo, **43r**
subito, senza che ti colga un avverso destino, solo
allora potrò chiamarti beato. Per gli uomini, infatti,
per quanto possano vivere a lungo, nessun giorno
è certamente simile ad un altro, simile per i casi.
Quanti imprevisti con le sue vicende arreca
la Fortuna! A Roma nessuno era più potente
di Pompeo.[59] Il nemico soppresse quest’uomo
influente, che l’avversa sorte, dopo numerosi
trionfi finì con misera morte». Nel frattempo fiero
era giunto Gaspare Mercato, nato da nobile famiglia,
nel tuo bel campo, Ludovico, che lo Sforza,
principe degli Insubri, aveva inviato qui per te, perché
avanzando con l’armata dei Cenomani,[60] che
i fertili campi di Brescia alimenta, prima aggredissi
Goito e poi l’esercito e la potenza di Venezia.
Addolorato gli dice il principe: «Valoroso Gaspare,
se benigni gli dei del cielo avessero ascoltato i miei
voti, non sarei qui a combattere, né cercherei
di vincere con le armi, perché la nostra dinastia ha tenuto **43v**
l’avito regno con gran lode. Ma l’avversa sorte
mi ha travolto. Cosa mi resta se non allestire
una guerra in sua difesa? Davanti ai miei occhi
c’è l’immagine della città e della patria; alzano
lo sguardo afflitto e ciascuna mostra la dolorosa
ferita sul petto, ogni qual volta la fredda notte copre

Admonet insomnis, ut se et sua membra tueri
Aggrediar, pellamque suo de corpore tela.
Me patriae parere decet. Victoria nobis
Parta aderit citius, quam ter percurrat Olympum
Phoebus ab Eoo, Zephyri uentosa reuisens
Atria! Num uacuus redeam, uictoria cum sit
In manibus nunc certa meis, sine honore triumphi?
Occidit hic etiam letali uulnere fixus
Bartholotus, honos patriae, cui nulla ferebant
Terrorem fera bella uiro, sed fortior hostes
Fundebat semper trepidos, alacerque fugabat.
Hic satis ad pugnam causae foret, altera nobis
44r Pugnandi potior si prorsus causa deesset.
Res minor haud agitur clari ducis, aspra paramus
Adriaco dum bella hosti: nam duplice semper
Si bellare acie sic pergeret, agmina longo
Nostra forent nimium spatio semota locorum.
Hic sed finis erit belli, quod tendere contra
Veronense solum pugnando inceperat armis.
Quare age, nostra refer Francisco dicta potenti,
Neu dubitet, quin nostra adeat sua castra relinquens
Haec loca turba cito». Dixit, neque plura locutus.
Laetus abit Gaspar tali sermone, ducemque
Conuenit, et narrat, quae sint responsa petenti.
Sphortia laetatur, magnaque cupidine turmas
Gonzagae mouet intrepidi, pariterque peroptat
Aduentare uiros, medio qui ex hoste recepta
Adriaco castella ferant, Venetosque fugatos.
Iamque dies, cursumque dies exegerat alter,
Ex quo contigerat castella grauissimus heros,
Assiduoque patens fuerat prope moenia cursu,
44v Consternatus equum campus, quo cornea glebas
Vngula mollierat subiectas. Consulit arces
Oppugnare iterum princeps, iterumque paretur,
Quaeque iubet subito uiolenti machina belli.
Armarique uiros simul imperat. Ocius omnes
Accelerant et summa ducis praecepta facessunt.
Ponitur et castris ingens custodia circum,
Ne qua acies Venetum a tergo se attollere posset
Furtiua comitata manu. Pars scandere muros
Vt queat, arma parat sibi conuenientia tergo;
Pars iaculis melior, Venetos quibus eminus hostes
Figat, certa parat letali uulnere tela,

43v: 15 loetali G, laethali M. 44r: 2 pro aspera m.c. 3 duplice m.c. 5 spacio GM. 7 incoeperat G. 13 Sfortia GM. 14 manet G, mouet M. 44v: 1 consternatum M. 5 ocyus GM. 8 Deorum M. 12 loetali G, laethali M.

di tenebre la terra, in sogno mi esorta a difendere lei
e le sue membra, ad allontanare i dardi dal suo corpo.
Devo obbedire alla patria. Conseguiremo la vittoria
prima che Febo, da oriente, percorra tre volte il cielo,
e gli atri, esposti al vento, avvertano il ritorno di Zefiro.
Posso ritornare senza l'onore del meritato trionfo,
visto che nelle nostre mani c'è sicura la vittoria?
Trafitto da mortale ferita è caduto Bartoloto,
onore della patria; a lui incuteva terrore nessuna
guerra, ma con grande valore scompigliava i nemici
e con coraggio li metteva in fuga. Questo sarebbe
un motivo sufficiente per combattere, se ne mancasse
un altro di maggiore importanza. Per un famoso **44r**
condottiero non si tratta di un evento di minore
importanza, mentre prepariamo un'aspra guerra
contro la nemica Adria. Se, infatti, venisse a combattere
con un duplice esercito, le nostre armate sarebbero
dislocate in luoghi troppo lontani. La guerra, però,
finirà qui, perché si era cominciato a combattere contro
il territorio di Verona. Perciò, ti prego di riferire le mie
parole al potente Francesco, perché non dubiti che il mio
esercito, lasciando subito questi luoghi, non giunga al suo
campo». Detto ciò, non parlò più. Lieto per tali parole
Gaspare parte, incontra il Duca e alle sue domande
rivela quanto gli era stato detto. Sforza gioisce, muove
con grande ardore le torme del coraggioso Gonzaga
e desidera parimenti assalire i soldati, che, partiti
dal centro dell'Adriatico, tengono i castelli sottratti al nemico,
e i Veneti respinti. Era già trascorso il primo e il secondo
giorno, da quando il valoroso eroe aveva raggiunto
i castelli ed era arrivato sotto le mura con una corsa
ininterrotta, dopo che il campo aveva abbattuto **44v**
il cavallo, la cui unghia aveva calpestato le zolle.
Il Principe decide di assalire di nuovo la rocca e ordina
di preparare subito le macchine per un violento
assalto. Ordina quindi ai soldati di armarsi. Tutti
si affrettano ad eseguire gli ordini del supremo
condottiero. Intorno al campo si collocano un gran
numero di sentinelle, perché l'esercito veneto non possa
aggredirlo alle spalle; altri, i migliori nel lancio
delle frecce, con le quali possano trafiggere i Veneti
da lontano, sicuri di infliggere ferite mortali, apprestano
dardi, come i tuoi, o Febo, con i quali abbattesti

Vt tua, Phoebe, quibus tot iugera uentre prementem
Strauisti tumidum pythona. Haud irrita sensit,
Quem lutulenta nouum tellus madefcta recenti
Diluuio dederat, serpens: erat omnibus horror,
Praecipue, Latona, tibi, cum pignora pleno
Ventre grauis gereres reginae inuisa deorum.
Arma omnes capiunt, quae primis usus ab annis
45r Edocuit, bellumque animis audentibus optant.
Saxeaque ingeritur pila per tormenta ruinam
Allatura nouam turritis moenibus, ipso
Fulmine turbati Iouis et pernicior aura.
Classica pulsantur. Sonitum accepere tubarum
Intra claustra uiri, neque segnior affuit illis
Aerios subito tum cura ascendere muros,
Et sua tela manu rapere, et consurgere in hostem.
Hic omnes simul ardor habet. «Conscendite», clamat.
«Qui fuit in Venetis primus! Non sanguine paruo
Iuerit ista dies, haud frustra nos petet hostis:
Sentiet esse uiros, nostroque in pectore robur,
delectasque manus haec circum moenia pugnae!
Vulneribus confixa malis hostilis abibit
Turba, nec in longum nostro laetabere damno»,
Hostis ait, gentique animos haud plura locutus
Addidt et densa muros cinxere corona.
Fit strepitus, clamorque uirum sonitusque tubarum
Insequitur, stridet caelum, longinquaque puluis
45v Iam petit, et longe tenebrosus in aera surgit.
Tela sonant uacuas utrimque emissa per auras,
Et pila condensos uolat igni excita per hostes,
quam strepere egregius per moenia iusserat heros.
Altera tundebat turrim, summum altera murum,
Quam duo nec possent ualidis perferre lacertis
Mortales, non si ipse Dares, domitorque ferarum
Alcides, non si natus Cytherea decorus
Nunc superesset Erix, tantum sufferre ualeret
Pondus, nec niueo Pollux concretus in ouo.
Hinc pilulae, catapulta nocens hinc omne ruebat
Telorum genus, et Venetos turbauerat hostes
Eminus. Ast alii incumbunt, murosque subire
Approperant, summum texit caput aerea cassis,
Atque humeros retegunt testudine. Miles ad omne
Discrimen subiit, prope cum uictoria parta
Adstit et ut patrias uincendo liberet arces.
Ardua turris erat, quae muris addita lato

44v: 15 phitona G. 45r: 5 accaepere G. 9 omnis M. 10 Venitis M. 19 coelum M. 45v: 8 Citharea GM. 10 Polux G.

il tumido pitone, che col suo ventre copriva molti iugeri.
Non invano li avvertì il serpente, che la terra, coperta
di fango per il recente diluvio, aveva generato come
nuova creatura. Incuteva paura a tutti, soprattutto a te,
Latona,[61] mentre gravida e invisa alla regina dei
celesti,[62] ti aggiravi col grembo appesantito. Tutti
afferrano le armi, che il Principe aveva insegnato
a usare dai primi anni, e desiderano combattere con **45r**
coraggio. Con le macchine si scagliano palle di pietra,
che, destinate ad arrecare nuovi danni alle mura turrite,
sono più dannose del fulmine di Giove e del vento.
Si dà fiato alle trombe. Dei soldati, mentre erano
ancora nel campo, e ne udirono il suono, nessuno
si attardò ad ascendere subito sugli alti muri,
brandire le armi e balzare contro il nemico. Tutti
son pieni di ardore. «Salite su!», grida. «Balzi
il primo veneto! oggi non si spargerà poco
sangue! non invano il nemico ci assalirà: avvertirà
che qui ci sono gli eroi, nel nostro petto il coraggio,
e scelti soldati intorno a queste mura! L'esercito nemico,
colpito, ripiegherà con profonde ferite e non gioirà
a lungo per la nostra sconfitta», dice il nemico e senza
aggiungere altro infonde coraggio all'esercito
e con un folto stuolo cinge il muro. Si leva il fragore,
le grida dei soldati, segue il suono delle trombe, stride
il cielo, da lontano si avvicina un nugolo di polvere
e tenebroso si leva verso l'alto. Sibilano gli strali **45v**
lanciati da entrambe le parti e le palle scagliate
dal fuoco cadono nel folto dei nemici. Il valoroso
eroe aveva ordinato di scagliarle contro le mura.
Alcune colpiscono le torri, la sommità delle mura
le altre. Le palle erano così pesanti che due uomini
con le robuste braccia non riuscivano a sollevare.
Poteva sollevare un peso così grande Darete,[63]
l'Alcide[64] domatore di fiere o Erice,[65] nato
dalla bella Citerea, o Polluce,[66] formatosi nel candido
uovo. Da qui, la dannosa catapulta scagliava palle di
pietra e ogni genere di dardi. Da lontano gettavano
scompiglio fra i nemici veneti. Ma altri, avvicinandosi,
si apprestavano ad andare sotto i muri con il capo
coperto con elmo di bronzo e le spalle dalla testuggine.
I soldati affrontano ogni pericolo, quando vedono vicina
la vittoria e con la vittoria la liberazione delle patrie
rocche. Dove ferveva l'ardore della battaglia alta

Circuitu haerebat, qua feruet bellicus ardor.
46r Pugnabantque etiam Veneti. Pila saxea crebro
Cuncta ruens turrim concusserat undique iactu,
Et patulo ingentes effecerat ore fenestras.
Hic surgit noua pugna, nouum concurrere bellum
Incipit, hic ualidis increuit uiribus ardens
Mars necis, et dubia certatur sorte uicissim.
Hi scalis, quos fortis agit per praelia princeps,
Nituntur ruptae tabulata ascendere turris.
Comminus hi dum bella gerunt, sonat acta per auras
Eminus exitium stridens latura sagitta,
et Venetos tendunt hostes depellere muris.
Tela uolant, arcentque procul, multosque repellunt
Moenibus Euganeos, et languida corpora figunt.
Inde uitatae librabant aera sagittae,
Labitur aut fusus letali uulnere sanguis.
Non tamen his cedunt hostes, neque summa timentes
Deseruere necem murorum, saxa uel amplas
Deuoluunt moles, crebris sonat ictibus umbo.
Atque hunc fulmineo feriunt mucrone uel hasta
46v Raptantemque alium summi iam culmina muri,
Seque potiturum murali in honore corona
Credentem tanto, multis tamen ante petitum
Vulneribus, partes cogunt descendere ad imas.
Vt quae summa diu multo confecta labore
Coclea iam tenuit uitis, iam mandere frondes
Sperat, et optatis foliis super arbore uesci,
Quod si impulsa fuit frondentis ab obice rami
Decidit, et maerens inter sua tecta reuoluit,
Haud aliter quibus ascensus iam proximus adstat,
Qui prensare suis sperant fastigia dextris,
Deuoluuntur humo, rursumque ascendere temptant
Intrepidi, magnosque ferunt hi desuper ictus,
Inflammabat enim dulcis uictoria mentem.
Ecce autem, ante oculos diuini principis alma
Pallas adest, nimbo effulgens atque aegide, saeuis
Crinibus anguiferae pectus uelata Medusae,
Alloquiturque uirum: «Nostro qui numine semper
Tutus in Adriacas pugnasti clare cohortes
47r Marchio, quo uiues longos felicior annos,
Suspice per muros miscentem praelia Martem
Dispositis circum late custodibus. Audi
Consilium nunc ipse meum, memorique teneto
Mente, nec aufugiat solido de pectore lapsum.

46r: 9 cominus GM. 14 indē m.c., indeuitatae G, libabant GM. 15 loetali G, laethali M. 46v: 8 obijce G, objce M. 9 moerens M. 11 praensare GM. 11 Aegide M. 12 tentant GM.

c'era una torre, che aderiva alle mura per lungo tratto.
Combattevano anche i Veneti. Le numerose palle di pietra **46r**
distruggono tutto; la torre, colpita da ogni parte,
traballa e con l'ampio cucchiaio vi apriva ampi
squarci. Qui si ingaggia un nuovo scontro, comincia
la zuffa; qui Marte assetato di sangue infuria.
Si combatte con dubbio esito da entrambe le parti.
Quelli, che il valoroso Principe guida in guerra,
con le scale cercano di salire sui vari piani della torre
sventrata. Mentre questi combattono di nuovo da vicino,
con frecce scagliate da lontano e destinate a recar
rovina i Veneti cercano di allontanarili dalle mura. Volano
gli strali, tengono lontano e respingono dalle mura
molti Euganei e trafiggono i soldati spossati. Le frecce,
che mancavano il bersaglio, si perdono nell'aria
e il sangue scorre dalle ferite mortali. I nemici tuttavia
non cedono a questi né, temendo la strage, abbandonano
la sommità delle mura; i sassi travolgono grandi
masse, gli scudi risuonano per i frequenti colpi. Uno
è ferito all'improvviso con un pugnale o un'asta,
un altro si aggrappa alla sommità delle mura, **46v**
e spera di meritare la corona murale per così grande
impresa, nonostante abbia ricevuto in precedenza molte
ferite; ma lo costringono a scendere nelle parti più basse.
Come una chiocciola con grande fatica tiene ormai la
sommità della vite, e spera ormai di recidere le fronde
e cibarsi sull'albero delle foglie desiderate, se viene
urtata dall'intoppo d'un ramo, cade e si ritrae nel guscio,
così quelli, che sono molto vicini a dare la scalata,
sperano di afferrare i merli con la destra, sono
scaraventati al suolo. Intrepidi tentano di nuovo
di salire, ma una gragnola di colpi li prostra dall'alto,
mentre la dolcezza della vittoria ne infiamma
il cuore. Quand'ecco, davanti agli occhi
del Principe divino si presenta l'augusta Pallade
in una nube scintillante e nell'egida; mentre nel petto
nasconde i funesti capelli dell'anguicrinita Medusa,
così parla all'eroe: «Tu, con la mia protezione,
illustre Marchese, hai sempre combattuto sicuro
contro Adria, perché più felice vivessi per lunghi **47r**
anni. Guarda Marte, che suscita la guerra sulle mura,
dopo averle munite di sentinelle. Ora ascolta il mio
consiglio, tienilo saldo nella mente e non lasciartelo
fuggire dal valoroso petto. Vedi dove la torre, sventrata

Cernis ubi uasto turris se ostendit hiatu,
Atque pilis dirupta patet? Dum miles ad ipsam
Pugnat, et ingressum ueluti per ouilia quaerit
Clausa lupus, trepidatque nihil; sed magna repellit
Circumfusa manus, non desinat acta per auras
Horrendum pila ferre sonum Venetosque fugare.
Nam trepidi dum terga dabunt, neque moenibus enses
Audebunt efferre suos et cingere muros.
Attoniti terrore nouo, tunc iussa tuorum
Turba ruat; nullo contra prohibente patebit
Ingressus, capietque hostem per summa latentem
Moenia, et optato palmae potietur honore.
Aspice, ne mea tu temeraria uerba putato:
Namque ego nata Iouis summo de uertice, frustra
47v nil doceo, neque me rerum sapientia fugit.
Vade age, et auxilio tutus procede Mineruae».
Haec ubi dicta dedit, tenues decessit in auras
Deseruitque oculos Lodouici. Suspicit ille,
Et tibi laetus agit magnas, Tritonia, grates.
Continuoque iubet fieri, ut tormenta minentur
Adriacis, uolitentque pilae, monuitque cateruas,
Quid sit opus facto. Ductoris iussa facessunt.
Igniferis nam dum sonat ictibus aura pilarum
Pulsa, timentque hostes, uasto qua turris hiatu
Rupta patet, facto prorumpunt agmine turbae.
Et turris tabulata tenent. Hostisque latentes
Attonitos cernunt, manibusque et stricta suorum
Brachia sustentant. Et iam repleta cateruis
Turris erat: nimio tabulatum pondere pressum
Proruit, et mixti subito cecidere manipli
Hostiles, Venetumque simul, magnoque fragore
Innumeri cecidere uiri, pronique ruerunt.
Magna Ceres, longos hominum miserata labores,
48r Ex Ope, quam memorant Saturni semine natam,
Abfuit haud longe felix, brachiisque cadentes
Sustulit illa uiros, et opem tulit, oraque in auras
Extulit, et pronos erexit ad aera uultus.
Nullus et a tanta est oppressus mole ruinae.
Credideris fuisse deam. Per moenia rumor
Spargitur, hostilis iam praendere tecta cohortes.
Hic timidus ueniam positis ad pectora palmis
Orabat miles; contra neque tela nec enses
Gestabat, nec acuta manu stans hasta minatur.
Hostiles timuere minas, ultroque potentis

47v: 16 pro manipuli m.c. 14 substentant G. 48r: 2 substulit GM. 6 Deam M. 7 prendere M. 13 indignae M.

dalle palle di pietra, mostra un ampio varco? Mentre i soldati combattono nei suoi pressi, entra senza timore, come il lupo si aggira intorno all'ovile in cerca d'un varco. Una grande schiera stretta intorno cerca di respingerli, le palle non smettono di produrre per aria uno spaventoso sibilo e di mettere in fuga i Veneti. Quando, infatti, spaventati, volgeranno le spalle e non oseranno sguainare la spada e difendere le mura, presi da nuovo terrore, allora ordina al tuo esercito di irrompere: aprirà le porte senza nessun ostacolo, catturerà i nemici nascosti sulla sommità delle mura e conseguirà il desiderato onore della vittoria. Non credere che le mie parole siano avventate, perché io, nata dalla testa del sommo Giove, non dico niente a casaccio e non mi sfugge la conoscenza degli eventi. **47v**
Ora va' e avanza sicuro con l'aiuto di Minerva». Detto ciò, andò via leggera per l'aria e s'involò agli occhi di Ludovico, che alzò lo sguardo e lieto, o Tritonia, molto ti ringraziò. Ludovico ordina subito di fiaccare gli Adriesi con le macchine da guerra, di scagliare palle di pietra e alle schiere di compiere il proprio dovere. Eseguono gli ordini del comandante. Mentre l'aria risuona degli infuocati colpi delle palle e i nemici tremano, là dove la torre mostra un ampio squarcio l'esercito irrompe a file serrate. I piani della torre tengono. I soldati vedono i nemici, che si nascondono impauriti e con le mani recano aiuto alle braccia ostacolate. La torre era già piena di soldati, e il tavolato per l'eccessivo peso crolla e i manipoli nemici cadono l'uno sull'altro. Molti soldati veneti insieme e con grande fragore cadono e piegati in avanti precipitano. La grande Cerere, mossa a pietà per le lunghe fatiche degli uomini, felice non
è lontana da Opi, che si dice nata da Saturno, e regge **48r**
con le braccia gli uomini, che cadono, porta loro aiuto, rivolge in alto i loro volti, rimette in piedi quanti erano caduti a faccia in giù. Nessuno sotto il peso d'un crollo così grande rimane schiacciato. Si crede che sia stata la dea. La notizia corre per le mura. L'esercito nemico già occupa le case. Spaventati i soldati chiedono perdono con le mani sul petto, non oppongono più né lancia né spada e, pur ritti in piedi, non minacciano con l'appuntito giavellotto. Quanti sono presso le mura temono le minacce del nemico

Principis ora petunt, quos proxima moenia habebant.
Indigenae Belforte uocant, cunctique meabant
Suppliciter tristes, et ne, quae digna fuisset
Poena uiris, mortem subeant, trepidare uidentur.
Sed memor imperii miles, quod maximus heros
Iusserat, extemplo percurrere moenia circum
Pergit, et occulti si quid per tecta lateret
Subsidii, exquirit, propiusque ad limina portae
48v Accedit raptim, pontemque et claustra relaxat.
Ah, Venetis quid nunc animi mentisque fuisse
Conseres? abiit quo magna superbia uictis?
Qui mox Herculeas uires animumque superbum
Affore iactastis uobis, nunc supplice maesti
Principis ora pii petitis sermone, nec ullus
Fastus inest, proni ueniam modo poscitis omnes.
Hannibalem domuit, saeuae et Carthaginis arces
Scipio et Aemilius Persen, Gallosque Camillus.
Quid referam uictum Porsennam? quid tua Croese
Obruta regna Cyro atque euersaque regna Corinthi?
Nam si ductatur ratione superbia nulla,
Vt cadat atque cito simul occidat illa necesse est.
Deme modum rebus, longo nil uiuet in usu.
Vt pius Adriacum turbas conspexit inermes
Orantes ueniam, uerbis ita reddidit heros:
«Quid uos, o miserae gentes! in bella uenire
Suasit? quae uestras tenuit fiducia mentes?
Insipiens quicunque mouet maioris in hostem
49r Auxilii bellum: namque hunc optata relinquit
Palma, dolor pectus simul et uerecundia pulsat.
Num pugna indomitos cuneos superare putatis?
Aut turmis obstare meis? quae digna superbos
Poena manebit opes ausos contemnere nostras?
Et iusti memores superos iniusta dolentes!
Sed quamquam imperium nostrum, modo fata dedissent
Sternere mens cupiit Venetum; uosque arma tulistis
Obuia, et in nostros ferro insultatis amicos,
Iustaque adest pugnae plectendi causa ministros.
Ferre meum tamen est ueniam, palmaque potitum
Parcere captiuis, iram cohibere meumque
Vinci animum, palmaeque modum retinere nec hostem
Perdere, qui supplex ueniam pacemque precatur.
Vlla nec asperitas mentis, nulla ultio notum
Me populis reddet, potius superare cohortes

48v: 3 abijt G. 5 supplice m.c., moesti M. 10 uictum te Porsenna, te delendum est m.c. 11 atque addendum est m.c. 8 Annibalem GM. 9 Aemylius G. 19 inscipiens G^1 em. 49r: 7 quanquam GM. 14 precantur G^1 em.

e volgono lo sguardo verso il Principe. Ti chiamano,
Belforte, i soldati del luogo e tutti, supplici e tristi,
vanno via: temono di andare incontro alla morte,
la giusta punizione per i soldati. Ma essi, memori
dell'ordine impartito dal valoroso eroe, cominciano
a correre intorno alle mura, a cercare se qualche aiuto
segreto si nasconda nelle case; di corsa si avvicinano
al limitare delle case e allentano la sorveglianza
del ponte e dei luoghi di accesso. Ahimè, che credi **48v**
che sia accaduto nell'animo e nella mente dei Veneti?
dove è finita la grande superbia dei vinti? Voi, che
poco fa vantavate d'avere la forza di Ercole, un animo
indomito, ora mesti e supplici volgete lo sguardo
alla pietà del Principe senza sfarzo alcuno e, prostrati
a terra, chiedete tutti perdono. Scipione domò
Annibale[67] e la rocca superba di Cartagine. Emilio
annientò Perseo[68] e Camillo[69] i Galli. Perché dovrei
ricordare la tua sconfitta, Porsenna?[70] il tuo regno
distrutto da Ciro, Creso,[71] e la distruzione del regno
di Corinto?[72] Se, infatti, si ostenta la superbia senza
riguardo alcuno, è naturale che cada subito e si infranga.
Togli la misura alle azioni, niente rimarrà a lungo.
Appena il pio eroe vede la folla degli Adriesi, che,
miseri, chiedevano perdono, così si rivolge loro: «Quale
ragione, miseri infelici, vi ha spinto a scendere in guerra?
quale iattanza vi ha ottenebrato la mente? È stolto chi
muove guerra contro un nemico più forte, perché lo
abbandona il desiderio della vittoria e la vergogna insieme **49r**
con il dolore scuote il petto. Credevate di superare in guerra
l'indomito esercito disposto a cuneo? oppure opporvi
ai suoi squadroni? Quale castigo sarà riservato ai superbi,
che hanno osato disprezzare le nostre forze? e gli dei,
memori della giustizia, soffrono per l'ingiustizia! Se il fato
lo avesse concesso, voi, Veneti, avevate in animo
di annientare la potenza del nostro Ducato; voi avete preso
le armi contro di noi; voi, armati, vi siete scagliati contro
i nostri amici. È giusto il motivo per punire chi ha suscitato
la guerra. Ma mio dovere è concedere il perdono e, pur
vincitore, risparmiare i prigionieri, frenare l'ira; che
il mio animo si pieghi, usi moderazione nella vittoria,
senza annientare il nemico, che, supplice, chiede pace
e perdono. Non l'asprezza del carattere, non la vendetta
mi renderà noto ai popoli; ma è più bello aver

Officiis iuuat, atque ipsas uincire benigno
Nomine, quam surgat mananti palma cruore.
Quare agite, o iuuenes! nostris decedite campis.
49v Semita tuta aderit uobis, uestroque referre
Induperatori, quantum ualeamus et armis,
Quantum animis pariter». Dixit, neque plura locutus
Iussit abire uiros. Linquebant moenia inermes,
Laudabantque ducem tantum, cui bellica uirtus
Insita prorsus erat menti placidumque probabant
Victorem, mira hunc super aethera laude ferebant.
Reddita sunt bona tunc propriis agrestibus. Omnis
Laetus adit patriam, et uisit sua rura colonus.

LIBER QVARTVS INCIPIT FELICITER

Interea Geminos sacrata lampade Phoebus
Liquerat, et curuae flectentis brachia Cancri
Signa rubescebant, forti qua uulgus honores
Fortunae in ripa Tiberis celebrare Quritum
Iusserat, hac diuus princeps castella relinquit
Luce celer, faustumque uiae captauerat omen,
50r Vt ducis Insubrium castris sua iungeret agro
Agmina Cenomanum, qui moenia parua Senicae
Tunc habitabat, agris Venetum fera bella minatus.
Attamen ingenti muniuit moenia princeps
Militis auxilio, ne cum procul ipse cateruas
Duceret, haec rursum Adriacus cursaret in arua.
Hinc Godium repetit, tantos ubi numina diuum
Successus dederant, Venetum cum robora forti
Contuditque manu, summoque fugauit honore.
Huc primum applicuit, sacratae moenia linquens
Vrbis et ingentis arces quas filius amnis
Struxerat Etrusci, maternaque nomina iunxit.
Iamque polum nigris retegebant nubila nimbis,
Et saeuam tellure hiemem nimbosus Orion
Sparserat, et uentis caelum pluuiisque rigebat,
Cum tulit horrendas serpentum terra figuras,
Quae Gaidum iuxta posita est, qui protinus alma
Dum serpunt tellure, nouum et mirabile monstrum,
Pascua cornipedes linquunt, auidoque trucidant
50v Dente angues, uisosque uorant, ieiunia diro
Expelluntque cibo. Tantaque cupidine raptos
Mandunt, ceu fertur crudeli natus amore

50r: 2 Coenomanorum G^1 em. 9 contūditque m.c. 12 Hetrusci G^1em. M. 14 hyemem M. 15 coelum M.

la meglio sull'esercito con la clemenza e legarlo a me con
la benevolenza, che ottenere la vittoria con un bagno
di sangue. Perciò, giovani, andate via dai nostri campi.
La via è sgombra, andate e riferite al vostro capo **49v**
quanto siamo forti nelle armi, quanto egualmente
magnanimi». Così detto, senza aggiungere altro
ordina loro di andar via. Lasciano le mura senza
armi, lodano un comandante così grande,
che aveva innato il valore in guerra, lodano
il benevolo vincitore e innalzano al cielo le sue
lodi. Ai contadini sono restituititi i beni. Tutti
tornano in patria felici e rivede i suoi campi il colono.

LIBRO QUARTO

La sacra fiaccola di Febo intanto aveva lasciato
i Gemelli e rosseggiavano le curve chele del Cancro[73]
nel giorno, nel quale il popolo dei Quiriti aveva deciso
di rendere onori alla Fortuna sulle rive del Tevere,
l'illustre Principe veloce abbandona i castelli: aveva
preso i presagi per una marcia senza pericoli,
per unire le sue truppe con quelle del Duca **50r**
degli Insubri nel territorio dei Cenomani, che allora
abitavano nella piccola Seniga,[74] e minacciare una guerra
feroce al territorio veneto. Il Principe allora con l'aiuto
dei soldati ne rinforza le mura, perché gli Adriesi,
durante la sua assenza, non la invadano di nuovo.
Da qui ritorna a Goito, dove la protezione dei numi
gli aveva concesso molti successi, dove con un forte
esercito aveva sconfitto e messo in fuga con grande
onore le forze venete. Si dirige qui, lasciando le sacre
mura della città e i potenti baluardi, che il figlio
del fiume etrusco aveva costruito e chiamato col nome
della madre. Già il cielo si velava di nere nubi
gravide d'acqua, il piovoso Orione copriva la terra
col freddo inverno; venti e piogge gelavano il cielo,
quando la terra, situata nei pressi di Goito, dà
alla luce orrendi serpenti, che, nuovo e mirabile
portento, mentre strisciano sulla terra, i cavalli
abbandonano i pascoli. Con avido dente i serpenti
uccidono e divorano gli uomini e con cibo funesto **50v**
scacciano il digiuno. Divorano i malcapitati con grande
voracità, come, si dice, il figlio deforme, nato dall'insano

Pasiphaes informe genus, Venerisque nefandae
Minotaurus opus labyrintho multa trementum
Corpora mirandum trucibus laniasse uirorum
Dentibus, atque artus rictu lacerasse cruento.
Prodigium non tale oculis uidere tremendum
Ausoniae gentes alibi, non frigida quidquid
Aspicit, Oceano metuens immergere ponto
Arctos, non Libyes populi, non nigra uirorum
Corpora, quae exoriens aestu denigrat Apollo.
Obstupuere omnes. Neque quid portenta deorum
Saeua ferant, nouere uiri: simul horror in omnes
Iuerat, in trepido nutabant pectore uires.
Sunt qui monstra deum uano descendere cursu
Affirment, quis nulla poli ueneranda repleuit
Religio mortale iecur: sed cuncta moueri
Sorte putant, nullosque deos humana uidere.
51r Quin et naturae temeraria iura proterui
Addere nituntur, pluuia quod terra recenti
Edidit has species, atque haec noua monstra creauit.
Hic uaria dum mente uiri scinduntur et omne
Vulgus in incertum trahitur, nec noscere quisquam
Fata deum potis est. Supero qui ex aequore missus
Adriaca de gente fuit, sua uerba Phronemus
Protulit in medium, nec diuos omina tanta
Ostendisse putat frustra, caelumque minari,
aetatis iam multa suae per lustra uolutus.
Cuius ab ore fauis et suaui nectare sermo
Dulcior exibat, quem tertia uiderat aetas.
Hic prudens, fortisque simul, longeque modestus
Iustitiae cultor fuerat, quem maxima Pallas
Praecipue instituit, quem longa peritia rerum
Erudiit, Phoebusque pater nouisse futura
Huic dederat diuum auguriis, multasque per artes
Instruxit. Patriae quem externas quaerere terras
Liuor edax, propriasque domos liquisse coegit.
51v Deserit extorris patriae sua tecta Phronemus,
Ceu quondam invidia, qui Poenos strauerat acer
Scipio, ceu patriae qui Gallis signa Camillus
Rettulit, et fidis iuuit Capitolia telis,
Exilium petiere ferum. Quid et obfuit illi,
Cuius Coriolos praestans prudentia uicit?
Quid tibi Miltiades? quid pulchra Themistoclis arma

50v: 4 Pasiphes GM, nephandae G. 5 laberintho G, tremendum M. 11 Lybies M. 13 Deorum M. 16 Deum M, uana M. 18 relligio G. 19 Deos M. 51r: 3 speties G^1 em. 9 coelumque M. 12 exnibat G^1 em. 14 iusticiae G. 51v: 7 pulchra M.

amore di Pasifae[75] e dal suo rapporto nefando: con denti
feroci nel labirinto il Minotauro, orrendo, dilaniava
con bocca insanguinata gli arti di molti uomini tremanti.
Esterrefatti in nessun luogo i popoli d'Ausonia né
le fredde genti del settentrione, che temono di bagnarsi
nell'Oceano, hanno visto siffatto mostro; né gli abitanti
della Libia, né gli uomini, che Apollo, sorgendo, tinge
di nero col calore.[76] Tutti stupiscono. Gli uomini
non sanno quali orrori procuri la crudeltà degli dei.[77]
Il brivido si impadronisce di tutti e nel cuore
trepidante le forze vengono meno. Ma c'è chi afferma
che i portenti degli dei abbiano origine dall'errato
corso della natura. Ma nessuna religione, per quanto
veneranda, riempie mai il cuore degli uomini
con questi prodigi. Si crede che tutto è mosso dal caso
e gli uomini non hanno mai visto nessun dio. Anzi
gli sfrontati tentano di tirare in gioco le leggi casuali **51r**
della natura, perché di recente la terra, in seguito
alla pioggia, ha prodotto queste specie e ha creato
questi mostri. Gli uomini si dividono in pareri opposti,
il popolo è tratto nell'incertezza e nessuno è in grado
di conoscere il destino dato dagli dei. Inviato dal cielo
c'era Fronemo, di Adria. Si rivolge all'assemblea
e crede che gli dei non invano hanno mostrato così
grandi presagi e il cielo minacce, passando in rassegna
i molti lustri della sua età. Dalla sua bocca, giunto
alla terza età, uscivano parole più dolci del nettare
e d'un favo di miele. Questi, saggio e valoroso
e molto modesto, aveva coltivato la giustizia.
L'aveva istruito soprattutto Pallade e la lunga
esperienza. Il padre Febo gli aveva concesso, sotto
la guida degli dei, il dono di conoscere il futuro
e lo aveva edotto con molte arti. Ma la malevola
invidia lo aveva costretto ad abbandonare la
casa e la patria e cercare asilo in terre straniere.
Fronemo esule abbandonò la sua casa, come già **51v**
in precedenza Scipione, che aveva vinto la valorosa
Cartagine; come Camillo, corso in aiuto della patria
e fedele con le armi aveva salvato il Campidoglio. Questi
per invidia sono andati tutti incontro a un esilio crudele.
A quali mali andò incontro quegli, che con il suo senno
vinse Corioli?[78] a quali tu, Milziade?[79] perché Temistocle,[80]

Expulit? anne aliud, quam dira inimica uirorum
Inuidia? Hanc uirtus patitur, torquetur ab illa
Non miser, immensi ueniunt cum semper honores.
Haec quatit, haec uexat semper, uelut unda minantes
Exagitat scopulos, ac multo percutit ictu.
Tandem inter gentes, fuerant ubi densa uirorum
Agmina, proloquitur, atque haec ita reddidit ore:
«Me quamquam Adriaci patria propriisque fugatum
Sedibus innumeris neque talia damna merentem,
Affecere malis, tamen est mens regna tueri
Consilio, quantum uires animusque ministrat.
Nec mea, quod profugi sint, omina temnite, ciues.
52r Vera loquor, non extorris, sed ciuis amicus
Imperii, Venetum quod sub dicione tenetur.
Non odium, non ira regit, matura senecta,
Cuius longa docet rerum experientia nosse,
Quae uentura sient. Ne nostrum spernite dictum,
Sed parete mihi: nam pectore iunior aetas
Floret adhuc uobis, mea nec spreuere probati
Consilia alma uiri, mihi nam parere decorum est.
Haec ego signa deum reor atque hinc mente uoluto
Externas properare manus, longa agmina secum
Ducentes bello, atque armis instructa tremendis.
Quarum acies in nostra ruent, atque omnia prorsus
Euertent castella cito. Nam dura propago est
Telluris serpens, sed bellicus aduena fortis
Viuit equus, qui dum serpentes mandit acutis
Dentibus. Hoc uideo nos sub iuga tendere saeua
Hostis et armatos regimen peruertere nostrum.
Non sine mente deum ueniunt portenta, nec umquam
Visa quidem frustra. Non sexti lucida flamma
52v Regis Romani magnum portendere regnum
Visa fuit? clarumque uirum dum uita maneret?
Arrectos splendens humeros cum apparuit olim
Terribilis serpens, carae qui pignora matris
Parua nouem rapuit, matrem et lacerare querentem
Perrexit: cum Graeca manus cessantibus Austris
Aulide ob offensum numen, sacramque maneret
Transfixam Triuiae ceruam penetrante sagitta.
Pergama cum decimus uenisset summa ruinam
Ostendit passura grauem. Iouis ales adunco
Cum capiti pileum dempsit, rursumque relabens
Imposuit rostro, Romana potentia regni

52r: 2 ditione M. 12 quare M. 18 Deum M, unquam GM. 52v: 9 Decimus M. 11 demsit M.

pur vincitore, fu espulso? che altro, se non l'invidia,
è nemica crudele degli eroi? Il valoroso le resiste e nessuno,
benché misero, ne rimane schiacciato, quando giungono
grandi onori. La sfortuna turba e colpisce sempre, come
l'onda tormenta e sferza con violenza i minacciosi scogli.
Alla fine Fronemo parla in mezzo a genti, che avevano
un grande e forte esercito, e dice: «Sebbene gli Adriesi mi
abbiano cacciato dalla patria e dalla mia casa e, senza
meritarlo, mi abbiano causato innumerevoli mali,
tuttavia, per quanto me lo consentano le forze dell'animo,
col mio senno difendo la mia patria. Il mio auspicio,
benché d'un profano, non disprezzate, cittadini.
Dico la verità non come esule, né come fautore **52r**
del potere detenuto dai Veneti. Non mi guida né l'odio
né l'ira, ma la maturità della vecchiaia, sostenuta
da lunga esperienza, che permette di conoscere ciò
che avverrà in futuro. Non disprezzate le mie parole,
ma ascoltatemi, perché voi siete ancora troppo giovani.
Uomini stimati hanno accolto i miei validi consigli
e obbedirmi per voi è un vanto. Io ritengo questi
un segno degli dei e, in seguito a ciò, penso che per la guerra
bisogna chiamare un esercito straniero, munito di molte
schiere per la guerra e di armi distruttive, altrimenti le loro
armate si abbatteranno contro le nostre fortificazioni
e le distruggeranno. I serpenti, sì, sono frutto crudele
della terra, ma il bellicoso straniero vi vive insieme
con il vigoroso cavallo, che azzanna i serpenti con i denti
aguzzi. Vedo che noi cadiamo sotto il giogo crudele
del nemico e le loro armate sconvolgono il nostro Stato.
I prodigi non avvengono senza il volere degli dei, e mai
si son visti invano. La luminosa fiamma sul capo del sesto
re[81] di Roma non si rivelò per annunciare un grande regno, **52v**
finché quel grande uomo rimase in vita? Splendente
e con le terga ritte un giorno apparve un serpente,
terribile, che ad una madre divorò nove cari figli e si
avventò anche sulla madre in lacrime, per dilaniarla,
quando l'esercito greco, in attesa che cessassero i marosi,
era fermo in Aulide,[82] perché un dardo aveva trafitto
una cerva sacra a Trivia[83] e la dea era offesa. Quando
nel decimo mese giunse nella grande Pergamo,
rivelò che questa avrebbe sofferto una grande rovina.
Quando l'uccello di Giove gli tolse dal capo il pileo ricurvo
e, tornando indietro, glirlo pose di nuovo, la potenza

Tarquinio promissa fuit, uerumque uolantis
Praepetis auspicium docuit post exitus ingens.
Nonne etiam, ceu fama tulit, Lauinia uirgo
Regia uisa patris flammis incendere tecta?
Atqui haec causa necis patriae matrisque furentis,
Et cladis tibi, Turne, fuit. Mihi credite, ciues,
Non ego falsa fero, non ficta aut uana recordor.
53r Ni me ueridicus Latonae maxima proles
Phoebus et horrenti resonans in cuspide Pallas,
Signa poli uanas docuit nouisse per artes.
Figite custodes, atque haec circumdate fidis
Moenia militibus: nec parui haec pendite monstra».
Dixerat, et ueluti cum Troia fata canebat
Credita non ullis Phrygibus Cassandra, Phronemum
Praedixisse ferunt Gaidenses omina falsa
Delirumque senem uocitant, maioraque ferre
Verba fide: tanto nec quisquam ex agmine credit,
Nec fugisse dei mentem ualet, ille nefanda
Vlcisci delicta uirum decreuit Olympo.
Interea umbrifera fulgebant sidera nocte,
Pallidaque e caelo commixtis luna tenebris
Diuersos mittens radios per nubila densa
Fulgebat. Vix tarda quies deuinxerat artus
Gonzagae, postquam liquit meditatio mentem,
Cum pater e caelo superum consortia linquens,
Ardua tecta petit nati, quem regia uestis
53v Auro insignibat, sceptrum quoque dextra ferebat.
Mulciber hoc, superum fabricat qui fulmina regi,
Fecerat, et multa circum exornauerat arte,
Tradideratque Ioui primum; mox Iuppiter ipse
Atlantis genuit quem candida Maia canoro
Mercurio donauit opus mirabile fabri.
Hoc ualidis primum fulgens Aloisius armis
Sumpsit ab aligero, diuum qui iussa per auras
Nuntiat. Huic natus successit Guido petenti
Astriferas sedes et clari culmen Olympi.
Filius hinc sceptrum sumpsit Lodouicus, et inde
Egregius patriae splendor Franciscus. At illud
Italiae quem tota pium coluere per omne
Regna ducem tempus, cuius uenerabile nomen
Nulla dies adimet, patris de nomine dictus
Accipit excellens animo Franciscus in omnes.
Hic dum semianimum corpus conspexit et artus

52v: 15 et M. 53r: 8 omnia M. 9 senum M 13 sydera GM. 14 coelo M. 53v: 4 Iupiter GM. 7 Aloysius GM. 8 sumsit M. 9 nunciat GM, Gvido M. 11 sumsit M.

del regno di Roma fu promessa a Tarquinio[84] e il vero
presagio del rapido uccello, dopo gli esiti, offrì
molti insegnamenti. Lavinia,[85] come si dice, non fu vista
dare alle fiamme la reggia, la casa del padre?[86]
E questa infuriata fu, Turno, causa di morte per tua
madre, per la tua patria e per te.[87] Credetemi, cittadini,
non riferisco eventi né falsi, né inventati, né vani.
Il veridico figlio di Latona, Febo, e Pallade, che **53r**
con la lancia produce suoni orrendi, con la loro arte
non mi hanno insegnato a conoscere i segni del cielo.
Fuggite chi vuole proteggervi e circondare le mura
di fidati soldati, e prendete sul serio questi prodigi».
Così disse. E come Cassandra non fu creduta da nessuno,
quando annunciava il destino di Troia, così gli abitanti
di Goito dicevano che Fronemo aveva predetto falsi presagi.
Correva voce che il vecchio vaneggiasse e le sue parole
avessero bisogno di maggiore credibilità. In così grande
esercito nessuno gli credé, né gli giovò l'aver rivelato
il disegno di Dio, che dal cielo decide di vendicare
i nefandi delitti degli uomini. Intanto nell'ombra della
notte brillavano le stelle e dal cielo la pallida luna
inviava raggi in diverse direzioni; brillava tra le tenebre
e le dense nubi. Tardi il riposo avvince le membra
del Gonzaga, quando la meditazione sgombra la sua
mente e il padre del cielo lascia il consesso
dei superi e si dirige nella fastosa reggia del figlio
con la veste trapunta d'oro e lo scettro nella destra. **53v**
Lo aveva forgiato Mulcìbero,[88] che fabbrica i fulmini
per il re degli dei, e l'aveva impreziosito con molta
arte. Lo aveva dapprima dato a Giove; e questi poi
donò la mirabile opera del fabbro al canoro Mercurio,[89]
che la candida Maia,[90] figlia di Atlante, aveva generato.
Ricevette questo scettro dapprima Luigi,[91] rilucente
di fulgide armi dall'Aligero,[92] che per il cielo annuncia
gli ordini di Giove. A questi, quando volò verso la sede
celeste e la cima del luminoso Olimpo, successe i figlio
Guido.[93] Da qui lo scettro passò a Ludovico[94] e in seguito
all'egregio Francesco,[95] splendore della patria. Lo prese
quindi Francesco,[96] chiamato con il nome del padre,
che si distingueva per la nobiltà d'animo. Tutti i re
d'Italia lo venerarono sempre come un pio condottiero.
Il suo nome venerabile rimarrà per sempre. Questi,
quando vide il corpo e gli arti prossimi alla morte

Iam linquentem animam, Lodouicum convocat. «Alma
Luce magis dum uita fuit mihi carior ipsa,
54r Accipe quod caeli rector Saturnius olim,
Nate, dedit sceptrum, quo pinguia regna tenere,
Atque nouum ualeas magna cum acquirere laude
Imperium». Haec fuerant morientis uerba parentis.
Hunc igitur uidit natus pulchrumque tuetur
Insomnis, clarique et sancta oracla parentis
Accipit. «O proauum spes indubitata tuorum,
Nate, magis dilecte mihi, quam pulcher Apollo
Latonae, aut Marti Romanae conditor urbis!
Huc uenio a superis, (ne falsa insomnia credas
Ludere) uera patris facies. En aspice sceptrum
Imperii nunc signa quidem communis utrique.
Si qua fides dictis, si qua est reuerentia patris,
Cornipedes cum Phoebus equos infulserit orbi
Educens stabulis, armatam e moenibus istis
Duc aciem, latos campos emensus in agros
Cenomanum accede, et Gaidi fac moenia poscas.
Hic primo, quod fossa solum latissima lustrat,
Congressu capies, neque te densissimus agger
54v Impediet, Venetum quamquam pugnantibus hastis
Transgressis scrobibus terrorem hostilibus armis
Incuties. Hic uictor ouans socia agmina adibis,
Inuicti Insubrium ducis et tua iuncta repones
Castra simul. Venetas dabitur contundere gentes,
Et nisi quem fidum sibi Sphortia nunc putat, hostis
Arma petat, turpique uiris se iungere uinclo
Pergat: in hostilis dabitur transcurrere fines.
Atque agros superasse omnes, caelestia uobis
Fata dabunt. Iterum sulcabit in aequore cymba
Euganeus, terram linquet profugusque rudentes
Vix poterit tractare manu, pelagique tumentis
Effugisse minas. Non curuo in litore nauis
Vincta erit, aut tutas retinebunt uincula puppis».
Dixit, et extemplo ceu fumus in aera transit.
Euolat. Hunc natus lacrimis affatur obortis:
«Quo fugis, alme parens? Aut cur mea lumina uelox
Deseris, et nostris cedis penetralibus, ante
Quam tua uel brachiis circumdare colla recuruis,
55r Oscula uel malis infigere dulcia possim?».
Sic memorans, humeris dius circundat amictum
Marchio, et accelerans clari mandata parentis,

54r: 1 coeli M. 3 aquirere G. 5 pulcrumque M. 8 pulcer M. 13 doctis M. 54v: 1 quanquam M. Sfortia GM. 9 coelestia M. 14 puppes M. 13 littore GM. 16 lacrymis GM. 17 abortis GM.

e l'anima venir meno, convoca a sé Ludovico.[97] «Mentre
la vita mi era più cara della piacevole luce, prendi,
figlio, questo scettro, che il saturnio Giove, rettore del 54r
cielo, un giorno mi diede, perché tu possa governare
il ricco regno e procurarti nuovo potere con grande
lode». Queste le parole del padre morente. Il figlio lo
vede ancora sveglio nel suo splendore e del venerando
genitore accoglie la profezia: «Figlio, certa speranza
dei tuoi antenati, a me più caro del bell'Apollo
a Latona, più del fondatore di Roma a Marte![98]
Son venuto da parte degli dei qui, perché tu non creda
che un falso sogno inganni te, che sei la vera immagine
del padre. Ora guarda lo scettro, per entrambi
insegna del comune potere. Se credi alle mie parole
e hai rispetto per tuo padre, quando Febo,
tratti dalla stalla i cavalli dai bronzei piedi,
illuminerà il mondo, conduci fuori da questi bastioni
l'esercito in armi e avanza contro le mura di Goito.
Qui giunto, prenderai la città con le armi.
Un largo fossato cinge il suo territorio, e non sarà
impedimento per te lo spesso terrapieno
e, per quanto i Veneti si difendano con le frecce 54v
e varchino i fossati, incuterai terrore con armi ostili.
Acclamato vincitore vi entrerai con l'esercito alleato
e vi porrai il campo congiunto con quello del Duca
degli Insubri. Ti sarà dato di annientare i Veneti
e, se lo Sforza ritiene che qualcuno non gli sia fedele,
come nemico prenda le armi e si affretti a stringere
un indegno patto con gli eroi, vi sarà concesso di entrare
in territorio nemico. Dal cielo il Fato vi concederà
di entrare in tutti i campi. Gli Euganei solcheranno
di nuovo il mare con le navi; profughi, lasceranno
la terra, a stento riusciranno a manovrare le gomene
ed evitare le insidie del mare rigonfio. Nessuna nave
sarà legata sul curvo lido né robuste cime[99] terranno
le navi al sicuro». Detto ciò, come fumo svanisce
nell'aria e vola via. Con pianto dirotto il figlio gli parla:
«Dove fuggi, padre caro? Perché così in fretta abbandoni
i miei occhi e vai via dalla mia casa prima che io
possa circondare il tuo collo con le braccia ricurve
e dolce possa posare un bacio sulle tue guance?». 55r
Mentre così dice l'illustre Marchese indossa il manto
e, mettendo in atto i consigli del nobile padre,

Hinc equites peditesque uocat, quos agmine longo
Per campos celeri gressu rapit, altaque tandem
Moenia Carpetuli pinguis peruenit opima.
Cum medium caeli curru peragrasset Apollo,
Occiduumque means petere incepisset Olympum,
Hic fessos deponit equos omnesque domorum
Tecta equites subeunt. Vmbra laetantur aprica
Hic pedites, omnesque ducis praeclara canebant
Nomina, et armati regis praecepta morantur.
Venerat exoriens nox exoptata, lacertis
Tellurem complexa nigris. Mediumque recedens
Transierat cursum, sua cum Lodouicus in arma
Egregius bello commouerat agmina princeps.
Quem iuxta comitatus erat Tibertus, ouantis
Ipse manus in bella trahens, quas inclutus ille
Insubrium socias nullo moriturus in aeuo
55v Sphortia dux dederat regni tutamen opimi
Gonzagae, Adriacum si forte immensa caterua
Ingrueret densis cuneis inimica frementum.
Non timor has omnes turmas, non bellicus horror
Reddiderat trepidas, sd tantae gloria palmae
Extulerat laetas et robora magna ferentis.
Nec tamquam Venetum peterent hostilia castra
Ibant attonitae: sed magni facta canebant
Regis, et effusos populos, domitosque feroci
Marte locos, dignumque ducis cui nomina dentur
Praecipui et summis cum laudibus acta ferebant,
Vt quondam niueis Capitolia ad alta Metellus
Vectus equis curruque sedens insignis adiuit.
Plebsque simul Romana sequens, equitesque senatus,
Militis omne genus, uariis qui cantibus ipsum
Induperatorem laeti splendore ferebant.
Aut uelut Herculeas aras et sacra ministri
Laudibus ornabant et magnis uicta lacertis
Oppida, seu domitos angues, hydramque leonem
56r Extinctum aut Cacum, perflantem naribus ignes
Attractumque canem Ditis, tergoque potenti
Insedisse, polum cantu super astra tulerunt.
Hinc paulum progressa manus uidet arua teneri
Fluminibus, passim terras undare liquore:
Nam timidus, cui forti animo fiducia nulla
Florebat, Venetus propriis e sedibus ipsas
Mouit aquas, rupit terras. Aluoque relicta

55r: 8 incoepisset G. 7 coeli M. 18 inclyus GM. 55v 1Sfortia GM. 15 varijs G. 16 splendide M.
56r: 1 Caccum GM.

convoca fanti e cavalieri, che, disposti in lunga
schiera, conduce per i campi con marcia veloce
e alla fine giunge alle mura della ricca Carpetulo.[100]
Quando Apollo, percorso col carro metà del cielo,
e declina verso occidente e comincia a prendere
la via dell'Olimpo, ove arresta gli stanchi cavalli,
i cavalieri entrano nelle case e i fanti si rallegrano
per l'ombra gradita. Tutti chiamano per nome
il famoso del condottiero e, armati, attendono gli
ordini del generale. Desiderata la notte, sorgendo, giunge
e con nere braccia circonda la terra. L'egregio
principe Ludovico aveva già percorso metà del
cammino, quando per primo muove l'esercito in armi
per la guerra. Lo accompagna Tiberto, che conduce
in guerra un esercito in giubilo, che l'inclito Duca
degli Insubri, lo Sforza, destinato a vivere in eterno,
gli aveva inviato come alleato, in difesa del ricco regno, **55v**
nell'eventualità che un grande esercito di Veneti
inquieti ostile assalisse con schiere disposte a cuneo.
Nessun timore, nessuna paura per la guerra
spaventava le truppe, ma le inorgogliva l'onore
d'una grande vittoria, e arrecavano un immenso
contributo. Non avanzavano spaventati come
i Veneti, atterriti dal campo nemico, ma cantavano
le imprese del grande re, i popoli sconfitti, i luoghi
sottomessi con le armi ed esaltavano con grandi lodi
le proprie gesta, come il giorno, nel quale Metello[101]
salì glorioso sul Campidoglio seduto sul carro
tirato da bianchi cavalli. Lo seguiva il popolo
di Roma, i cavalieri, il senato, soldati d'ogni tipo,
che tra canti vari accompagnavano il condottiero
con cuore contento; o come i ministri che ornavano
le are di Ercole,[102] ne lodavano le imprese
e le città conquistate dalle sue forti braccia, i serpenti
soggiogati, l'idra e il leone e l'uccisione di Caco
e il cane, che, trascinato fuori da Dite,[103] spirava **56r**
fuoco dalle narici. I soldati issarono il generale
sulle spalle robuste e ne innalzarono al cielo
le lodi. Avanzato un po', l'esercito vede
che i campi sono occupati da fiumi e l'acqua
qua e là inondava le terre. I Veneti impauriti
e senza fiducia alcuna nel valoroso petto, avevano
deviato le acque dalla loro sede, avevano rotto

Arua petebat iens, et rura liquore premebat
Vndique lympha. Suum caput occultauerat alto
Gurgite totum agrum; quo si traducere gentis
Acceleret princeps, undantis in aequore saltus
Claudatur, fluuiusque uetet transmittere turbas,
Ceu quondam Nilus Aegyptia rura fragore
Limitibus propriis riparum egressus, aquarum
Sternit, et humectat siccae telluris hiatum.
Haec tum sic regio magno implebatur aquarum
Murmure. Quas animo praestans Lodouicus inanes
Contempsit, gressumque reuoluerat impiger amnis
56v Per uada, qua breuius paruo se gurgite currens
Ferret aqua, et tandem sicca in tellure resedit.
Vt procul aspexit Gaidum, camposque patentes
Accelerans ingressus erat. Socia agmina uidit
Obuia, quae raptim campos emensa trahebant
Christophorus, belloque sagax, Robertus in omni.
Apulus huic claro de nomine sanguis, at alter,
Quem Torella dedit domus, alta gaudet auorum
Nobilitate. Quibus genitrix sit Mantua sacra.
Hos bis mille uirum sequitur manus, aere cateruae
Splendebant ornatae humeros, hastilia dextra
Gestabant, lateri pendebat ferreus ensis.
Vt primum instructam egregii prope principis armis
Considere aciem, responsaque fida tulere
Mutua, iunguntur simul et Robertus et acer
Christophorus clarum uerbis heroa salutant.
At ducibus placido Lodouicus reddidit ore:
«Vos saluete duces, et salua haec agmina, quaeso,
Sint, superum rector quibus altae †gloria† palmae
57r Concedat. Tu signa uelis uictricia ferre.
Ductores Latiae gentis, quos Sphortia clarus,
Seu pacem, seu bella gerat, delegit ab omni
Militiae numero, non est opus ardua uerbis
Vos in bella meis hortari. Nam quid in agris
Vsus equum stimulis urgere ad praelia Lydum?
Sponte sua mens uestra ualet. Vos cogite turbas,
Acriter a nostris bello pugnabitur armis.
Nam Gaidum petimus, primas sententia fossas
Stat tranare, uiri; uos nostra facessite iussa».
Tum grauis, edocuit quem iam matura senectus
Reddidit haec celeri Torellus uerba rotatu:
«Martis alumne, decus Latii, Gonzaga, sequemur
Imperium, iussisque tuis parebimus omnes».
Nec mora corripiunt iter. Et iam pulcher Apollo
Sidereis inuectus equis eduxerat ortum.

56r: 19 contemsit M. 56v: 15 Mantua M. 19 superumque G. 57r: 2 Sfortia GM. 15 pulcer M. 16 sydereis GM.

gli argini; e l'acqua, uscita dall'alveo, senza controllo
alcuno invadeva i campi e inondava tutto. I campi
sono sommersi da una spessa coltre d'acqua. Il Principe
si affretta a condurre le truppe dall'altra parte, ma viene
chiuso da uno stagno dall'acqua che cresceva. Il fiume
gli impedisce di condurre oltre l'esercito. Come
una volta il Nilo, uscito dagli argini con fragore,
coprì i campi d'acqua e richiuse le secche fessure
del suolo, così allora la regione era coperta da gran
massa d'acqua. Il valoroso Ludovico non se ne
adonta e solerte volge il passo ai guadi del fiume
per la via più breve e dove l'acqua era poco profonda. **56v**
Alla fine pone i piedi sulla terra asciutta. Quando
lontano vede Goito, accelera il passo ed entra
nei vasti campi. Vede venirgli incontro l'esercito
alleato, che veloce attraversa i campi. Lo guidano
Cristoforo e Roberto, abili in ogni tipo di guerra.
Questi di nobile famiglia pugliese, quegli, nato
dalla famiglia Torella, è noto per l'antica nobiltà
degli avi. Loro patria ora è la sacra Mantova. Li segue
un esercito di mille uomini ciascuno, gli omeri
dei quali splendono di bronzo. Tutti portano
nella destra la lancia e la spada al fianco. Quando
ordinano alla schiera in armi di fermarsi accanto
agli armati dell'egregio Principe e riferiscono risposte
assicuranti da entrambe le parti, Cristoforo e Roberto
si congiungono e salutano l'eroe illustre. Sereno
Ludovico così risponde ai comandanti: «Salute a voi,
condottieri! Auguro all'esercito d'uscir salvo.
Il re dei numi gli conceda la gloria della vittoria.
Magari tu porti un esercito vincitore! Condottieri **57r**
del Lazio, che l'illustre Sforza ha scelto dal suo
esercito, sia che portiate la pace sia la guerra,
non c'è bisogno che con le mie parole vi esorti
alla mischia. C'è, infatti, bisogno stimolare
un cavallo della Lidia, quando è sul campo?
Siete capaci da soli! Voi impegnate le truppe,
i nostri si getteranno nella zuffa con valore.
Ci dirigiamo a Goito e primo impegno per le truppe
è superare i fossati. Voi eseguite i miei ordini».
Queste parole rivolse a colui che la vecchiaia aveva
reso maturo. Torello, giratosi di scatto, gli risponde:
«Gonzaga, figlio di Marte e decoro del Lazio, i tuoi
ordini eseguiremo, noi tutti ti obbediremo». Senza
indugio si mettono in marcia. Già il bello Apollo,
trasportato dai cavalli celesti, aveva portato il giorno.

Instabant uigiles Veneti per summa frequentes
Moenia, et ingentis Gaidi custode tenebant
Assiduo fossas, non quod praedicta Phronemi
57v Omina crediderint, trepidos timor excitat illos.
Excubiae passim uigilesque per omnia circum
Hic loca custodes aderant, ne tollere furtim
Se qua manus posset. Sed quid furtiua timebant
Agmina? Praeuiso superantur ab hoste, nec illum
Effugisse ualent. Sic enim uenientis aperto
Aequore magnanimae uirtus trepidanda cohortis.
Vt primum ad fossas uiridique in margine sulci
Constiterant acies, omnis fremit undique campus
Assiduo clamore uirum et clangore tubarum.
Spicula uibrantur, crebrique utrimque resultant
Ictus. Percutiunt pilulae thoracas ahenos.
Adriaci hic proprias gentes hortatibus omnes
Inflammare duces, quos inter robore multo
Incitat excellens in bella Georgius instar
Martis, ab Illyrico demissus sanguine dudum.
«Vos memores estote uiri; uos», inquit, «honoris
Et fidei memores, belli uos pristina uirtus
Accendat tempsisse minas, hostemque fugare.
58r Hic nos, o socii, pugnantes fossa tuetur.
Arma citi manibus capite, atque hostilia ferro
Agmina percutite, et uolucres torquete sagittas.
Ne trepidate ictus. Subito se huc agmine fortis
Nicoleo Picininus agat clarissima proles».
Dixit. Et Illyrici uerbis consurgit in arma
Turba ferox, mortem spernit, seque ictibus hostis
Obicit intrepide, Venetum dum regna tuetur.
Nec minus audenti fortis sermone pedestres
Marchio commouit cuneos, belloque ruentis
Incitat. Et passim pontes penetrare minaci
Contendunt terrore uiri, cumulumque sub auras
Lignorum obiectum, quo semita nulla pateret
Hostibus aduersis. Sed quid tibi profuit alta
Congeries, Venete, et protenso limine fossa?
Non si Caucasiae rupes, aut altus Olympi
Mons iter, aut celeri decurrens flumine Tigris
Clauderet, et rapido streperet Padus agmine labens,
Adriacus potuisset iter prohibere, ruentis
58v Tanta erat intrepidi per praelia comminus hostis
Inuitis igitur Venetis et protinus omni
Robore telorum pugnantibus, acriter omnes

57v: 16 Illirico G. 19 tempsisse hapax. 58r: 6 Illirici G. 7 obijcit G. 58v: 1 cominus GM.

Vigili e numerosi i Veneti erano accalcati sulle mura
e custodivano solerti i grandi fossati di Goito,
non perché credessero a quanto Fronemo aveva
detto, ma perché sono presi dal timore. Qua e là, **57v**
in ogni luogo, c'erano sentinelle, guardie e
sorveglianti, perché nessuno di nascosto s'involasse.
Perché temevano un assalto improvviso? Sono
superati da un nemico che conoscono e non
possono evitare. Tanto era temuto il valore
del grande esercito, che avanzava in campo aperto.
Quando l'armata si ferma presso i fossati,
sui verdi margini della sponda, da tutto il campo
si leva un brusio unito alle grida dei soldati
e al suono delle trombe. Si scagliano i dardi
e i colpi risuonano frequenti da entrambe le parti.
Le pallottole colpiscono le corazze di bronzo.
Tutti i comandanti di Adria, tra i quali simile a Marte
a gran voce incita alla guerra Gregorio, da poco
arrivato dall'Illiria, incoraggiano i soldati: «Siate
memori, soldati!», dice, «siate memori dell'onore
e della fedeltà. In guerra vi infiammi il valore,
disprezzate le minacce e mettete in fuga il nemico.
Qui, alleati, il fossato ci difenderà negli scontri. **58r**
Brandite subito le armi e inseguite col ferro
l'esercito nemico, scagliate le frecce volanti,
senza temere i colpi. Subito il valoroso Picinino,
l'illustre figlio di Niccolò, conduca qui l'esercito».
Così disse. Alle parole dell'Ilirico subito balzò
in armi l'intrepido esercito e, in spregio alla morte,
con coraggio si espone ai colpi del nemico, in difesa
del regno veneto. Non meno eccitanti furono
le parole, con le quali il Marchese infiammò
le forti schiere disposte a cuneo, mentre
volavano in guerra. Qua e là i soldati con terrore
minaccioso cercano di attraversare i ponti
e superare le alte palizzate, perché il nemico non
abbia nessuna strada spianata. Ma a che vi è servita
l'alta palizzata e il lungo fossato? Né i dirupi
del Caucaso,[104] né l'alto Olimpo,[105] né l'impetuosa
corrente del Tigri,[106] né il Po, che scorre vorticoso,
né gli Adriesi avrebbero ostacolato la marcia
del nemico, che avanzava per lo scontro ravvicinato. **58v**
Mentre i Veneti si opponevano e combattevano
con tutta la forza delle armi, tutto l'esercito penetra

Intraruntque manus, hostesque in moenia pulchro
Ingenti pepulere fuga circundata muro,
Illyricusque rapit densas in moenia gentes.
Vt pecudes caulas repetunt, cum pastor ab alta
Praeuidit specula uenientem per mare nimbum
Turbine, qui totum consurgens eminus Euri
Offuscat tenebris caelum, pluuiasque minatur,
Extimuit trepidus, pecudesque in saepta coegit.
Namque ut disiectis trabibus passimque recluso
Calle, uident hostes rapidos insistere tergo,
Aufugiunt, propiora uirum non ora tueri
Aut perferre queunt. Veluti latrantibus aruis
Extimuere canes trepidae per pascua damae;
Nec prope uenturos expectauere, sed antra
Ima petunt celeres, umbraque tuentur opaca:
Haud aliter Venetumque duces, trepidaeque cateruae
59r Cincta meant Gaidi pulchris in moenia muris,
Obstruxere fores, magno et crepitante tumultu
Erexere citi pontes, murosque corona
Circum rara uirum cingit, timor occupat artus.
Vt primum eruptos aditus conspexit, et hostes
Aufugisse nouo excussos, Gonzaga, timore,
Ipse ducum et peditum magna stipatus utrimque
Vectus equo celeri turba comitante, relictos
Occupat hoste locos, et torquens ignea circum
Lumina per cuneos uultu procedit ouanti.
Sortiturque domos, et quae praesepia pulchris
Dentur equis, et tecta potens in militis usum
Diuidit, atque animo metitur multa sagaci,
Ecce autem hostili Picininus gente Ïacobus
Saeptus adest, centumque trahens in bella cohortes.
Hic Venetum primus ductor, cui tota phalangum
Cura fuit commissa duci Martisque cruenti.
Hunc procul ut sensit uenientem Marchio tantis
Instructum ordinibus, nusquam cunctatus in hostem
59v Prorumpit subito. Fossisque exercitus omnis
Egreditur, sequiturque ducem, cui maximus ardor
Pugnae erat et Venetis occurrere posse cateruis.
Impedimenta simul coeunt, tutosque recessus
Cuncta petunt, ingensque uirum custodia seruat.
Vt primum a Gaido lapidem Picininus adiuit,
Obuia facta ducum sunt agmina, iamque minantis
Extendunt dextras. Iam uocibus arma lacessunt

58v: 4 pulcro M. 6 Illiricusque G. 9 quo GM. 10 obfusca M, coelum M. 11 septa GM. 59r: 1 et 11 pulcris M. 14 Jacobus M. 15 septus GM.

con violenza e respinge il nemico entro le mura, cinte
da grandi e bei baluardi. Anche l'Illirico conduce
dentro le mura la folta schiera, come le pecore
tornano verso la stalla, quando il pastore da un
elevato poggiolo vede venire dal mare con turbine
di vento un nuvolone. Lo sorge da lontano
mentre oscura il cielo di tenebre e minaccia pioggia.
Egli si agita, trema e conduce le pecore nel recinto.
Quando dalle palizzate abbattute e dalle vie chiuse
qua e là vedono i nemici ormai alle spalle, fuggono,
non riescono a difendersi e a sopportare da vicino
lo sguardo di uomini così valorosi. Come nei campi
risonanti di latrati le damme impaurite, mentre
pascolano, senza aspettare l'arrivo dei cani veloci,
si nascondono in fondo alla caverna, avvolte da densa
oscurità, così i condottieri veneti e l'esercito spaventato
si precipitano dentro le mura che cingono Goito, difese **59r**
da bei baluardi. Con grande e persistente agitazione
svelti costruiscono i ponti, una piccola schiera cinge
i baluardi, la paura si diffonde per le membra. Quando
il Gonzaga vede gli ingressi sfondati e i nemici, scossi
da nuovo terrore, in fuga, circondato da entrambe
le parti da folta schiera di condottieri e di fanti, su veloce
cavallo, con l'esercito occupa i luoghi abbandonati
dal nemico; e, volgendo intorno gli occhi luminosi,
avanza tra l'esercito schierato a cuneo, mentre esulta
con volto gioioso. Esce dal palazzo e ordina di
distribuire i soldati per le stanze e ricoverare nelle stalle
cavalli e, mentre il suo animo sagace è immerso nella
riflessione, Giacobbe Picinino circondato da un agguerrito
esercito trascina nella guerra innumerevoli coorti.
Questi è il primo generale dei Veneti, cui era
affidato l'intero esercito per la sanguinosa guerra.
Quando il Marchese si accorge che questi, ancora
lontano, si muoveva con un esercito così numeroso,
senza indugio irrompe contro il nemico. Tutto **59v**
l'esercito esce dalle trincee, segue il comandante, che
aveva gran desiderio di combattere contro l'armata veneta.
Raccolgono in un luogo i bagagli e tutti insieme avanzano
verso rifugi sicuri, custoditi da gran numero di guardie.
Quando Picinino giunge a un miglio da Goito, gli vanno
incontro le schiere con i comandanti con la minacciosa
destra protesa. Entrambe le armate si provocano

Vtraque considunt atque hinc Lodouicus in hostem
Haud piger armatas acies longo ordine iungit.
Affaturque duces atque instruit agmina bello.
Hinc Picininus ouans, Ïacobus ad arma cateruas
Excitat, et uerbis accendit rite phalangas.
Crebra pari clangore tubae tunc signa dedere.
Aetheraque armorum crepitans fragor altaque montis
Irrupit, sonitum turbato flumine sensit
Benacus, sensit strepitum Sebinus, et imae
Ad sonitum ualles uocem misere per antra.
Iam parua tellure duces utrimque reducti
60r Ordinibus se quisque suis in bella micanti
Ense uel hastili porrecta cuspide ducunt.
Quisque suum maculat chalybem, atque utrimque per arua
Corpora multa neci dantur, fuit undique sanguis
Eminus hic, illic pugnatur comminus armis.
Mota suo non turba loco, quem quisque tenebat
Tela gerens, etiam hunc uiuus, seu mortuus ambit.
Tunc Picininus eques dictis in bella ruentes
Hortaturque manus, et talia uerba profatur:
«Nunc decet, innumerae gentes, quibus undique Mauors
Aspirat, uestris quam magna potentia rebus
Insit, in hostiles mox ostendisse cateruas.
Irruite, et densae trepidas circumdate turbas.
Heu pudeat uacuos rediisse, nec agmina longa
Parua manu bello superasse, aut cedere uictos
Marte graui. Contra numero pugnatur iniquo.
Quantus honor? Nostrasque manus quam magna sequetur
Gloria? Succedet palmae quam magna uoluptas?
Vtilitasque simul? Dubio ne cedite Marti».
60v Talibus hortati dictis et praelia miscent
Inrepidi, ceu cum per pinguia rura uirorum
Turba canes post terga lupum clmoribus urget,
atque iras animosque ferocia pectora iungit.
Parte alia horrendus dictis sua concitat instans
Agmina, et alloquitur turbas Mauortius heros:
«Fidite nunc manibus solitis, fiducia rebus
Adsit, nec Venetum obiectas trepidate cohortes.
Nunc memores, quantis ornata insignia palmis
Haec fuerint, quantas strages caedemque uirorum
Vestra manus dederit! Crebro quem uicimus, hostis
Pugnat, et horrenti bello superauimus aruis,
Cepimus e tanto praeclara tropaea decore;

59v: 11 insituit M. 12 Jacobus M. 16 flumina M. 60r: 2 hastilis G. 3 calibem G. 5 cominus GM. 60v: 13 coepimus GM, trophaea GM.

e prendono posizione. Ludovico allora rapido dispone
in lungo ordine l'esercito in armi, impartisce ordini
ai subalterni e schiera l'armata per lo scontro. Allora
Giacobbe Picinino con gioia incita le armate
alla guerra e con le sue parole le infiamma.
Con fragore le trombe danno ripetuti segnali. Nell'aria
irrompe lo strepito delle armi e il crepitio raggiunge
la cima del monte, avverte il loro suono la corrente
agitata del Benaco,[107] ode lo strepito il Sebino[108] e gli antri
delle profonde valli al suono rimbombano. Su quel
lembo di terra i condottieri di entrambe le parti, lontani
dalle proprie schiere, si recano in guerra con la spada **60r**
luccicante e la punta della lancia protesa. Tutti
hanno le armi macchiate di sangue e si massacrano
da entrambe le parti. Scorre sangue dappertutto. Da una
parte si combatte corpo a corpo, dall'altra da lontano.
Gli eserciti non si muovono dal loro posto e dov'era da vivo
con le armi in mano là il soldato si trova morto. Picinino allora
esorta i cavalieri, che muovono verso lo scontro e,
nell'esortare l'esercito, dice: «Ora, innumerevoli
genti, che Marte favorisce d'ogni parte,
grande è la potenza nelle vostre armi, irrompete subito,
per dimostrarla all'esercito nemico, e compatte circondate
quell'accozzaglia impaurita. Si vergogni chi torna
a mani vuote: un così grande esercito, che non ha sgominato
uno piccolo; o chi, vinto, cede. Con la furia della guerra
si combatte contro un numero impari. Quale onore, quale
grande gloria seguirà le nostre armate? quale grande
piacere succederà alla vittoria? e poi quale
utilità? Non cedete davanti ad uno scontro incerto!».
Infiammati da queste parole, intrepidi attaccano **60v**
battaglia, come quando un gruppo di uomini nei fertili
campi con grida aizza i cani contro il lupo, e la ferocia
nel petto unisce ira e coraggio. Dall'altra parte,
sovrastando l'esercito, il bellicoso eroe, mentre
eccita l'esercito, così parla: «Fidate ora nelle solite
mani, abbiate fiducia nello scontro e non temete
i Veneti, che vi vengono contro. Ricordate ora
di quante vittorie si sono fregiate queste insegne,
quanti uomini hanno massacrato le vostre mani!
Viene in guerra un nemico che spesso abbiamo
vinto, abbiamo superato sui campi con l'orrore
delle armi, abbiamo riportato gloriosi trionfi

Neue, quod ingenti numero superemur ab hoste,
Terrorem incutiat. Nonne et galeatus Achiuos
Hector agit trepidos et solus concutit omnes?
Aeacidem cum bella Phryges uidere mouentem,
Haud finem fecere fugae? quid Coclitis arma
Expediam? Quanta est ductore Themistocle contra
61r Persarum prostrata manus? Non militis ingens
Turba parit palmam, sed mentis bellica uirtus.
Quare hic Hectoreas uires, Tethydisque superbus
Quas habuit natus, ualidis expromite factis».
Dixit. Et ut celeri cursu, qui carcere missus
Gaudet equus, fuerit si, circumstante corona
Et spectante uirum, magnis hortatus in agris
Plausibus, ad pugnam uenit, acrior ictibus auras
Obtundens, animis sic est furor additus. Inde
Prorumpunt celeres, et saeua utrimque lacessunt
Praelia. Tela armis, equitique eques obuius instat,
Et pediti pedes incumbit. Pugna ardua surgit.
Hic, quamuis medio misceret in agmine pugnam
Marchio, nulla tamen uolitantia tela premebant.
Ac uelut iratus si quando Iuppiter atris
Nubibus offuscat caelum, fulmenque coruscans
Emittit, sternit quercus, cadit obruta pinus,
Et lentae salices scinduntur, fulmine misso.
Sola uiget mediis frondenti uertice laurus
61v Tuta agris, temnitque ruentia uulnera teli,
Sic agit illaesus princeps, stridentia namque
Spicula deflexit Pallas, stetit aegide seruans.
Vt primum misceri acies Gonzaga cruento
Vidit Marte sagax, fuerat cui maxima rerum
Verborumque fides longos experta per usus,
Conuocat hic subito per turbida bella Bonatum,
Mittit ad Insubrium regem, mandataque coram
Exponit, uelox quae nuntiet, utque cateruae
Incumbant, et quo positae res Marte gerantur.
Ille repente ducem, sua qui tum castra tenebat
Ad decimum lapidem, conuenerat, agmina mixta
Dixerat Adriacumque et quae Gonzaga regebat,
Subsidiumque citus (non quod discrimine pugna
Principis Ocnigenum gereretur) ferret, at hostem
Quo citius superare queat, penitusque labantem
Vincere, et hoc bello domitum per saecula cuncta
Reddere, neue nouas uires assumere posset.

61r: 3 Tĕtidisque GM m.c. 15 Iupiter GM. 16 obfuscat coelum M. 61v: 2 nanque G. 3 Aegide M. 9 nunciet GM. 15 ac M. 17 secula GM.

da imprese così grandi. Non ci spaventi la superiorità
numerica del nemico. Ettore,[109] munito d'elmo, non
travolse i trepidanti Achei e solo li sbaragliò tutti?
i Frigi, quando videro l'Eacide[110] muovere guerra,
non si ritirarono in fuga? perché ricordare le armi
del Coclite?[111] Quanto grande era l'armata persiana
annientata da Temistocle?[112] La vittoria non è data **61r**
dal gran numero dei soldati, ma dal valore
del cuore. Perciò con le forti imprese mostrate
il valore, che ebbe Ettore e il superbo figlio
di Teti».[113] Così disse. Come un cavallo, uscito
dal recinto, gode se, sotto lo sguardo d'un folto
numero di spettatori, viene spronato con fragorosi
applausi, veloce corre in battaglia e vigoroso
scalpita nell'aria, così è il furore infuso negli animi.
In seguito balzano veloci e la crudele zuffa fiacca
l'una e l'altra parte. Si scontrano armi, cavalieri
e fanti. Si accende una furibonda battaglia.
Il Marchese scende in battaglia al centro
dello schieramento, ma i dardi volanti non lo
sfiorano. E come Giove adirato copre il cielo
di neri nuvoloni, scaglia fulmini abbaglianti, abbatte
le querce e, colpito, cade il pino e i flessuosi salici
allo scoccar del fulmine si scindono, solo in mezzo
ai campi con la cima frondosa incolume
rimane l'alloro, così il Principe non teme le ferite **61v**
delle armi da getto, rimane illeso, perché Pallade
allontana i dardi stridenti e lo protegge con l'egida.
Appena l'accorto Gonzaga, la cui serietà e lealtà
alla parola data erano note da tempo, vede gli
eserciti intenti nella sanguinosa battaglia, tra
il fragore delle armi chiama Bonato per inviarlo
dal condottiero degli Insubri; gli dice davanti a tutti
di riferire al più presto come l'esercito sferra
l'attacco e come si presenta l'esito della guerra.
quegli si reca subito dal Duca che aveva il campo
a dieci miglia, e gli riferisce che l'esercito
di Adria combatte e il Gonzaga regge; lo esorta
a correre subito in aiuto non perché nello scontro
il Principe di Mantova avesse la peggio, ma perché
potesse più in fretta superare e vincere del tutto
il nemico che cedeva, e a tenerlo, con questa guerra,
così sottomesso, da non riuscire più ad acquistare

Ille nihil remoratus iter, produxerat aruis
62r Agmina, fortunae quae instructa tenebat ad omnem
Euentum. Miles sua quisque hastilia dextra
Gestabat, lateri fulgebat ferreus ensis.
Post peditum nimbus. Mediis dux Sphortia turmis
Eminet, et ueluti splendescens Lucifer ortu
Exuperat conuexa polo quae sidera fulgent,
Sic omnes splendore ducis superantur et ore.
Interea numerosa manus secesserat hoste
Adriacum tremefacta nouo, sonituque tubarum
Audito, statione sua tunc eminus hostem
Spectabant positi et magna formidine pressi
Iamque parare fugam. Propius iam calcar equorum
Ilibus admotum fuerat, sed terga timebant
Ne sua turbatis sequeretur Marchio prorsus
Ordinibus. Timor hic fuit ingens causa salutis:
Namque manus in castra etiam clangore tubarum
Indomitus pugnae cupidas Gonzaga uocarat,
Cui robur fidensque dedit Tritonia pectus,
Inter ut armatas gentes illustrior esset
62v Omnibus, et magnum caperet praeclarus honorem.
Huius ab immensis humeris et uertice sacro
Fulgebat praestans atque incessabilis ardor,
Sideribus similis, pelago quae abluta recenti
Ignescunt, totoque polo splendore coruscant.
Sphortia iam Insubrium dux inuictissimus agmen
Duxerat. Instructam castris admouerat omnem
Ipse aciem, Adriacum timuerunt bella cohortes.
Hunc numerosa uirum sequitur manus incluta bello,
Atque hastile manu porrecta cuspide cuncti
Admotum femori gestant, densisque feruntur
Ordinibus. Nutant concusso uertice tela.
Ceu quondam (ut perhibent) commota cacumina plectro
Orphea siluarum citharae cum fila moueret,
Vt possent audire sonos, sectata fuerunt,
Sic tremulis ibant equites hastilibus omnes
Armati, propius quantum lapidis foret ictus
Se tulerant, cum prima hostes formidine pulsi
Tunc trepidare magis, splendentiaque aera uereri.
63r Quamquam etiam Venetum maior globus impar et esset
Armorum numero Insubrium ducis atque caterua
Gonzagae, sed maior erat fiducia cordi.
Huc e uestibulo primisque e faucibus Orci

62r: 6 sydera GM. 4 Sfortia GM. 17 uocaret G[1] em. 62v: 4 syderibus GM. 6 Sfortia GM. 9 inclyta GM. 10 hastile m.c. 63r: 4 horci G, orci M.

le forze. Quegli parte senza indugio, schiera in campo
le truppe, che teneva pronte a ogni evento **62r**
della Fortuna. I soldati portavano la lancia nella
destra e la spada di ferro al fianco, alle spalle seguiva
un drappello di soldati. In mezzo agli squadroni
di cavalleria il duca Sforza. Come Lucifero,[114] quando
sorge, supera per splendore tutte le stelle che brillano
nel concavo cielo, così il Duca supera tutti per il volto
luminoso. Intanto il numeroso esercito di Adria
intimorito dal nuovo nemico comincia a disertare;
al suono delle trombe, fermi al proprio posto aspettavano
da lontano il nemico e in preda a grande spavento
si preparavano a fuggire, tenevano lo sperone sotto
il ventre del cavallo, ma temevano che il Marchese,
scompigliate le armate, li assalisse alle spalle. Questa
grande paura fu per loro causa di salvezza, perché
il coraggioso Gonzaga col suono della tromba aveva
chiamato nel campo le truppe bramose di combattere.
Gli aveva infuso forza, coraggio e ardore Minerva,
perché tra i popoli in armi di tutti fosse il più
illustre e famoso ricevesse grandissimi onori. **62v**
Dalle sue ampie spalle e dal sacro capo
si sprigionava un grande e incessabile ardore,
simile alle stelle, che da poco emerse dal mare
brillano e con il loro splendore illuminano
il cielo. L'invincibile Duca degli Insubri, lo Sforza,
si era mosso con tutto l'esercito. Le forze
di Adria si spaventarono: lo seguiva una numerosa
e, in guerra, valorosa schiera di uomini, tutti
armati di lance, le quali, con la punta protesa avvicinata
alla coscia, avanzavano in schiera compatta. Le lance,
a mano a mano che venivano scosse, ondeggiavano, come
una volta, così si dice, le cime degli alberi, attratte
dalla lira di Orfeo,[115] quando ne pizzicava le corde,
si muovevano per ascoltare le melodie. Così tutta
la cavalleria avanza armata con le lance ondeggianti.
Quando si avvicinò a un tiro di pietra,
i nemici, respinti dapprima dalla guerra, si agitano
di più e temono le splendore delle armi.
Sebbene l'esercito veneto fosse più grande, **63r**
l'armata del Duca degli Insubri e del Gonzaga,
pur impari per numero di armati, nutriva maggiore
fiducia. Dal vestibolo dell'antro dell'Orco[116]

Aduolat et trepidus Venetum metus agmina miscet.
Huius erat facies pallore infecta trementi,
Inclusique cauis oculi cinctique cauernis,
Voxque tremens et corda simul nutantia gestans,
Vndique corpus erat stridenti frigore pressum,
Crura labant, sanguisque gelu concretus in unum.
Vt primum Adriacum praecordia tundere cepit,
Adiecitque suas uires, animosque labantis
Perculit, actutum fugientes uertere terga,
Et nimium uicina locis petiere ruentes
In castella manus Venetae, quas sola locorum
Interualla nimis seruarunt proxima tutas:
Adriacum nam si castella remota fuissent
Longius, haud esset qui tantae funera cladis
Nuntiet et Venetum maerentis uerberet aures.
63v Hic sua Sphortiades Lodouici iuncta cateruis
Agmina conspiciens, Gonzagam conuenit ultro.
Cinctus uterque simul complexo brachia collo
Haeret, dextra tenet dextram, blandisque loquuntur
Vocibus alterni. Quos tantae uincula pacis
Iunxerunt, Tatium uinxerunt quanta Quirino,
Crinibus effusis postquam fera bella diremit
Femina. Talis amor duo pectora nexa ligauit,
Qualis in Atridis semper fuit. Ocius omnes
Coeperat indomitus, quae nuper Marchio pugna.
Hinc loca ueloces adeunt et tecta subintrant.
Quos procul aspiciens Venetus, qui tuta tenebat
Moenia, de summis Gaidensis turribus agri
Extimuit quamuis tutis in moenibus esset
Saeptus, et haud essent primi trepidanda ruentum
Temptamenta, aditus tantum est in corde timoris.
Sphortiades hic plura sua cum mente reuoluens,
alloquitur: «Gonzaga, decor clarissime regni,
Quod patres rexere tui, quam magna uoluntas
64r Affuit, ut manibus nostras adiungere gentes
Posse tuis superum praeberent fata deorum?
Nunc fruor optato, nunc dextera numina uotis
Aspirant. Cessit rigido Fors impia uultu.
Hocque magis mea corda iuuat, quod uictor in agros
Hos uenis, et Venetum fudisti saepe cohortes.
Nam quis tanta hominum tulit umquam ex hoste tropaea
Clara manu parua, breuioreque tempore, multis
Hostibus aduersis, et iniqua parta locorum

63r: 19 nunciet GM, moerentis M. 63v: 1et 17 Sfortiades GM. 9 ocyus G. 15 septus GM. 16 templa menta M. 64r: 2 Deorum M. 7 unaquam GM, trophaea GM. 9 *et iniqua* usque ad *hostibus aduersis* omisit M.

la paura vola qui e spaventa il trepidante esercito veneto. Il volto era cosparso di spaventoso terrore, gli occhi sono scavati e chiusi in profonde caverne, la voce trema, il cuore trepida incerto, il corpo è scosso tutto da brividi di freddo, le gambe tremano e il sangue per il gelo si rapprende. Quando il timore comincia a serpeggiare tra gli Adriesi e aggiunge il suo vigore, comincia a prostrare gli uomini titubanti. Le armate venete voltano subito le spalle e fuggono, per rifugiarsi nei castelli più vicini. Solo la breve distanza dai forti più vicini le conservò incolumi. Se, infatti, i castelli di Adria fossero stati più lontani, non ci sarebbe chi annunzierebbe i morti in una così grande disfatta e riferirebbe ciò alle dolenti orecchie dei Veneti Lo Sforza, quando vede la sua armata unita a quella **63v** di Ludovico, incontra di buon grado il Gonzaga. Entrambi si gettano subito le braccia al collo; e, stretta la destra, si rivolgono cortesi parole. Questi erano uniti da vincolo di pace così saldo, quale unì Tazio a Quirino,[117] quando le donne, con i capelli sciolti, interruppero lo scontro sanguinoso. Tale amore teneva strettamente uniti i due uomini, quale fu sempre quello degli Atridi,[118] che indomito aveva preso tutti. Di qui avnzano veloci verso quei luoghi conquistati dal Marchese con la guerra ed entrano nella reggia. Li vedono da lontano i Veneti tenere le solide mura, dalla sommità delle torri dalle terre di Goito. Ebbero paura, sebbene fossero chiusi dentro le mura sicure; e, sebbene non fossero i primi a temere l'assalto degli invasori, nel loro cuore entrò un gran timore. Lo Sforza, mentre nella sua mente rimuginava molti piani, così parla: «Gonzaga, illustre ornamento del regno, dai tuoi antenati governato, è così grande il tuo valore, da poter unire con le tue mani i nostri popoli e mostrare **64r** il volere degli dei superni! Ora godo quanto ho desiderato, ora il volere dei numi favorisce i tuoi voti. L'empia Sorte con il suo duro volto si ritira. Rallegra di più il mio volto il fatto che tu vincitore entri in questi campi e hai spesso sconfitto le armate venete. Chi mai tra gli uomini ha riportato su nemici così grandi e famosi trofei con un esercito così piccolo in breve tempo, contro molti nemici e su un terreno

Condicione? Tenet magna admiratio cunctos,
Vnde manus uites. Veniatque audentia mentis.
Et nuper quod bella gerens haec rite parasti
Hostibus aduersis quanquam loca tuta cateruis,
Hinc Gaidum totumque solum, quod Brixia lata
Sub dicione tenet, dabitur contundere bello.
Hinc nos Borgomeas arces populosque sequemur
Finitimos, et Marte graui superabimus hostem.
Ipse licet ueniat multis instructus Eois
Adriacus, licet hunc Cretensis turba sequatur,
64v Illyriacaeque manus, saeuique in bella Liburni,
Quidquid et imperio retinet, licet omnia poscat
Auxilia a sociis, et Xerxem gentibus aequet,
Aufugiet tamen haud umquam clademque suorum
Vitabit, ni Fors ingentibus inuida coeptis
Rara comes, caeco peruerterit omnia uultu».
Dixerat. Egregius paucis ita reddidit heros:
«Sphortia magnanime, et regum decus atque labantis
Italiae columen, Venetum quid sospite contra
Tendere te uires poterunt? Tibi maxima uirtus,
Militiae simul est immensa peritia, felix
Atque grauis cunctos bellorum uincis honore.
Praeterea labor in rebus, uirtusque periclis,
Strenuitas in agendo uiget ueloxque paratae
Conficis, et rebus mature consulis usque.
Haec nos audentis faciunt, neque uana moratur
Pectora credulitas, nec spes exultat inanis».
Haec ubi dixisset, subridens Sphortia laetus
Principis amplexum petiit, dextraque prehensa
65r Incedunt pariter stridentia castra corusci,
Ceu duo ramosis uiuaces cornibus errant
Passibus aequatis per florea pascua cerui,
Cedit et omne pecus, uiridi pars pascitur agro.
Pars sequitur ducibus ceruis ornata decoris.
Haud aliter totis fulgebant Sphortia castris
Et Gonzaga potens, pars aut praesepibus instans
Iungit equos, gramen ponit; pars tecta domorum,
Corpora quo miles sua fessa reponat in armis
Instruit; aut sequitur pariter per castra meantum
Terga ducum. Nulla est placida contenta quiete
Turba uirum, qua post immensa pericula tandem
Otia securae domitis hostilibus armis
Inuictae peragant gentes et pace fruantur.
Postquam militibus sunt conuenientia passim

64v: 1 Illiricaeque G. 4 unquam GM. 6 coeco M. 8 et 18 Sfortia GM. 12 quo M. 65r: 6 et 18 Sfortia GM.

sfavorevole? Tutti ti ammirano molto, per cui evita
l'esercito e avanzi l'ardore della mente. Poco fa, mentre
combattevi questa guerra, nonostante l'opposizione
dei nemici, hai reso sicuri questi luoghi con l'esercito,
sicure le terre di Goito, che l'estesa Brescia tiene
in suo potere. Dovremmo con la guerra annientare
le torri di Bergamo, inseguire i popoli confinanti
e schiacciare il nemico con uno scontro favorevole.
Sebbene gli Adriesi inseguano con un forte esercito
di orientali, li segua fin qui un'armata cretese,
un contingente dell'Illiria e la ferocia **64v**
dei Liburni,[119] quanti tengono sotto il loro
potere ed eguaglino l'esercito di Serse,[120]
né sfuggiranno né eviteranno mai la strage dei loro,
se la Sorte, rara compagna, ostile a grandi imprese,
non sovverta tutto col cieco suo volto». Così
dice. L'egregio eroe così, in breve, gli risponde:
«Magnanimo Sforza, decoro dei re e sostegno
dell'Italia che vacilla, con la tua incolumità,
che potranno opporre le forze venete? Tu, valoroso
e, a un tempo, esperto stratega, felice e severo superi
tutti nella gloria della guerra. Tuo onore sono ancora
la fatica nelle imprese, il coraggio nei pericoli,
lo zelo nelle azioni, sì che porti subito a termine
quanto stabilito e a tutto immediatamente provvedi.
Questo ci rende audaci e non ci trattiene la vana
credenza né ci allieta la vuota speranza».
Detto ciò lo Sforza sorrise lieto, si mosse
per abbracciare il Principe e, presagli la destra,
luminosi incedono insieme tra gli applausi **65r**
del campo come due cervi, che, orgogliosi
delle corna, si aggirano affiancati per i prati fioriti.
Tutti gli animali si ritirano: parte pascola nel verde
prato, parte segue i cervi, fieri di avere guide così
maestose. Così in tutto il campo brillano lo Sforza
e il forte Gonzaga. Parte si dirige verso le stalle,
lega i cavalli e pone davanti a loro lo strame;
parte provvede agli alloggi, dove i soldati
stanchi possano riposare; parte segue i condottieri,
che si aggirano per il campo. Nessuna schiera
è contenta della tranquillità del riparo col quale,
dopo così grandi pericoli gli invitti popoli
sicuri, dopo la sconfitta dei nemici, possano
trascorrere il tempo libero e godere la pace. Appena

Tecta parata, suis stabulis religatus ad alta
Carpit gramen equus praesepia. Magna parari
Sphortia tunc tormenta iubet, quae rumpere muros
Possint, et pinguis prosternere moenia regni.
65v Cenomanum sic iuncta acies fuit incluta campis
Sphortiadae, quam praeclaris Gonzaga triumphis
Duxerat indomitam bellis et semper ouantem.

FINIS

65v: 1 inclyta GM. 2 Sfortiadae GM.

furono qua e là allestiti gli alloggi per i sodati,
i cavalli, condotti nelle stalle, frangevano la biada.
Lo Sforza ordina di allestire le macchine, che possano
squarciare i bastioni e abbattere le mura del ricco regno.
Si aggiunse allo Sforza il forte esercito dei Cenomani, **65v**
che, indomito in guerra e con grida di giubilo,
il Gonzaga aveva condotto per il suo trionfo.

FINE

Note alla traduzione italiana

1. Si tratta di Memnone, figlio di Titone e di Eos, Aurora. Durante la guerra di Troia corse in aiuto dello zio Priamo e, in varie occasioni, dimostrò grande valore.

2. Ultimo re di Troia, ucciso dal figlio di Achille, Neottolemo o Pirro.

3. Con questo dotto riferimento il poeta allude ad Achille. Nella mitologia greca era nato da Peleo, figlio di Eaco, i genitori del quale furono Zeus ed Egina. Achille, dopo aver ucciso Ettore in un aspro duello, lo legò al carro e lo trascinò intorno alle mura di Troia. Come tutti i guerrieri, Achille non aveva un solo carro.

4. Marte è il dio della guerra. Qui il poeta allude al fatto che Marte era l'amante di Venere.

5. Arrivabene, come già il suo maestro, il Filelfo con la *Sforziade*, intende celebrare le lodi del marchese di Mantova, Ludovico Gonzaga, per le sue gesta valorose, durante la guerra affrontata per la conquista di Goito, dove morì nel 1478.

6. Dee greche, che simboleggiano le manifestazioni più alte dello spirito umano. Qui il poeta si riferisce a Calliope, la musa della poesia epica. La sede delle Muse è varia, perché tendono ad assumere due aspetti diversi: le Muse della Pieria sono connesse con l'Olimpo, quelle della Beozia, con sede sull'Elicona, danzano sotto la guida di Apollo.

7. È Ludovico III Gonzaga (1412-1478).

8. Le Erinni, 'le colleriche, le adirate', erano primitive divinità greche del mondo sotterraneo e impersonavano la maledizione nonché la volontà punitiva, soprattutto contro i delitti di sangue. Esse sono Aletto, Tisifone e Megera.

9. Dea della guerra, figlia di Marte o, secondo Esiodo, di Forci e di Ceto. A Roma un tempio in onore della dea si trovava presso la porta Carmentale ed era stato eretto da Appio Claudio.

10. Byrsa era la rocca fortificata, che si innalzava sull'omonima collina e dominava il porto di Cartagine. Il toponimo deriva dalla lingua fenicia e significa cittadella.

11. Qui il poeta riferisce un evento storico molto increscioso per Roma: l'invasione dei Galli Senoni, che, nel 380 a.C., rasero Roma al suolo, al di fuori del Campidoglio, strenuamente difeso da un pugno di uomini. L'episodio è narrato da Tito Livio nel libro V.

12. La donna è, per antonomasia, Tarpea, la quale, quando furono cacciati i Tarquini, aprì le porte agli Etruschi di Porsenna, in cambio dei monili, che avevano sul braccio sinistro. Ma i guerrieri, appena entrati nella cittadella, la coprirono con i loro scudi e la uccisero. Così secondo la leggenda. La rupe tarpea è un'erta parete tufacea, situata sul lato meridionale del Campidoglio. Da questa venivano gettati i traditori condannati a morte, che, in questo modo, venivano simbolicamente espulsi dalla città. Il poeta ha attinto la notizia da Liv., I; Prop. IV, 4; Ov., Met., XIV, 775-99; V. Max., *Factorum et dictorum memorabilium libri*, IX, 6; nonché da Plut., Rom., 18, perché conosceva molto bene il greco.

13. È ancora Ludovico III Gonzaga, il quale, di volta in volta, per ragioni metriche, viene chiamato marchese o principe.

14. Epiteto geco di Atena, in quanto 'lanciatrice' dell'asta. Figlia di Zeus, nacque dal suo capo armata. Le sue caratteristiche erano la prudenza e forza fisica; ma era anche la dea della guerra e, soprattutto, dell'intelligenza. Era venerata soprattutto come protettrice di Atene, cui il poeta accosta idealmente Mantova, che per impulso dei Gonzaga divenne un fiorente centro di cultura e di arte. Con questo giusto e dovuto tributo a un vero e grande mecenate, il poeta riconosce il ruolo culturale sia del marchese che della città.

15. Era, la Gorgone, la testa di Medusa. Questa, secondo una versione del mito assai tarda, era una bellissima ragazza, punita da Atena perché aveva osato proclamarsi più bella della dea: i capelli si trasformarono in serpenti e gli occhi, divenuti vitrei, avevano il potere di pietrificare chiunque li guardasse.

16. Un altro appellativo di Apollo, nel significato di "brillante". I poeti umanisti, seguendo i classici latini, se ne servirono invece con valore di nome vero e proprio per designare Apollo in quanto dio del sole.

17. Antica dea latina della vegetazione e delle biade, ben presto identificata con la Demetra dei Greci. Una leggenda dice che quando Porsenna, a capo degli Etruschi, nel 496, marciò contro Roma, furono consultati i libri sibillini e si apprese che, per salvare la città, si doveva introdurre il culto di Cerere e di Dioniso. In onore di Cerere fu costruito un tempio sul colle Aventino.

18. Questo nome, per antonomasia, designa Iperione e, per estensione, suo figlio Elio, il Sole.

19. Deificazione romana del vento proveniente dal Sud e apportatore di piogge e di tempeste. I Greci, che lo denominavano Noto, lo credevano figlio del titano Astrèo e di Eos, fratello di Argeste, Borea e Zefiro.

20. Anche questo vento, proveniente dal settentrione, fu deificato. I Romani lo chiamavano Aquilone. Era un vento freddo ma sano, apportatore di tempo sereno all'Europa e all'Asia Minore, ma in Africa arrecava piogge torrenziali.

21. Sposo di Aurora, la quale da Giove ottenne per l'amato l'immortalità ma non l'eterna giovinezza. Divenne allora tanto vecchio che chiese d'essere trasformato in cicala. Titone da Aurora ebbe un figlio, Memnone, che fu ucciso da Achille sotto le mura di Troia. La madre si addolorò tanto che dalle sue lacrime nacque la rugiada.

22. Fiume infernale, nel temuto nome del quale gli dei pronunciavano i loro giuramenti. Un loro spergiuro li faceva decadere dai privilegi della divinità per cento anni. Stige era fratello di Giove.

23. L'aquila, come dice in seguito, è simbolo di Giove.

24. Sono gli abitanti di Adria, allora sotto il controllo di Venezia.

25. Una tarda leggenda narra che era figlia del dio Tritone e allevata insieme con Atena, che incidentalmente uccise. Atena, per espiare l'involontaria colpa, assunse per sé il nome dell'amica e foggiò il Palladio.

26. È il centauro più famoso. Figlio di Crono e dell'oceànide Filira, viveva in Tessaglia in una grotta del monte Pelio. D'indole mite e socievole, soccorse Peleo, il quale gli affidò Achille, perché gli fornisse la dovuta educazione. Quando morì, fu mutato da Giove nella costellazione del Sagittario.

27. Epiteto attribuito a Marte dai Romani, probabilmente nel significato 'di colui che precede' o 'colui che si getta (nella mischia)'.

28. Il poeta allude alla vita molle e raffinata, che si svolgeva nella dimore dei patriazi veneziani, dove la musica e le danze occupavano le famiglie per la gran parte del giorno. Venezia era già famosa nel Trecento e Quattrocento, ma la sua fama, in questo campo particolare, culminerà nel Seicento e Settecento, con esponenti di grandissimo livello, come Tommaso Albinoni e Antonio Vivaldi.

29. Ricorda la disastrosa disfatta di Canne, nella quale, secondo gli storici, caddero circa quarantacinquemila Romani.

30. Il personaggio appartiene ai Brandolini, distinta famiglia di Forlì, dove essi ottennero titoli nobiliari. Qui si tratta di Tiberto VIII, figlio di Brandolino IV, che passò agli Sforza di Milano, dai quali, dopo essere stato insediato nel feudo di Castellarquato, con un nutrito contingente fu inviato in aiuto dei Gonzaga.

31. Sono una popolazione stanziata nella Lombardia occidentale e in parte del Piemonte. Con questo appellativo il poeta si riferisce al ducato di Milano e, in modo particolare, al duca Francesco Sforza, alleato di Ludovico III Gonzaga nella guerra contro Venezia.

32. La costruzione del tempio era stata decisa nel 204 a.C. dal console P. Sempronio Tuditano, prima della battaglia di Crotone contro Annibale. Il santuario fu dedicato il 25 maggio del 184 a.C, dal console Q. Marcio Ralla.

33. Sono le mura di Roma costruite da Romolo, figlio di Marte e di Rea Silvia.

34. Minerva nacque, secondo il mito, dalla testa di Giove completamente armata. Le caratteristiche della dea erano la prudenza e la forza, virtù, queste, che si addicono maggiormente ad un guerriero e, in modo particolare, a Ludovico III Gonzaga.

35. Erano figli di Gea, nati dal sangue di Urano. Erano uomini di grossa statura e violenti, i quali insieme con Eurimedonte, loro re, ingaggiarono una guerra con Zeus e gli altri dei olimpici, movendo all'assalto dai campi Flegrei con massi e grossi tronchi d'albero. Sconfitti dagli dei furono sepolti sotto un vulcano.

36. Saturno dalla moglie Opi, dea delle messi, ebbe diversi figli, tra i quali c'è soprattutto Giove.

37. È Apollo, nell'Iliade chiamato «dio dall'arco d'argento». Anche Orazio, *Carm.*, II, 10, 19 dice «non semper arcum / tendit Apollo» [non sempre Apollo tende l'arco], anche se qui è inteso in modo metaforico.

38. Figlie di Atlante e dell'oceanina Pleione. Perseguitate dal cacciatore Orione, da Giove furono mutate in stelle. Erano sorelle delle Iadi, delle quali Maia è la più nota. Questo gruppo di stelle fa parte della costellazione del Toro.

39. Nome di divinità molto raro. Si trova in Virgilio, *Ecl.*, IX, 60, quando parla di Mantova. È noto, però, anche con il nome di Ocno, leggendario figlio di Manto e di Tiberino. È considerato il fondatore di Mantova.

40. Il Delfino è una minuscola costellazione settentrionale, molto vicina all'equatore celeste. Si trova sul bordo sud orientale della Via Lattea ed è visibile soprattutto d'estate. La costellazione prende nome dalla particolare configurazione data da un gruppo di stelle, che richiamano alla mente la sagoma di un delfino mentre salta. Nonostante le modeste dimensioni, il Delfino è facilmente riconoscibile grazie al fatto che le sue stelle sono molto ravvicinate fra loro.

41. È Mercurio, nato da Zeus e da Maia sul monte Cillene, in Arcadia. Di qui l'appellativo "Cillenio".

42. Rampollo della nobile famiglia Ceresara, fu al servizio di Ludovico III. Un suo discendente dello stesso nome, alla corte di Isabella d'Este, fu un rinomato pittore. Raccolse e tradusse opere classiche, tra le quali l'*Aulularia* di Plauto.

43. Nome di un'antica popolazione della Grecia centrale, racchiusa tra l'Epiro, la Tessaglia, l'Eniania e l'Etolia. Parteciparono alla guerra di Troia.

44. San Giorgio, nato nella Cappadocia intorno al 280, militò nell'esercito di Diocleziano e, per il suo valore, divenne ufficiale delle milizie. Subì il martirio sotto Diocleziano. È nota la leggenda secondo la quale nel lago vicino alla città libica Selem si nascondeva un grande drago, che con il suo fiato pestifero uccideva tutti quelli che incontrava. Gli abitanti gli davano in pasto due pecore al giorno; ma quando queste cominciarono a scarseggiare gli davano una pecora e un giovane, tirato a sorte. Un giorno, però, la sorte cadde sulla figlia del re, la principessa Silene. Il re non voleva, ma alla fine dovette cedere. Quando la ragazza fu condotta presso lo stagno, passò di lì il cavaliere Giorgio, il quale tranquillizzò la principessa e affrontò vittoriosamente il drago. Nel Medioevo la lotta di san Giorgio contro il drago fu assunta come simbolo del perenne conflitto del bene contro il male. Per questo la cavalleria vi vide incarnati suoi ideali e lo scelse come protettore. San Giorgio, tra l'altro, è uno dei patroni di Mantova. In suo onore, su disegno di Leon Battista Alberti, verso la fine del Quattrocento, quando l'Arrivabene era al servizio dei Gonzaga, fu innalzata una splendida basilica.

45. Una popolazione stanziata nelle zone montuose e pianeggianti dell'Italia nord-orientale, tra le Alpi e l'Adriatico. Corrisponde, press'a poco, alla zona dove sorgono i colli Euganei. Erano sotto il dominio di Venezia.

46. È un appellativo di Apollo, perché Latona lo partorì ai piedi del monte Cinto, nell'isola di Delo. Perciò è chiamato anche Delio.

47. Con questo epiteto poetico il poeta designa Giove, figlio di Saturno. Dai poeti rinascimentali, sulle orme dei Romani, Saturno era considerato un'antica divinità italica, identificato, successivamente, con Crono. Giove è chiamato, non di rado, anche Cronide, ma il poeta mantovano non usa mai questo epiteto, per ovvie ragioni metriche.

48. Con questo sintagma il poeta designa Minerva. Delle tre dee dell'Olimpo, solo Minerva non prende marito né ha fatto registrare scappatelle con divinità o con mortali, a differenza di Venere, che, sposa di Vulcano, oltre ad essere amante di Marte, aveva avuto rapporti anche con Anchise, con il quale generò Enea. Minerva è la sola divinità, contrapposta a Marte, presente nel campo del

Gonzaga. La scelta, come già si è detto, non è casuale: il poeta intende celebrare il fasto e il mecenatismo della corte mantovana.

49. Con questo termine nell'*Iliade* sono designati i Greci. Il termine, inteso letteralmente significa 'la stirpe di Danao'. I Greci da Omero sono chiamati indifferentemente Argivi, Danai o Achei. Nell'*Eneide* Virgilio vi aggiunge i Dolopi.

50. Popolazione discendente dal mitologico Mirmidone, figlio di Giove. Stanziata in Tessaglia, partecipò alla guerra di Troia sotto la guida di Achille.

51. La clava era un bastone nodoso, simbolo di Ercole. Qui il poeta si riferisce alla mazza di ferro, largamente adoperata negli scontri armati e nei tornei cavallereschi. Ma l'intento è quello di avvicinare, con questo dotto richiamo, il Gonzaga ad Ercole, il valoroso eroe delle buone virtù, proposto come esempio di valore e attaccamento al dovere.

52. È Francesco Sforza, che fu duca di Milano, viene in aiuto di Ludovico III Gonzaga, con il quale ha buoni rapporti.

53. Il Tartaro-Canalbianco-Po di Levante è un lungo e complesso canale navigabile; è formato dal collegamento di due fiumi, il Tartaro e il Fissero, cui si aggiunge Canalbianco, un canale ricalcato sull'antico letto del fiume Tartaro. Attraverso il nodo idraulico di Governolo, al complesso dei laghi situati intorno a Mantova e al fiume Mincio e, per il tramite di questo, al lago di Garda, il Tartaro costituisce un complesso sistema navigabile, che collega Mantova all'Adriatico, nel quale sbocca tra l'Adige e il Po. È un'imponente opera di ingegneria idraulica, realizzata dai Gonzaga.

54. Personaggio della mitologia greca, figlio di Licaone, re della Licia. Il ritratto, che di lui tramanda l'*Iliade*, non è molto bello. Conclusosi il duello tra Paride e Menelao, tra Greci e Troiani viene stipulata la pace; ma Pandaro, ingannato da Atena, colpisce con una freccia Menelao. Muore, in seguito, per mano di Diomede.

55. Fu l'ultimo sovrano della Lidia, sulla quale regnò dal 560/561 fino a quando, nel 547, fu sconfitto dai Persiani. Creso accumulò enormi ricchezze, sì che nella cultura greca divenne sinonimo del ricco per antonomasia e diede origini ad espressioni "ricco come Creso" o "le ricchezze di Creso".

56. Nobile ateniese, Solone fu legislatore, giurista e poeta. Andato via da Atene, si recò nella Lidia, accolto dal ricchissimo Creso, il quale mostrò all'illustre ospite tutti i suoi tesori. Alla vista di tanti beni, Solone non si emozionò. Dopo di ciò, Creso gli chiese se conosceva qualcuno più ricco di lui. Solone allora narra a Creso la vicenda di un certo Tello, che aveva condotto un'esistenza tranquilla e, dopo aver dato alla patria figli molto stimati, morì in battaglia e i suoi funerali, a spese dello stato, furono molto semplici, com'era vissuto. Creso, per nulla scosso dalle parole di Solone, gli porse per la seconda volta la stessa domanda. Solone, allora, gi narrò la storia di Cleobi e Bitone, nati nella città di Argo e figli di Cidippe, sacerdotessa di Era. I due giovanotti, siccome non arrivava il carro, che doveva condurre la madre al tempio per il sacrificio, si sostituirono ai buoi, perché non giungesse in ritardo, e trascinarono il carro, sul quale sedeva la madre, fino al tempio della dea. Scesa dal carro, la madre, visti i figli felici, ma sfiniti dalla fatica, ordinò loro di andare a riposare al fresco, nei sotterranei del tempio. Cidippe, commossa e grata per la devozione dei figli, chiese ad Era di concedere loro il dono che ritenesse più bello. Quando, alla fine delle funzioni, la madre andò a svegliare i figli, per tornare a casa, li trovò morti. Udito ciò, Creso si adontò, perché Solne non lo aveva annoverato tra gli uomini più felici della terra. Solone allora, rivolto al re, disse che gli dei consigliano agli uomini di essere moderati in tutto, di non inorgoglirsi né dei beni né del potere. Creso non si lasciò colpire da queste parole; ma comprese la lezione quando fu sconfitto e catturato da Ciro, re della Persia.

57. Tello di Atene aveva avuto figli onesti e valorosi, καλοί τε κἀγαθοί, e aveva goduto di una condizione piuttosto agiata. Dopo aver eroicamente perso la vita, combattendo per la patria a Eleusi, ricevette dalla città grandi onori. Il poeta ha letto questo episodio nelle *Storie* di Erodoto, I 30, 3-5.

58. Cleobi e Bitone erano due giovani di Argo, i quali si sacrificarono per la dea Era: trascinarono per lungo tratto il carro, perché la madre giungesse al tempio in tempo per il sacrificio in onore di Era. Il loro gesto fu molto apprezzato. Il poeta ha letto l'episodio di Cleobi e Bitone nelle *Storie*

di Erodoto, il quale riferisce che gli abitanti di Argo, per gratitudine, eressero nel tempio di Delfi in onore dei giovani due statue, che attualmente si trovano nel museo archeologico locale.

59. Celeberrimo uomo politico, nel I sec. a.C. ebbe un grandissimo peso nella vita politica romana. Insieme con Crasso e Cesare prese parte al primo triumvirato. Sbarazzatisi di Crasso, inviato contro i Parti, Cesare e Pompeo lottarono all'ultimo sangue per il potere. Dopo la sconfitta subita a Farsalo, nel 48 a.C., Pompeo si rifugiò in Egitto, dove per ordine di Tolomeo, fu ucciso da due sicari, due vecchi compagni d'armi e di a numerose campagne vittoriose.

60. È una popolazione della Gallia Cisalpina, compresa tra gli Insubri a ovest, i Veneti a est e il fiume Po a sud. Sono detti anche Galli cenomani o Aulerci cenomani.

61. Nacque dai titani Febe e Ceo, con poteri simili a quelli di Efesto. Da Giove generò Apollo e Artemide, dea della caccia e personificazione della Luna. Era molto gelosa e Giove, che ne temeva le ire, l'allontanò prima che partorisse. Durante la gravidanza nessuno volle darle ospitalità. Inseguita dal serpente Pitone, trovò rifugio nell'isola egea di Delo, dove diede alla luce i due figli.

62. Si tratta di Giunone, che, gelosa della rivale, la perseguita in tutti i modi.

63. Compagno di Ettore e valoroso combattente in difesa della città, anche se gli si attribuì la storia dell'eccidio di Troia. Da un supposto originale greco sarebbe derivata una versione latina, molto ammirata nel Medioevo.

64. Si tratta di Eracle, a Roma conosciuto con il nome di Ercole. Il patronimico poetico deriva da Alceo, nonno paterno putativo.

65. Fu re d'un territorio situato nella Sicilia occidentale, l'attuale Erice. Sicuro della sua forza straordinaria e della nomea di pugile, sfidava tutti coloro nei quali si imbatteva. Fu ucciso da Eracle e sepolto nel tempio di sua madre Afrodite, detta anche Citèra, dal nome dell'isola nella quale sarebbe nata.

66. Dioscuro e gemello di Castore, molto esperto nel pugilato. Era figlio di Giove e di Leda, regina di Sparta.

67. P. Cornelio Scipione, detto l'Africano maggiore, perché durante la seconda guerra punica sconfisse Annibale, nel 202 a.C., nella battaglia di Zama. Cartagine, invece, venne distrutta, nel 146 a.C., da P. Cornelio Scipione, detto l'Africano minore. Annibale (247-186 a.C.) era figlio di Amilcare Barca. Fu un celebre e invincibile condottiero e un accorto politico di Cartagine, famoso per le sue vittorie riportate nel corso della seconda guerra punica. Insieme con Alessandro e Giulio Cesare si può definire uno dei più grandi generali dell'Antichità.

68. L. Emilio Paolo fu console nel 168, durante la terza guerra macedonica, sconfisse Perseo nella battaglia di Pidna.

69. Si tratta di M. Furio Camillo, uomo politico, militare e statista romano, di origine patrizia. Nel 390 a.C., quando i Galli, guidati da Brenno, attaccarono Roma e cinsero d'assedio il Campidoglio, sembra che i Romani abbiano pagato un riscatto per essere liberati dall'assedio. Secondo la leggenda, Camillo tornò da Ardea, dove era in esilio, e, dopo aver riordinato le truppe romane, inflisse una pesante sconfitta ai Galli, recuperando il bottino. In seguito a questo episodio fu onorato con il titolo di Padre della Patria e secondo fondatore di Roma.

70. Porsenna era un lucumone etrusco della città di Chiusi. Viene di frequente nominato, perché marciò contro Roma per rimettere sul trono i Tarquini, cacciati dalla popolazione.

71. Intorno al 547 a.C. i Persiani, come si è già detto, sconfissero Creso e ne sottomisero il regno.

72. Si accenna all'episodio bellico del 146 a.C., durante il quale Corinto, che era a capo della Lega Achea, fu sconfitta e rasa al suolo e le sue ingenti ricchezze affluirono a Roma.

73. La festa in onore della *Fortuna muliebris* veniva celebrata l'11 giugno, giorno nel quale si ricordava la *dedicatio* del tempio nel Foro Boario, sulle rive del Tevere. Il poeta, in questo luogo, come in altri, sfoggia una solida cultura astronomica.

74. È un paesino in provincia di Brescia. Di antiche origini, sorge sulla riva del fiume Oglio; ai tempi dei Gonzaga possedeva un castello ed era cinto da mura.

75. Celebre e per molti aspetti famigerato, è un personaggio della mitologia greca. Figlia di Elio e Perseide, in seguito ad un'unione contro natura con un toro, generò il Minotauro.

76. Accanto a nozioni di astrologia, il poeta sfoggia conoscenze geografiche ed etnografiche, tipiche del tempo.

77. Il riferimento a Pasifae è evidente. Secondo la versione più accreditata, Poseidone, il dio del mare, diede a Minosse un toro bianchissimo, perché lo sacrificasse in suo onore. Il re di Creta, quando vide quell'animale così bello, non obbedì e, in sua vece, ne offrì un altro al dio, che, adirato, indusse Pasifae a nutrire un folle amore per il toro. Per potersi unire a un così bell'animale, chiese aiuto a Dedalo, il quale costruì una vacca cava di legno, all'interno della quale si pose Pasifae. Il toro, credendo di montare una vacca, fecondò la moglie di Minosse, la quale partorì il Minotauro.

78. Corioli è un centro storico del Lazio, antica città dei Latini. I resti del centro abitato sono stati identificati nell'odierna cittadina di Monte Giove, non lontano da Genzano di Roma. Gli annali romani riportano che Corioli fu conquistata dopo un breve assedio da Gneo Marcio, chiamato, in seguito a questa impresa, Coriolano. Dopo la secessione della plebe e la mancata coltura dei campi, il grano aveva subito un rincaro troppo oneroso per il popolo. Nel 491, sotto il consolato di M. Minucio Sempronio e A. Minucio Augurino, Coriolano si oppose, perché diminuisse il costo del grano. In seguito a ciò, i Romani si sollevarono, lo presero in odio e lo costrinsero all'esilio.

79. Uomo politico e militare ateniese, famoso per aver sconfitto, nel 490 a.C., i Persiani a Maratona. Secondo Plutarco, Milziade dopo la battaglia chiese per sé, senza ottenerla, la corona d'ulivo. L'anno successivo, al comando di 70 navi, si propose di liberare le isole Cicladi dai Persiani. Durante l'assedio di Paro, in seguito a una grave ferita, torna in patria, dove viene processato e condannato a pagare un'ingente multa.

80. Uomo di spicco della politica ateniese, nel 480 a.C. fu l'artefice della vittoria sull'armata persiana a Salamina. Per opera sua la flotta ateniese divenne la più grande e potente di tutta la Grecia, ma caduto in disgrazia per intrighi politici, nel 472/471, venne ostracizzato.

81. Si tratta di Servio Tullio, leggendario re di Roma, non eletto. La sua storia inizia nella casa di Tarquinio Prisco, dove viene allevato: il nome Servio denota il suo originario *status* servile: sua madre Ocresia, infatti, in casa di Tarquinio, curava il focolare domestico, ruolo molto importante nella società romana arcaica. La leggenda riferisce che una fiamma brillasse sulla testa di Servio, quando bambino era ancora nella culla, senza bruciargli i capelli. Questo evento prodigioso presagisce il futuro glorioso, che attende il bambino.

82. Qui il poeta riferisce quanto è detto nella tragedia *Ifigenia in Aulide* di Euripide. Ifigenia era figlia di Agamennone e Clitennestra. Una leggenda narra che Agamennone durante una battuta di caccia abbia ucciso una cerva, che si trovava ad enorme distanza e, imbaldanzito per il successo, abbia esclamato: «Neppure Artemide ne sarebbe stata capace». La dea si offese. Un'altra leggenda, invece, narra che il re di Argo avrebbe promesso di sacrificare ad Artemide la creatura più bella nata nel suo regno quell'anno, ma quando venne alla luce sua figlia Ifigenia il re si rifiutò di sacrificarla. Quando l'armata greca si radunò nel golfo dell'Aulide, pronta a salpare contro Troia, la dea adirata scatenò una violenta tempesta, che si placò, quando Agamennone, su suggerimento di Calcante, sacrificò sua figlia.

83. Epiteto di Ecate, perché le erano sacri i trivi e i crocicchi delle strade. In epoca più tarda si è voluto vedere nel termine il triplice aspetto della dea, signora dei tre regni: come dominatrice del cielo è chiamata Luna o Selene; come signora della terra incarna Artemide dei Greci e Diana dei Romani; come padrona dell'oltretomba è Ecate vera e propria.

84. Qui si tratta di Tarquinio Prisco, nato a Tarquinia da madre etrusca. Il padre, Demarato, era greco, di Corinto. Per questa ascendenza e nonostante le grandi ricchezze, non riuscì ad accedere alle cariche dello Stato. Su suggerimento della moglie Tanaquil, emigrò a Roma, dove divenne re. È chiamato Prisco, per distinguerlo dall'ultimo re, Tarquinio, detto il Superbo.

85. Era, secondo la leggenda, figlia del re Latino e della regina Amata. Secondo la tradizione epica, fu data in moglie ad Enea, suscitando l'ira di Turno, re dei Rutuli. In seguito a ciò, scoppiò la guerra e Turno fu ucciso in duello da Enea.

86. Presso i mitografi non c'è traccia di quanto dice in questo brano il poeta, che, probabilmente, confonde con altra regina.

87. Amata, secondo Virgilio, è la moglie del re Latino e madre di Lavinia. Invasata dalla furia Aletto, cerca di ostacolare in tutti i modi le decisioni del marito. Non essendo riuscita a sottrarre la figlia, promessa ad Enea, e a nasconderla nei boschi, alla fine si impicca.

88. I Romani chiamavano così il dio Vulcano, perché presiede alla fusione dei metalli.

89. Antico dio latino e degli affari. Ben presto, però, fu identificato con Ermes dei Greci, divenendone un doppione in quanto messaggero degli dei e talvolta servitore di Giove. Era rappresentato come un giovane imberbe; in testa portava il pètaso, in mano il cadùceo e sandali alati ai piedi.

90. È la maggiore e più bella delle Pleiadi. Figlia di Atlante e di Pleione, fu amata da Giove e generò Ermes sul monte Cillene.

91. Si tratta di Ludovico I Gonzaga (1268-1360). È noto come Luigi I e fu il primo capitano del popolo della sua città e vicario del Sacro Romano Impero. Fu il capostipite della dinastia dei Gonzaga, e l'Arrivabene giustamente lo celebra nei fasti della famiglia. Fu un uomo di ampie vedute e un abile generale.

92. È un epiteto di Mercurio, perché ha i piedi muniti di ali.

93. Guido (1290-1369) è figlio di Luigi e secondo capitano del popolo di Mantova, dopo la morte del padre. Il poeta lo celebra anche se di lui, oggi, non si ricordano particolari prese di posizione nel governo della città. Guido nella sua corte ospitò Francesco Petrarca, dando inizio all'apertura culturale che caratterizzò sempre la nobile famiglia.

94. È Ludovico II Gonzaga (1334-1382), figlio di Guido. Nella sua città fu il terzo capitano del popolo. Ottenuto il potere, Ludovico iniziò un'accorta politica: strinse amicizia con i Visconti di Milano e instaurò rapporti commerciali con Venezia. Il Marchese amministrò con tanta oculatezza, che il regno ebbe un felice periodo di prosperità economica.

95. Francesco I Gonzaga (1366-1407). Fu un famoso condottiero e quarto capitano del popolo a Mantova. Successe al padre nel 1382. Il suo fu un periodo molto turbolento: per poter difendere il marchesato, dovette trattare con la Repubblica di Venezia e, per accattivarsi il duca di Milano, sposò nel 1380 Agnese Visconti.

96. Qui l'Arrivabene tesse le lodi di Francesco II Gonzaga (1466-1519). Fu IV Marchese di Mantova. Successe al padre Federico I come signore della città e mantenne il potere fino alla morte. Seguendo la tradizione di famiglia, Francesco si distinse per l'intensa attività militare, a servizio di chi gli offriva maggiori vantaggi. Nonostante la tradizionale ruggine tra Milano e Venezia, seppe ben destreggiarsi per mantenere incolume e accrescere il prestigio del piccolo, ma importante Stato. Il poeta ne celebra giustamente le lodi.

97. Arrivabene celebra l'ascesa della famiglia Gonzaga. Nel 1328 Luigi rovescia la potente famiglia Bonacolsi e detiene il potere a Mantova fino al 1360. Gli succede Guido, che governò fino al 1369. Alla sua morte subentra Ludovico II, che detiene il potere fino al 1382. Quando questi muore, Mantova passa nelle mai di Francesco, che domina fino al 1407, quando il potere passa nelle mani di Gianfrancesco, che lo detiene fino al 1444, anno in cui la città passa nelle mani di Ludovico III, che governa fino al 1478. Per ragioni metriche il poeta esclude dalla lista Gianfrancesco, che riuscì a ottenere il titolo di marchese dall'imperatore Sigismondo dopo il versamento 12.000 fiorini.

98. Romolo, fondatore di Roma, secondo il mito, era figlio di Rea Silvia e del dio Marte.

99. Robuste corde di canapa, con le quali si tengono fisse le navi al molo.

100. Dovrebbe trattarsi di Carpi, oggi in provincia di Modena. Denominato in latino ecclesiastico *Carpum*, il diminutivo, per ragioni metriche, è *Carpetulus*, anche perché il paese doveva essere molto piccolo.

101. Si tratta di Q. Cecilio Metello, importante uomo politico di Roma. Ricoprì la carica di pretore nel 148 a.C. e fu console nel 143. Si distinse nella terza guerra macedonica e con il grado di generale, quando era ancora pretore, nel 148 a.C., durante la quarta guerra macedonica, sconfisse Andrisco e ridusse la Macedonia a provincia romana. Dopo aver riportato la vittoria a Scarfeia, tornato a Roma, celebrò il meritato trionfo e gli venne conferito il titolo di *Macedonico*.

102. Il poeta allude alle mitiche imprese di Ercole, il più famoso degli eroi greci. Qui sono ricordate in modo succinto solo alcune imprese, quelle che, per ragioni metriche, potevano, senza troppi giri di parole, entrare nell'esametro.

103. Antico dio romano dell'oltretomba, spesso confuso con Orco, ma di solito identificato col Plutone dei Greci.

104. È un vasto sistema montuoso, che si estende dal Mar Nero al Mar Caspio.

105. Importante catena montuosa della Tessaglia settentrionale, la cui vetta raggiunge poco più di 2.900 m, sì da essere la più alta di tutta la Grecia. La sua cima, coperta da nebbie e nubi, sollecitò la fantasia dei Greci, che vi posero la sede degli dei.

106. L' importante fiume dell'Asia orientale nasce dalla catena montuosa del Tauro e, dopo aver lasciato la Turchia e la Siria, attraversa l'Iraq, bagnando Mossul e Bagdad. Insieme con l'Eufrate forma la parte alluvionale della Mesopotamia. Il poeta mette qui in mostra le sue conoscenze geografiche.

107. È così chiamato il lago di Garda. *Benaco* non è trasmissione diretta dal latino ma un recupero umanistico.

108. È il lago d'Iseo. Anche questo è un recupero umanistico.

109. Figlio di Priamo e strenuo difensore di Troia.

110. È così soprannominato Achille, perché nipote di Eaco. Il padre Peleo partecipò alla spedizione degli Argonauti e sul Pelio sposò la nereide Teti. Achille fu il più valoroso eroe greco, che partecipò alla guerra di Troia, e uccise Ettore in duello. Quando si presentava in campo, i nemici fuggivano spaventati dalla sua ferocia.

111. Orazio Coclite è un mitico eroe romano del VI sec. a.C., messosi in mostra durante la guerra contro gli Etruschi, guidati da Porsenna. Sbarrò da solo il ponte che immetteva in città, mentre i commilitoni, alle sue spalle, lo abbattevano. Al termine della demolizione, secondo Polibio affogò nel Tevere; secondo Tito Livio, riuscì ad attraversare il fiume a nuoto e a rientrare in città.

112. Importante stratega ateniese, fu l'artefice, nel 480 a.C., della vittoria sui Persiani nello stretto di Salamina. I Persiani, dopo la disfatta delle forze terrestri alle Termopili e il ritiro della flotta all'Artimisio, avanzarono minacciosi verso Atene. Temistocle fece evacuare la città, mentre l'esercito federale si raccoglieva sull'istmo e lo fortificava. Con uno stratagemma attrasse la flotta persiana nello stretto tra l'Attica e Salamina e le inflisse una pesantissima sconfitta. Caduto in disgrazia dei cittadini, fu ostracizzato.

113. È Achille, figlio della ninfa Teti e di Peleo.

114. È una divinità della luce e, nella mitologia romana, del mattino. Il suo nome *Lucifer* significa portatore di luce e corrisponde alla divinità greca Eosforo. Noto anche come stella del mattino, era figlio di Eos, dea dell'Aurora e del Titano Astreo.

115. Personaggio della mitologia greca e fondatore dell'Orfismo. Poeta e musico eccezionale, incarna i valori immortali dell'arte. Qui il poeta riferisce quanto si legge nelle *Argonautiche* di Apollonio Rodio, secondo il quale testimoni del suo canto furono le querce silvestri, venute giù dai monti. Sposò Euridice, che morì anzitempo morsa da una vipera. Orfeo, secondo il mito, discese nell'Ade e con il suo canto mosse a compassione la regina degli Inferi, la quale gli concesse di riportare indietro la moglie, a condizione di non guardarla in viso prima d'essere giunti alla luce del sole. Orfeo contravvenne a quest'ordine crudele ed Euridice tornò per sempre negli Inferi.

116. È il regno dell'oltretomba.

117. I Romani, per poter formare famiglie nel centro da poco fondato, rapirono le donne dei Sabini. Questi, comandati da Tito Tazio, mossero guerra ai Romani, per vendicare l'offesa. Ma le donne, nel mezzo dello scontro, si interposero e costrinsero entrambi a stipulare la pace. Da quel momento Romolo e Tito Tazio regnarono insieme.

118. Agamennone, legato da profondo amore per il fratello Menelao, non esitò a radunare un esercito e a partire con lui contro Troia, per vendicare la grave offesa che Paride, col rapimento di Elena, aveva arrecato alla famiglia degli Atridi.

119. Antico popolo marittimo, che nel I millennio a.C. era stanziato sulle coste settentrionali dell'Adriatico. I Romani chiamavano la loro terra *Liburnia* e comprendeva la regione costiera lambita a settentrione dall'Adriatico. Il territorio dei Liburni era delimitato da due fiumi, dall'Arsa in occiente e dal *Titius* in oriente.

120. Serse I fu prima re di Persia e dal 485 a.C. anche dell'Egitto. Quando, nella primavera del 480 a.C. invase la Grecia, il suo esercito era smisurato. Secondo Erodoto la sua fanteria era di circa 1.700.000 uomini, ai quali erano affiancati 80.000 cavalieri e 20.000 cammellieri. Le truppe di terra provenivano da 46 popoli, tra i quali sono menzionati i Babilonesi, gli Egizi e gli Ebrei, gli Assiri e i Fenici. La flotta, invece, era formata da 1.207 triremi e 3.000 imbarcazioni di minore entità. Ogni trireme aveva 200 rematori e 30 soldati; ogni nave da carico era capace di 80 uomini. Le forze navali ammontavano a circa 517.000 unità. Dalla Tracia e dalla Macedonia, Serse ebbe il sostegno di circa 300.000 fanti e di 120 triremi, sulle quali erano imbarcati 24.000 soldati. Quando giunse alle Termopili il suo esercito contava circa 2.641. 600 uomini. Se poi si includono gli schiavi e gli equipaggi delle navi, il numero degli uomini che seguiva Serse si potrebbe ritenere più che raddoppiato.

Indice dei nomi e dei luoghi*

Achei, 35, 58, 137, 189, 201
Achille, 35, 43, 51, 113, 198, 199, 201, 205
Achilleo, santo, 25
Adige, 201
Adria, 105, 125, 135, 141, 159, 171, 183, 189, 191, 193, 199.
Adriatico, 159, 200-201, 205.
Adriesi, 101, 105, 109, 111, 117, 121,127, 131, 143, 149, 151, 165, 167, 169, 173, 183, 193, 195
Africa,199
Afrodite, 202
Agamennone, 58, 60n, 153, 203, 205
Agapito, Romano, giureconsulto, 7, 11, 14, 15, 18
Agostino, santo, 66, 70
Aiete, 57n
Alberti, Leon Battista, 200
Alberto III, duca di Baviera, 19, 29
Albinoni, Tommaso, 199
Alcàtoo, 57n
Alceo, 202
Alcide, 161
Alessandria, IX
Alessandro VI, papa, 22
Alessandro, re di Macedonia, 202
Aletto, 198, 204
Aligero, 175
Alighieri, Dante, 7, 84
Alpi, 200
Amata, 203-204
Ambrogini Angelo, detto Poliziano, 20, 21 e n, 23, 81n
Ammannati, Piccolomini Giacomo, 25, 31
Anchise, 200
Ancona, 26n
Andrisco, 204
Angelo, 111, 139
Anglico, 139
Anici, 76n
Annibale, 113, 167, 199, 299
Anselmo d'Aosta, 75
Antonio, 111, 113
Apollo, 52, 93, 95, 97, 101, 123, 131, 143, 171, 177, 179, 181, 198, 200, 202
Apollonio Rodio, IX, 9n, 34, 41-42, 47, 51-52, 63-63, 205
Appio Claudio, 198
Apuleio, 70
Aquilone, 199
Arcadia, 6n, 200
Arcimboldi, Giovanni, 24, 25 e n
Ardea, 202
Argeste, 199
Argheifonte, 60
Argivi, 155, 291
Argo, 201, 203
Argolide, 60n
Argonauti, 63, 205
Aristotele, 42-43
Arsa, 205
Artemide, 202-203
Artimisio, 205
Asia Minore, 199, 205
Asola, 29
Assiri, 206
Astrèo, 199, 205
Atena, 198-201
Atene, 155, 201, 205
Ateniesi, 153
Atlante, 175, 200, 204
Atreo, 58n, 60n

*Le voci relative a Giovanni Pietro Arrivabene, Francesco Filelfo, Giove, Ludovico III, Mantova e Pio II non sono state indicizzate data la frequenza con cui compaiono nel testo.

Atridi, 193, 205
Attica, 137, 205
Aulerci, 202
Aulide, 173, 203
Aurispa, Giorgio, 81
Aurora, 93, 9 7, 123, 143, 198-199, 205
Ausonia, 171
Ausonio, Decimo Magno, 6
Austro, 95, 103, 143, 151
Aventino, 199
Azzo, 127

Babilonesi, 206
Bacco, 101
Balano, Guido, 131, 135
Balcani, 4, 13
Baldi, Barbara, 29n
Balni, 131
Bardolino, 125
Bartoloto, 151, 153, 159
Bassi, 76n
Belforte, 167
Bellona, 87
Benaco, 187, 205
Benzoni, Guido, 111, 105
Benzono, Francesco, 111
Beozia, 198
Bergamo, 137
Bernardi Perini, Giorgio, 33n
Bernardo di Chiaravalle, 74
Bettinelli, Saverio, 25n, 30-31n
Bianore, 121
Birsa, 89
Bitone, 155, 201
Boldrino, 127
Bologna, 22
Bologna, Orazio Antonio, IX, 3n, 29n, 32n, 69n
Bonamente Aliprandi, 28
Bonato, 189
Bonaventura di Bagnoregio, 75
Bonfante, Giuliano, 33n
Bongiovanni, Giannetto, 28n
Borea, 95, 111, 151, 199
Borgia, Rodrigo, 22
Bottari, Guglielmo, 46n
Botticella, Giovanni Stefano, 26 e n
Braglia, Riccardo, 27n
Brandolino, Tiberto, 115, 199
Brascheta, 113
Brenno, 202
Brescia, 157, 195, 202
Brindisi, 16n
Brunelli, Roberto, 11n, 29n
Burckard, Johannes, 3n, 25n
Burdach, Konrad, 79n
Byrsa, 298

Caco, 62
Caliò, Giuseppe, 74n-75n
Callimaco, IX, 9n
Calliope, 52, 63, 198
Callisto, santo, 76n
Camillo, Marco Furio, 167, 171
Campagnano, 22
Campidoglio, 89, 171, 179, 198, 202
Canalbianco, 201
Canne, 113, 199
Canossa, 23
Capeggiani, Paolo, 29n
Cappadocia, 200
Capranica, Niccolò, 26n
Carlo I, re di Inghilterra, 27
Carmentale, 198
Carpetulo,179
Carpi, 204
Cartagine, 167, 198, 202
Cassandra, 175
Castalia, 6n
Castore, 202
Catullo, Gaio Valerio, 6, 7, 9 e n, 43
Caucaso, 183
Cazzani, Eugenio, 25n
Ceade, 57n
Cecili, 76n
Cecilio Metello, Quinto, console romano, 204
Cecrope, 6n, 155
Cecropia, 4, 6n
Celani, Enrico, 3n
Celio Aureliano, 69n
Cenomani, 157, 169, 197
Ceo, 202
Cerere, 93, 101, 121, 165, 199
Ceresara, 125, 200
Ceriana, Matteo, 26n
Cesare, Gaio Giulio, 69n, 202
Ceto, 198
Chambers, David Sanderson, 3n, 20, 25n, 26 e n
Chirone, 105
Chiusi, 202
Cicerone, Marco Tullio, VII, 38, 65n, 66-67, 69n, 72-73, 75, 78, 81, 83
Cicladi, 203
Ciclopi, 60
Cidippe, 201
Cillene, 200, 204

Cillenio, 123, 200
Cimarosto, 139
Cinto, 200
Cinzio, 131
Ciro, 167, 201
Citèra, 6n, 161, 202
Calcante, 203
Claudio, imperatore romano, 76n
Cleante, 76
Cleobi, 155, 201
Clitemestra, 203
Coclite, 189
Coniglio, Giuseppe, 55n
Corazzano, Antonio, 46n
Corinto, 167, 202-203
Coriolano, Gneo Marcio, 203
Corioli, 171, 203
Cornelio Nepote, 7
Coroleu, Alejandro, 64n
Cossandi, Gianmarco, 29n
Costantinopoli, 9, 29, 81
Crasso, Marco Licinio, 202
Crasso, Battista, 139
Creso, 34n, 153, 155, 157, 167, 201-202
Creta, 203
Cristo, 69-70
Cristoforo, 181
Crivelli, Lodrisio, 45 e n
Croce, Benedetto, 47n, 79n
Cronide, 200
Crono, 60n, 199, 200
Crotone, 199
Cupaiuolo, Fabio, 66n, 69n

d'Asburgo, Barbara, 22, 27-28, 44n
d'Este, Isabella, 28, 32-33, 200
d'Este, Niccolò, 59n
Da Cusa, Niccolò, 29
Da Feltre, Vittorino, 28
Danae, 6n
Danai, 135, 201
Danao, 201
Darete, 161
De Keyser, Jeroen, 9n
De La Ramée, Pierre, 33
De Meo, Cesidio, 69n
Debrunner, Albert, 66n
Dedalo, 203
Del Grande, Carlo, 76n
Del Lungo, Isidoro, 21n
Delfi, 153, 157, 202
Delfino, 121, 200
Delio, 131, 200
Delo, 200-202
Demarato, 203
Demetra, 199
Di Gianmarino, Gabriele, 64n
Didone, 55
Diocleziano, Gaio Aurelio Valerio, imperatore romano, 200
Diomede. 201
Dioniso, 199
Dolopi, 125, 135, 201
Domiziano, Tito Flavio, imperatore romano, 76n
Ducellier, Alan, 4n

Eacide, 87, 189
Eaco, 198, 205
Ebrei, 206
Ecate, 203
Eco, Umberto, 1
Eete, 44
Efesto, 60n, 202
Egina, 198
Egitto, 202, 206
Egizi, 206
Elena, 205
Eleusi, 201
Elicona, 198
Elio, 199, 202
Emilii, 76n
Emilio, 167.
Enea, 125, 203-204
Eniania, 200
Eos, 198-199, 205
Eosforo, 205
Epiro, 200
Epitteto, VII
Era, 201
Ercole, 105, 167, 201-202, 204
Erice, 161, 202
Eurimedonte, 200
Erinni, 38 e n, 54, 87, 198
Ermes, 204
Ermete, 60n
Erodoto, 201, 206
Eschilo, 42 n
Esiete, 57n
Esiodo, 57 e n, 198
Esone, 57n
Etolia, 200
Etruschi, 198-199, 205
Ettore, 43, 50 e n, 51, 55, 58, 113, 125, 135, 137, 189, 198, 202, 205
Euganei, 127, 137, 149, 169, 177, 200

Euridice, 205
Euro, 111, 151
Eutichio, 15, 18, 19

Farsalo, 202
Fato, 177
Febe, 202
Febo, 93, 95, 121, 133, 139, 159, 169, 171, 175, 177
Fedele, 127
Federico, 133, 135
Federico, elettore palatino, 22, 28
Felisatti, Massimo, 27n-28n, 43n, 53n, 56n, 59n
Fenici, 206
Fera, Vincenzo, 64n
Fermo, 26n
Ferrara, 22
Ferrari, Mirella, 9n
Fiesoli, Giovanni, 80n
Filira, 199
Firenze, 22
Fissero, 201
Flavi, 66, 76n
Flavia Domitilla, 76n
Flegrei, 200
Fochessati, Giuseppe, 55n
Forci, 198
Forco, 6n
Foro Boario, 202
Fortuna, 115, 119, 157, 169, 202
Foscolo, Ugo, 84
Francesco I, marchese di Mantova, 204
Francesco II, marchese di Mantova, 25 e n, 28
Francia, 69
Frasso, Giuseppe, 20
Frigi, 125, 189
Fronemo, 171, 173, 175, 183

Gaffiot, Félix, 66n
Galli Senoni, 198
Galli, 89, 167, 202
Gallia Cisalpina, 202
Gallico, Claudio, 79n
Garda, 201, 205
Garin, Eugenio, 47n, 77n, 79n-80n
Gaspare, 159
Gavardo, 137
Gavòla, Giacobbe, 137
Gea, 200
Genzano di Roma, 203
Germania, 16
Gianfrancesco I, marchese di Mantova, 60-62, 204
Giasone, 41, 44
Giganti, 115, 119
Giorgio, 111, 137
Giorgio, santo, 127, 200
Giovanni, 111, 137
Giovanni, conte, 129
Giovanni, margravio, 22
Giovanni, Paleologo, imperatore bizantino, 81
Girolamo, santo, 83
Giunone, 155, 202
Głombiowska, Zofia, 64n
Goito, 22-23, 41, 48, 115, 139, 141, 157, 169, 175, 177, 181, 183, 185, 193, 195, 198
Gonzaga, famiglia, IX, 16, 21n,22-23, 27, 31, 77, 97, 127
Gonzaga, Francesco, cardinale, 4, 9, 18-19, 22, 24, 25n, 26 e n, 29, 30, 37, 40-41, 44, 64
Gorgone, 198
Gotha, 3
Governolo, 201
Gradivo, 111, 131
Greci, 63, 67, 76, 81,199-201, 204
Grecia, 153, 200, 203, 205-206
Gregorio, 183
Guido, marchese di Mantova, 175, 204

Hertling, Ludwig,76n

Iadi, 200
Iberia, 95
Ida, 6n
Ifigenia, 203
Igino, Gaio Giulio, 6
Illiria, 29, 183, 195
Illirico, 185
Illuminati, Luigi, 16n
Inghilterra, 27. 64, 69
Innocenzo VIII, papa, 25
Insubri, 115, 157, 169, 177, 189, 191, 202
Iraq, 205
Iseo, 205
Italia, 195

Kirschbaum, Engelbert, 76n
Kochanowski, Jan, 64n

Landino, Cristoforo, 45n, 46n
Lapenta, Stefania, 27n
Larbaud, Valéry, 83
Latino, re, 203

Latona, 161, 175, 177
Lavinia, 175, 175, 204
Lazio, 181, 203
Lazzarini Isabella, 28n, 29n
Leda, 202
Libia, 171
Liburni, 195, 205
Liburnia, 205
Licaone, 201
Licia, 201
Lidia, 12, 34n, 153, 181, 201
Lodi, 23, 47
Loevinson, Ermanno, 3n
Löfstedt, Einar, 67n
Loi, Vincenzo, 66n
Londra, 27
Lucano, Marco Anneo, 6
Lucifero, 149, 191, 205
Lucilio, Gaio, 8
Lucio Emilio Paolo, 202
Lucrezio Caro, Tito, 37 e n, 65 e n, 66
Ludovico I, marchese di Mantova, 204
Ludovico II, marchese di Mantova, 117, 175, 204
Luigi I, marchese di Mantova, 32, 204
Luigi III, marchese di Mantova, 31
Luna, 202-203

Macaone, 153
Macedonia, 204, 206.
Machiavelli, Niccolò, 46 e n
Maia, 6n, 123, 175, 200
Malacarne, Giancarlo, 28n
Manekin, Roman Vladimirovich, 80n
Mantegna, Andrea, 23
Manto, 200
Mar Caspio, 204
Mar Nero, 204
Maratona, 203
Marcio Ralla, Quinto, questore di Roma, 199
Marco Furio Camillo, 202
Marcone, Arnaldo, 72n, 73n
Marte, 4, 7, 41, 54, 87, 89, 91, 93, 105, 111, 115, 117, 119, 129, 131, 133, 139, 163, 177, 181, 183, 187, 198-199, 200,204
Mazzucchelli, Gianmaria, 21n, 31 e n
Medea, 44
Mediterraneo, 64
Medusa, 6n, 131, 163, 198
Megera, 198
Meillet, Antoine, 68 e n
Melchiorre, 137
Memnone, 198-199
Menelao, 153,201, 205
Mercato, Gaspare, 157
Mercurio, 6n, 7, 175, 200, 204
Mesopotamia, 205
Metello, Quinto Cecilio, 179
Meuchenius, Iohannis Gerhardus, 22n, 26n, 31, 82
Micheau, Françoise, 4
Migliorini, Elio, 3n
Milano, 9, 16, 24, 41, 47, 141, 199, 204
Milziade, 171, 203
Mincio, 23, 29, 41, 139, 115, 117, 119, 123, 201
Minerva, 4, 7, 87, 91, 115, 117, 121, 165, 191, 199-200
Minosse, 203
Minotauro, 6n, 171, 202-203
Minucio Augurino, 203
Minucio Sempronio, 203
Mirmidone, 201
Mirmidoni, 135
Modigliani, Anna, 22n
Mohole, Hans, 3n
Mohrmann, Christine, 66n
Monegino, 127
Monte Giove, 203
Mopsopia, 21n
Morpurgo Tagliabue, Guido, 39n
Morselli, Raffaella, 27n
Mossul, 205
Mozzarelli, Cesare, 28n
Mulas, Pier Luigi, 26n
Mulcibero, 175
Muratori, Ludovico Antonio, 19
Murgia, Alessandro, 27n, 53n
Musagete, 52

Naiadi, 6n
Nascimento, Aires A., 64n
Navoni, Marco, 9n
Neleo, 58n
Neottolemo, 198
Nereo, santo, 25
Nevio, 69
Niccolò, 183
Nilo, 181
Noto, 111, 199
Novara, 24, 113

Oceano, 171
Ocno, 143, 200
Ocresia, 203
Oglio, 202

Olimpo, 54, 58n, 93, 97, 105, 113, 119, 175, 183, 198, 200
Omero, 34, 36, 42, 50, 52, 57 e n, 59, 76
Oniga, Renato, 69n
Opi, 165, 200
Orazio Coclite, 205
Orazio Flacco, Quinto, 6-9 e n, 22-23, 43, 62, 70n, 84, 200
Orbilio, 70n
Orco, 191, 204
Orfeo, 63, 191, 205
Orione, 169, 200
Orsini, famiglia nobile, 22
Ottomani, 29
Ovidio Nasone, Publio, 6, 62, 84
Ozanam, Federico, 71n

Pagano, 111
Pallade, 6n, 41, 56, 91, 93, 101, 121, 131, 139, 145, 163,171, 175, 189
Palladio, 199
Pandaro, 153, 201
Pannonia, 29
Paolo, 111, 125
Paolo II, papa, 24
Paolo, apostolo, 57 e n, 76n
Paparelli, Gioacchino, 79n
Paride, 201, 205
Parma, 135
Paro, 203
Parti, 202
Pasifae, 171, 203
Pavia, 24
Peleo, 198-199, 205
Pelio, 199, 205
Pelope, 60n
Peloponneso, 21
Penati, 55
Pergamo, 76, 173
Perseide, 202
Perseo, 4, 6n, 7, 167, 202
Persia, 153, 201, 206
Persiani, 202-203, 205
Peteòo, 57n
Petrarca, Francesco, 7, 55, 38, 65, 76, 84, 204
Petrucci, Armando, 80n
Pezza-Rossa, Giuseppe, 30n
Piatti, Pierantonio, 77n
Piccinino, Niccolò, 29
Piccolomini, Enea Silvio, VIII, 3, 4, 8-9, 16, 48, 81
Piccolomini, Giacomo Ammannati, 25
Piccolrovazzi, Anita, 44n
Picinino, Giacobbe, 183, 185, 187
Pidna, 202
Pienza, 4
Pieria, 198
Pieridi, ninfe, 21n
Pietrasanta, Briseide, 24
Pietro, apostolo, 4, 13, 76n
Pigmei, 109
Pirro, 198
Pisani, Vittore, 69n
Pitone, 202
Platone, 21n
Plauto, 69n, 200
Plauzio,76n
Pleiadi, 204, 221
Pleione, 200, 204
Plutarco, 203
Plutone, 204
Po, 183, 201-202, 205
Poggio Bacciolini, Giovanni Francesco, 80 e n
Polibio, 205
Polluce, 161
Pompeo Magno, Gneo, 157, 202
Pomponia Grecina, 76n
Pomponii, 76n
Poncelet, Roland, 68n
Pontano, Filippo Maria, 81n
Porsenna, 167, 189-189, 202, 205
Portogallo, 64
Poseidone, 203
Postumia, via, 23
Prassede, santa, 25
Priamo, re di Troia, 87, 89, 189, 205
Publio Cornelio Scipione, 202
Puledra, Salvatore, 79n

Quintiliano, Marco Fabio, 66 e n, 69
Quirino, 193
Quiriti, 115, 169

Ramus, Petrus, *vedi* De La Ramée
Rapahaeli Fuscerario, 12n
Raponi, Nicola, 25n
Rea Silvia, 199, 204
Riccardo, 111
Rigetto, 137
Rizzo, Silvia, 39n, 4n, 67n
Roberto, 181
Roma, 22, 38-39, 63-64, 67, 68-69-70, 81, 89,115, 123,137, 157, 175, 177, 179, 198-199, 202-204
Romani, 199-200, 205
Romolo, 199, 204-205

Roscoe, Guglielmo 30 e n
Russia, 64
Rutilio Namaziano, 70
Rutuli, 203

Sabatino, Pasquale, 48n
Sabbadini, Remigio, 80n
Sabini, 205
Sacchi, Bartolomeo, detto Platina, 19
Salamina, 203, 205
Salvarani, Renata, 11n, 77n
Sante, 137
Santoro, Mario, 79n
Sardi, 153
Saturnio, 147
Saturno, 119, 123, 165, 200
Savelli, Giovanni Battista, 25
Scarfeia, 204
Scheider, Fedor, 3n
Schmid,Wolfgang P., 66n
Schulz, Fritz, 68 e n
Scipione Africano, Publio Cornelio, 167, 171
Sebino, 187
Selem, 200
Selene, 203
Sempronio Tutidano, Gaio, 199
Seneca, Lucio Anneo, 66, 73-74
Seniga, 169
Serse, re di Persia, 195, 206
Servio Tullio, re di Roma, 203
Sessa Aurunca, 8
Sforza, Acanio, 25
Sforza, famiglia, 9, 16
Sforza, Francesco, duca di Milano, 24, 29, 41, 44-46 e n, 47, 137, 157, 159, 177, 179, 181, 189, 191, 193, 195, 197, 199, 201
Sforza, Galeazzo Maria, duca di Milano, 24
Shrjnen, Josef, 66n
Sicco, Francesco, 131, 137
Sicco, Firmo, 139
Sicilia, 6n, 202
Siena, 12n
Silene, principessa, 200
Simon, Krunoslav, 53n, 55n
Simonetta, Giovanni, 46n
Siria, 205
Sisto IV, papa, 4, 25 e n
Sodi, Manlio, 3n, 75n
Solone, 153, 155, 201
Sorte, 127, 193
Spagna, 22
Sparta, 21, 202
Stagirita, 42
Stazio, Publio Papinio, 6
Stesicoro, 21n
Stolz, Friedrich, 66n

Tacito, Publio Cornelio, 69n
Taleo, 79n
Tanaquil, 203
Tartaro, 201
Tarpea, 198
Tarquini, 198, 202
Tarquinio Prisco, re di Roma, 175, 203
Tartaro, fiume, 141
Tarugi, Giovannangiola, 45n, 64n, 81n
Tateo, Franceco, 64n, 67n
Tauro, 205
Tazio, Tito, re, 193, 205
Tello, 155, 201
Temistocle, 171, 189, 205
Terenzio Afro, Publio, 69n
Termopili, 205
Tertulliano, Quinto Settimo Florente, 74n
Teseo, 6n
Tessaglia, 199-201
Teti, 89, 205
Teutonico, Giuliano, 111
Tevere, 169, 202, 205
Tiberino, 200
Tiberto, 117, 119, 121, 125, 127, 179, 199
Tieste, 60n
Tigri, 183
Tiraboschi, Girolamo, 31 e n
Tisifone, 198
Titano, 93
Titius, 205
Tito Livio, 69, 198
Tito Petronio Nigro, 69n
Titone, 97, 198-199
Toffanin, Giuseppe, 71n, 77n-78n
Tolomeo, 202
Tommaso da Celano, 75
Tommaso, d'Aquino, 75
Torella, 181
Torello, 137, 181
Tracia, 206
Traina, Alfonso, 33 e n, 69
Trezeno, 57n
Triacca, Achille Maria, 75n
Trissino, Gian Giorgio, 33 e n
Tritone, 199
Tritonia, 105, 131, 137
Trivia, 173
Troia, 50, 55, 89, 175, 198-203, 205

Troiani, 201
Tronskij, Isif Moiseevič, 66n
Tumberg, Terence Owen, 64n
Turchia, 205
Turno, re dei Rutui, 175, 203

Ughelli, Ferdinando, 21n
Ulisse, 21n, 43
Ungaro, 111
Urano, 200
Urbino, 21n, 22, 26n

Väänänen, Veikko, 67n
Vasoli, Cesare, 79n
Venere, 55, 62, 125, 198, 200, 202
Veneto, 87, 89, 131
Venezia, 22-23, 41, 47, 54, 157, 199-200, 204
Ventura, Leandro, 53n
Venulo, 37n
Verona, 159
Vespasiano, imperatore, 6n
Vicenza, 113, 139
Vincenzo II, marchese di Mantova, 27
Virgilio Marone, Publio, IX, 7, 16-17, 34-38 e n, 41-42, 49, 52-53, 56, 62, 73, 75, 200-201, 204
Visconti, Agnese, 204
Visconti, Bianca Maria, 47
Visconti, duchi di Milano, 23
Visconti, Filippo Maria, principe di Milano, 44, 46-47
Viterbo, 22
Vivaldi, Antonio, 199
Von Pastor, Ludwig, 22n
Vossler, Karl, 68n
Vulcano, 62, 200, 204

Warburg, Aby, 48n
Ward Swain, Edward, 28n

Zaggia, Massimo, 9n, 26n
Zama, 202
Zefiro, 111, 151, 159,199
Zeus, 57n-58n, 60n, 76, 198, 200

Finito di stampare
nel mese di aprile 2017
dalla Grafica Editrice Romana S.r.l. - Roma